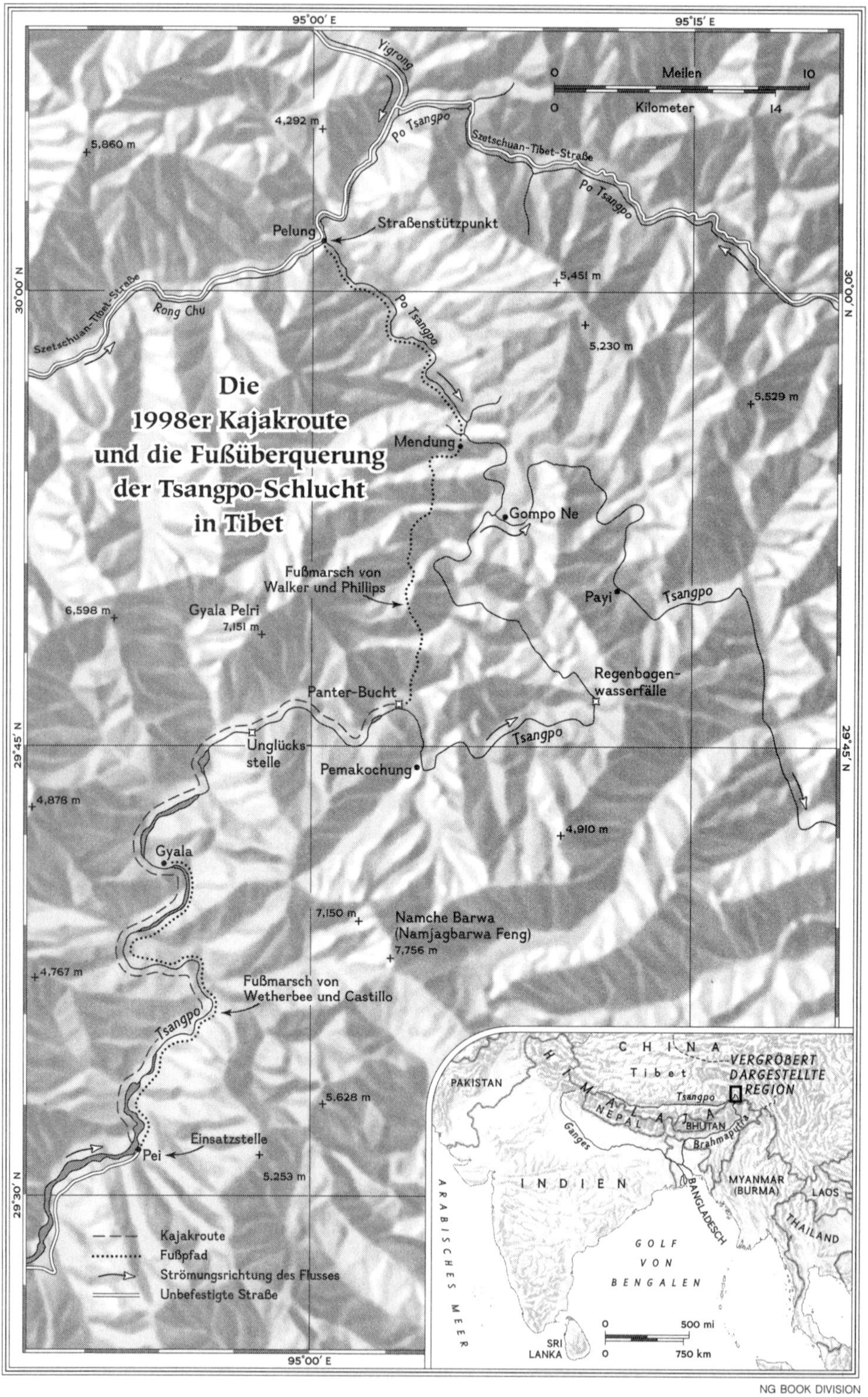

NG BOOK DIVISION

Tragödie am Tsangpo

Wickliffe W. Walker

Tragödie am Tsangpo

Wildwasserexpedition auf Tibets verbotenem Fluss

GRUNER + JAHR/RBA
NATIONAL GEOGRAPHIC DEUTSCHLAND

Titel der amerikanischen Originalausgabe:
COURTING THE DIAMOND SOW –
A Whitewater Expedition on Tibet's Forbidden River

Veröffentlicht von der National Geographic Society,
Washington, D.C., 2000, alle Rechte vorbehalten

Die National Geographic Society wurde 1888 gegründet,um » die geographischen Kenntnisse zu mehren und zu verbreiten.« Seither unterstützt sie die wissenschaftliche Forschung und informiert ihre mehr als neun Millionen Mitglieder in aller Welt.

Die National Geographic Society informiert durch Magazine, Bücher, Fernsehprogramme, Videos, Landkarten, Atlanten und moderne Lehrmittel. Außerdem vergibt sie Forschungsstipendien und organisiert den Wettbewerb *National Geographic Bee* sowie Workshops für Lehrer.

Die Gesellschaft finanziert sich durch Mitgliedsbeiträge und den Verkauf der Lehrmittel.

Die Mitglieder erhalten regelmäßig das offizielle Journal der Gesellschaft:
das NATIONAL GEOGRAPHIC-Magazin.
Falls Sie mehr über die National Geographic Society, ihre Lehrprogramme und Publikationen wissen wollen: Nutzen Sie die Website unter
www.nationalgeographic.com.
Die Website von NATIONAL GEOGRAPHIC Deutschland können Sie unter
www.nationalgeographic.de
besuchen.

Deutsche Ausgabe veröffentlicht von G+J/RBA Hamburg 2001
Übersetzung: Frank Auerbach
Koordination/Redaktion: Carlo Lauer
Redaktionelle Mitarbeit: Medienmacherei und Dr. Horst Leisering für CLP
Satz: Typographischer Betrieb Walter Biering Hans Numberger
Titelgestaltung: Lutz Jahrmarkt
Produktion: Ursula Stahl
Druck und Verarbeitung: GGP Media, Pößneck
Printed in Germany
ISBN 3-934385-17-6

Tragödie am Tsangpo

Im Herbst 1986 paddelten Doug Gordon und ich entlang der Krümmung eines mexikanischen Flusses und begegneten einer der aufregendsten Szenerien im Wildwassersport. Damals schrieb ich:

> *Der Santa Maria fließt in einer glatten, grünen Kurve zwischen hohen, steilen Kalksteinwänden. Von links schießt der Nebenfluss Gallinas über die Klippen und stürzt fast 30 Meter hinunter in den Santa Maria. Die Nachmittagssonne formt im Dunstschleier Regenbogen, manchmal zwei und mehr. An den Seiten klammert sich jadegrünes Moos an die polierten Felswände. Und ein Tosen, tiefer und gleichmäßiger als ein Gewitterdonnern, pulst durch die Schlucht.*
>
> *Wie so viele wahrhaft schöne Dinge sind auch die Talmul-Fälle nicht ungefährlich. In der Nähe der niederstürzenden Tonnen Wasser überschlagen sich die von den Sturmwinden getriebenen, horizontalen Gischtteppiche wie Meereswellen. Flussabwärts gibt es keine Durchfahrt.*[1]

Die Magie, die von der Kraft und schrecklichen Schönheit schnell fließender Flüsse ausgeht, kann unwiderstehlich sein. Seit fast vier Jahrzehnten hat eine kleine Gruppe von uns das Privileg in unterschiedlicher Zusammensetzung auf zahlreichen Kontinenten am Siegeszug einer neuen, aufregenden Sportart teilzuhaben. Uns wurde die Ehre zuteil, die Vereinigten Staaten von Amerika zu vertreten, als das flügge gewordene Wildwasserrennen sich zu Weltcup- und Olympia-Niveau aufschwang, und seitdem erweiterten wir eifrig unsere Flussfahrerhorizonte mit Wochenendexkursionen bis hin zu Expeditionen rund um den Globus.

Dieser Zauber war es, der uns im Herbst 1998 nach Tibet trieb, dorthin, wo der Tsangpo als symbolische Verkörperung der Flussgottheit Dorje Phagmo – der Diamantensau, der Göttin der Schluchten –, kristalline Schönheit und Bestie zugleich, durch die gewaltigen Himalaja-Schluchten poltert.

Dieser Bericht ist dem Andenken an Doug gewidmet.

INHALT

Einleitung

Vor gut 30 Jahren habe ich den Rudersport an den Nagel gehängt. Mein Bruder Tom und ich hatten den Sommer 1970 damit zugebracht, auf den Flüssen von Europas entlegenen Regionen Wildwasser-Slalomrennen zu fahren – wohl ein Don-Quichotte-Streben nach den Olympischen Spielen 1972 in München. Zurückgekehrt in die Vereinigten Staaten, platzierte ich mich bei den Herbstrennen jedoch erbärmlich schlecht. Genug! – beschloss ich. Ich hatte mich gerade in Yale eingeschrieben, es gab genügend andere Dinge, über die ich nachzudenken hatte. Tom machte keine Anstalten, es mir auszureden.

Aber vielleicht war es schlau von ihm, mich zum ersten Rennen der Frühlingssaison nach Farmington, Connecticut, mitzunehmen – »nur, um ein bisschen vom Campus wegzukommen«. Dort traf ich auf den früheren Kanu-Partner und Klassenkameraden meines Bruders, Wick Walker. Ich erinnere mich noch gut an Wicks durchdringenden Blick, als wir beim ersten Frühlingsrennen vor dem aufgewühlten Schmelzwasser standen und ich ihm sagte, ich wolle aufhören. Wick sollte kurz darauf mein Rivale um einen der drei wertvollen Plätze im Olympia-Kader werden; dennoch gab er sich alle Mühe, mich auf eine denkbar liebenswürdige und besonnene Art und Weise davon zu überzeugen, dass es töricht sei, den Versuch zu unterlassen, in die Mannschaft zu kommen. An jenem Nachmittag verließ ich die Rennstrecke mit dem Plan, ein neues Rennboot für die Saison zu bauen. Und es ergab sich, dass in der Mannschaft Platz für uns beide war.

Im Verlauf der nächsten 20 Jahre gab es viele weitere Aus- und Wiedereinstiege. Aber erst nachdem ich mit Lecky Haller bei den Olympischen Spielen 1992 Zweier-Rennen gefahren bin, habe ich mich endgültig vom Wildwasserfahren zurückgezogen. Lecky fand einen neuen Partner. Doug Gordon, der über lange Jahre mit mir in Connecticut trainiert hatte, zog nach Salt Lake City, um sich seiner Doktorarbeit in Chemie zu widmen. Diejenigen, mit denen ich viele Jahre gepaddelt hatte, waren abgewandert. Um in Form zu bleiben, wandte ich mich anderen Sportarten wie Laufen, Fahrradfahren und Gewichtheben zu – alles mehr oder weniger ziellos.

Doug war nie nur Rennfahrer gewesen. Auch nach seinem Umzug nach Salt Lake City gab er das Bootfahren nicht auf. Wie Wick und Tom hatte er schon immer Bootsexpeditionen unternommen, manchmal waren sie auch gemeinsam unterwegs gewesen. Als Doug mich 1995 bat, bei einer Drei-Mann-Abfahrt auf einem entlegenen Fluss in Britisch-Kolumbien mit dabei zu sein – »wir werden ein Schwimmerflugzeug für den Transport mieten« –, nahm ich mit einiger Erleichterung das zielgerichtete Training wieder auf. Das war der Homothko: Paddeln, Durchfahrten suchen, Umtragen, unsere Boote die Klippen hinauf- und hinunterschleppen und unsere Glocken läuten, um die Bären wissen zu lassen, wo wir waren. Im nächsten Jahr fuhren wir, ebenfalls in Britisch-Kolumbien, den Dean hinab.

Als Doug und Wick eine Tour zu den Tsangpo-Schluchten vorschlugen, nahm ich an: Ich war begierig auf diese neue Herausforderung – zwei Monate Tibet!

»Nie wieder«, sagte ich über das Satellitentelefon zu meiner Frau. Ich saß in einem grob behauenen Haus in dem abgelegenen Dorf Mendung, fünf Tage Fußmarsch von der Schlucht, und zwei Tage von der nächsten Straße entfernt. Die Schweine im Erdgeschoss grunzten, und der Hausherr, Peme Gompa, suchte seine Beine nach Läusen ab, als er die Treppe hinaufstieg. Ich wollte nichts mehr mit Expeditionen zu tun haben, aus und vorbei. Und was Tibet anging: Ich wünschte, ich hätte es nie gesehen.

Zurück in Neuengland beobachtete ich im Herbst des darauf folgenden Jahres, wie sich die Blätter verfärbten. Gerade die kleinen, gelben erinnerten mich an den Oktober im Himalaja. Andere Eindrücke tauchten aus der Erinnerung auf: die Berge hoch oben im Himmel, breitgesichtige Yaks, der saure Geruch wilder tibetischer Früchte, das wundervolle Chaos herabstürzender großer Wassermengen.

Ich begreife jetzt, dass ich nach Tibet zurückwill. Ich möchte sogar noch einmal in den Tsangpo eintauchen. Warum? Nur, um dort zu sein.

Ich bezweifle, dass ich tatsächlich dorthin zurückkehren werde. Aber ich bin, seltsam genug, sehr froh darüber, dass dieses Verlangen in mir neu erwacht ist. Es verbindet mein heutiges Selbst mit dem, das im Oktober 1992 mit seinen Freunden nach Tibet aufbrach. Und es gestattet mir, Wicks Erzählung mit einer satten Mischung aus Bedauern, Nostalgie und einem kaum zu definierenden Vergnügen zu lesen.

Jamie McEwan
August 2000

Vorwort

WIR WAREN DEM FLUSS gefolgt, während er seinen Weg durch den Himalaja fraß… Mit jedem Tag wurde die Gegend wilder, die Berge wurden höher und steiler und der Fluss reißender und wütender… In dem Maße, in dem der Fluss wie eine verlorene Seele zwischen der heißen Hölle im Herzen des Himalajas und der kalten Hölle auf den windgepeitschten Gipfeln, die die Schlucht bewachten, an Dynamik gewann, in dem Maße, in dem die Landschaft rauer und das Tosen des Wassers bedrohlicher wurden, in jenem Maße eilte die Natur auf wundersame Weise zur Hilfe. Überall, auf Klippen, Felsen und Geröll, in aufgerissenen Narben und verwitterten Spalten, wo auch immer Vegetation Halt finden und greifen konnte, dort wuchsen Bäume; und so war die Schlucht von den abgeschliffenen Findlingen im Flussbett bis zu den zerklüfteten Gletschern randvoll mit Wald gefüllt. Dreitausend Meter Wald färbten diese kalten, grauen Felsen zermarterten kristallenen Schiefergesteins; und wenn der Sommerregen angesichts dieses Bildes des Aufruhrs zarte Tränen vergießt, dann entflammen Millionen Bäume in voller Blüte und streuen ihre Schönheit über die Stellen des Zerfalls.[1]

So beschrieb der legendäre britische Forschungsreisende und Pflanzenjäger Frank Kingdon-Ward im Winter 1924 Tibets große Tsangpo-Schlucht. Als Tom McEwan und ich uns langsam entlang dem Flussufer aus verstreuten, moosglatten Findlingen zu einem Ort namens Chu Belap vorwärts arbeiteten, schmerzten unsere 50-Jahre-alten Beine vom 1200-Meter-Abstieg. Unsere Hände waren von den Bambusranken aufgeschürft, die wir wie Lianen griffen, um die schlammige Rutschpartie bergab zu sichern. Wir waren an dem Punkt angekommen, der für Kingdon-Ward das Ende seiner Reise bedeutet hatte. Tiefer war weder er noch irgendein anderer westlicher Forscher in die innere Schlucht vorgedrungen. Es war der 3. November 1997. Unsere Reise durch die vielen, bereits hinter uns liegenden Schluchten war lang gewesen, und eine noch viel längere Reise lag vor uns.

TOM MCEWAN UND ICH STEHEN UNS SEHR NAHE. Wir sind, selbst wenn es unwahrscheinlich klingt, seit der siebten Klasse Freunde. Er war der vollkommene Athlet, Meister im Ringkampf und Star der Football-Mannschaft. Zudem war er unempfindlich gegen Kälte, Erschöpfung oder Schmerz (oder er ignorierte sie erfolgreich) und mit einer auf das Jenseits ausgerichteten Ader gesegnet, die ihn in Yale zu den deutschen Philosophen des 19. Jahrhunderts und später zum Christentum führte. Ich war kleiner, weniger drahtig und vollkommen mit den einsamen Herausforderungen in freier Natur beschäftigt. Ich vertiefte mich in die Schriften von W. Douglas Burdon, Kermit Roosevelt, Jim Corbett, Eric Shipton und H.W. Tilman. Meine Sportarten waren die Fortbewegungsmittel, und meine intellektuellen Höhenflüge erhoben sich nie weit über die praktischen, wenn auch manchmal beängstigenden, Reisevorbereitungen zu rauen, wilden Orten hinaus. Toms Leidenschaft war die eines Physikers, meine die des Ingenieurs.

Die glückliche Entdeckung, dass wir die Faszination für das Kanufahren teilten, machten wir an einem zufälligen Ort, zu einer eben solchen Zeit: in einem Vorort von Maryland, über einen Mittagstisch an der Landon School gebeugt. Washington D.C. war in den späten 1950er und frühen 1960er Jahren – und ist heute noch – ein Zentrum der sich schlagartig entwickelnden Sportart des Wildwasser-Kanu- und -Kajakfahrens. Gefordert durch einen engagierten Kreis von Erwachsenen, die die *Washington's Canoe Cruisers* Association gegründet hatten, stürzten wir uns in den Potomac und damit in ein Abenteuer, das unser Leben prägen sollte. Zunächst fuhren in einem Aluminium-Kanu auf den örtlichen Wildwasserläufen. Später erprobten wir uns bei den Rennen entlang der Ostküste. Unser Erfolg ermutigte uns sehr bald, es mit spezialisierteren Fiberglasbooten zu versuchen, die gerade erst entwickelt wurden.

Nach der Schule gingen wir auf unterschiedliche Colleges. Ich schlug eine mit weiteren Umzügen verbundene militärische Laufbahn ein, was unsere Partnerschaft im Zwei-Mann-Kanu beendete. Gleichwohl entwickelte sich die alte Highschool-Leidenschaft für beide von uns zu einer lebenslangen Romanze mit Flüssen, und wie ein verflochtener Flusslauf trennten sich unsere Pfade von Zeit zu Zeit, um uns wieder zusammenzuführen. In den frühen 70ern wurde ich nach dem College, den Olympischen Spielen und Vietnam in die Region Washington D.C. abkommandiert, und wir nahmen unsere Partnerschaft wieder auf. Tom paddelte nun im Ein-Mann-Kajak; ich fuhr in einem Solo-Slalomkanu. Auf der Suche nach schwierigen neuen Durchfahrten fuhren wir die Ostküste rauf und runter. Einige Abfahrten, wie die auf dem Meadow River in West Virginia, waren erst kürzlich von anderen bezwungen worden; andere, wie etwa die Linville-Schlucht in North Carolina, fuhren wir nicht zu Ende, und wieder andere, wie die Great Falls des Potomac außerhalb von Washington D.C. waren Erstbefahrungen. Wir lernten bei jeder Abfahrt dazu, unser Selbstvertrauen wuchs ebenso wie unser Respekt für die Flüsse, und wir suchten uns immer neue Herausforderungen.

Beeinflusst durch meine langjährige Begeisterung für Bergsteiger-Literatur, wandte sich unser Ehrgeiz damals den eher unbekannten internationalen Wildwasser-Expeditionen zu. Wir begannen, Pläne für einen ersten Ausflug nach Bhutan im Himalaja zu schmieden, aber der Traum konnte erst realisiert werden, als ich von einer Militärreise nach Deutschland zurückkehrte. Diese Zeit nutzte ich für Flussfahrten mit dem Alpinen Kajak-Club, München, der sich der Erforschung europäischer Flüsse widmete. Meine Rückkehr in die Staaten in den frühen 80ern brachte Tom und mich wieder zusammen. Wir führten das Bhutan-Experiment durch und machten mit einer Reihe von Expeditionen in Mexiko und Kanada weiter, die erschwinglicher und näher an unserem Zuhause waren.

Natürlich paddelten wir nicht einfach in einem Vakuum. Unser Sport wuchs mit uns: Rennfahrer erreichten jetzt ein Niveau, von dem wir nicht zu träumen gewagt hatten. Auch andere, darunter meine Kameraden vom Alpinen Kajak-Club, verfolgten den Traum, auf internationale Expeditionen zu fahren. Kommerzielle Flussbefahrungen mit Flößen und Kajaks nahmen nicht nur in West Virginia, sondern auch in Chile, Costa Rica und Nepal exponentiell zu. Die Gruppe von Paddlern mit ähnlichen Interessen, die uns auf unserem Weg begleiteten, allen voran Toms jüngerer Bruder Jamie, wurde immer größer.

1988 fragte mich ein Journalist vom Magazin *Canoe*, welche Pläne ich für die Zukunft hätte, und ich antwortete: »das Flussgegenstück zum Mount Everest befahren«. Obwohl Tom und ich schon seit Jahren Pläne für eine Expedition zum Tsangpo schmiedeten, machte ich absichtlich keine genaueren Angaben darüber, welcher Fluss gemeint war. Niemand bestreitet, dass der Everest eine der schwierigsten bergsteigerischen Herausforderungen darstellt, zumindest ist er der nachweislich höchste Berg. Bei Wildwasserflüssen gibt es noch nicht einmal annähernd so etwas wie eine objektive Norm, »der längste, der steilste Flussverlauf«, »die größte Wassermenge« sind irrelevante Beschreibungen. Selbst die Schwierigkeitsgrade für einzelne Flussabschnitte sind subjektive Staffelungen, die sich mit jedem Jahrzehnt dramatisch verändern. Es bleibt jedem Paddler selbst überlassen, seinen eigenen »Everest« zu wählen.

Hin und wieder behauptet jemand, eine bestimmte Flussklamm sei »die tiefste Schlucht der Erde«. Aber auch dies ist nahezu bedeutungslos, da kein Maßstab existiert, nach dem man eine solche Statistik beurteilen könnte. Wie steil müssen die Wände einer Schlucht sein? Wie vergleicht man die gewaltigen, bewachsenen Hänge, die vom Tsangpo 5182 Meter zu den Gipfeln des Namtscha Barwa und Gyala Pelri aufsteigen, wie vergleicht man einen Schlund von 24 Kilometern Breite, mit den kargen, fast senkrechten Wänden, die die Colca-Schlucht in Peru umschließen?

Als Paddler wollten wir die Größe und Herausforderung eines jedes Flusses und einer jeden Schlucht würdigen. Wir versuchten, zumindest in unseren ernsthafteren Momenten, Statistiken außer Acht zu lassen. Tom und ich zogen es vor, unser geheimes Ziel nicht als die schwierigste oder tiefste Schlucht der Erde zu sehen, sondern als die »größte« Schlucht der Erde, denn die Schluchten des Tsangpo gehören in Bezug auf Maßstab, Wildwasserschwierigkeit, Ökologie, Geologie, Kultur und Religion unbestreitbar zur Weltklasse.

Rückblickend betrachtet, möchte ich bezweifeln, dass unser paddlerisches Können und unsere Erfahrung (oder die irgendeines anderen Paddlers) in den 80er Jahren für eine Tsangpo-Befahrung ausreichend gewesen wären. Ob es nun zu unserem Besten war oder nicht, wir wurden erst gar nicht auf die Probe gestellt. Die politischen Hindernisse für die Planung einer Expedition nach Tibet, und besonders in Tibets heikles Militärgebiet, waren damals unüberwindbar. Abgesehen von Chinas allgemeiner Skepsis gegenüber westlichen Reisenden in Tibet, sei es aus politischen oder religiösen Gründen, ging es bei den langjährigen Grenzstreitigkeiten mit Indien genau um das Expeditionsgebiet. Diese Streitigkeiten waren in der Vergangenheit zu einem offenem Krieg entflammt, und nach wie vor gab es Scharmützel, die von beiden Seiten heruntergespielt wurden. Beobachter waren unerwünscht, es sei denn sie brachten ihr Scheckheft mit.

Mit einer ausgeprägt kapitalistischen Wertschätzung für Angebot und Nachfrage war China dazu übergegangen, für die Besteigung von lang verbotenen, unbezwungenen Bergen unter chinesischer Aufsicht enorme Genehmigungsgebühren zu fordern. Am Namtscha Barwa, dem höchsten Gipfel im Himalaja, der von einer hufeisenförmigen Schleife des Tsangpo umschlossenen war, hing ein Preisschild von einer Million Dollar. Auch begann China zu vermuten, dass unbefahrene Flüsse in westlichen Augen einen ähnlichen Wert haben könnten.

Folglich wurde der Antrag für eine bescheidene, leichtgewichtige Expedition ohne die Beteiligung des Fernsehens oder anderer schwergewichtiger Sponsoren, den wir 1983 bei der chinesischen Botschaft in Washington D.C. einreichten, kurzerhand abgefertigt. Resigniert lenkten wir unsere Bestrebungen in vielversprechendere Richtungen.

Ohne den Tsangpo gesehen zu haben und ohne die Erwartung, jemals die Chance dazu zu erhalten, zog ich mich 1990 von allen ernsthafteren Wildwasser-Unternehmungen zurück. 30 Jahre lang habe ich auf die Frage, wie lange ich vorhabe zu paddeln, leichthin geantwortet: »So lange es mir Spaß macht!« Und 30 Jahre lang bedurfte das Thema keiner weiteren Überlegung: Paddeln ist, war und sollte meine Art zu leben sein. Aber nun machten die sich häufenden Verletzungen den Erhalt meines Könnens immer zeitaufwändiger und schmerzhafter. Obwohl mich die langjährige Erfahrung auf schwierigen Flüssen immer noch relativ unversehrt flussabwärts gelangen ließ, hatte sich in meinem Hinterkopf die Frage festgesetzt, ob ich noch ausdauernd und fähig genug war, um lange, schwierig zu schwimmende Strecken oder andere sehr hohe Anforderungen in Notsituationen zu meistern. Während ich zum vielleicht hundertsten Mal, seit ich den Fluss 1965 das erste Mal befahren hatte, durch ein Kehrwasser nahe des linken Ufers der Charlie's-Choice-Stromschnelle am oberen Youghiogheny in Maryland trieb, dämmerte es mir plötzlich, dass mir meine Lieblingsachterbahn in Wirklichkeit keinen Spaß mehr machte. Nach dieser überraschenden Erkenntnis fiel es mir erstaunlich leicht, den Sport aufzugeben, der buchstäblich mein Leben als Erwachsener aufgezehrt hatte. Die

Arbeit und andere lange zurück gestellte Interessen nahmen mich wieder in Anspruch.

Im Gegensatz dazu paddelte Tom in den 1990ern mehr denn je. Das Kajak-Kursprogramm, das er jahrelang im Rahmen des Sommerlagers seiner Familie geleitet hatte, entwickelte sich zu einer unabhängigen ganzjährigen Kajak-Schule für Kinder und Erwachsene. Jedes Jahr organisierte Tom Touren nach Mexiko, Kanada und in den Westen der USA, und er bemerkte zu seinem Vergnügen, dass er sich mit dem Sport weiterentwickelte, obwohl die begeisterten jungen Paddler ihn, sein Sohn Andrew eingeschlossen, inzwischen übertrafen und mehr Stehvermögen besaßen. Er war nun über 50 und fand, dass er besser als je zuvor paddelte, und befuhr Flüsse, an die wir uns zu unseren »besten Zeiten« nicht herangewagt hätten.

So wären die Dinge weiter gelaufen, wir hätten uns in verschiedene Richtungen entwickelt, und der Tsangpo wäre in Vergessenheit geraten. Wären da nicht die Pionierbestrebungen anderer gewesen, die diese unzugängliche Schlucht ebenso faszinierte, und das Betreiben zweier Freunde von mir: Harry und Doris Wetherbee. Ich hatte das Paar in Pakistan kennen gelernt, wo sie im Auslandsdienst tätig waren. Als von Zentral- und Südasien faszinierte, unersättlich Reisende, waren die Wetherbees erfahrene Camper, die eine Vielfalt von Outdoor-Sportarten beherrschten, aber weder Bergsteiger noch professionelle Paddler waren. Anders als Tom und ich hatten sie nie den Ehrgeiz verspürt, selbst Flüsse zu befahren. Doch die scheinbar unüberwindlichen diplomatischen, finanziellen und organisatorischen Probleme, die zu bewältigen waren, bevor man überhaupt zu einem Fluss gelangen konnte, ließen sie unbeeindruckt. Zumindest schreckten sie nicht davor zurück, Tom und mich zu ermutigen, wir sollten uns darauf einlassen.

Seit ich das Gebiet Harry gegenüber im Winter 1996/97 zum ersten Mal erwähnt hatte, war er von der Romantik der Region völlig gefesselt und ergriffen. In seinem kleinen Computerzimmer in McLean, Virginia, machte er sich daran, nach Informationen zu suchen. Eine Ausgabe von Kingdon-Wards *The Riddle of the Tsangpo Gorges* bestellte er per Fernleihe in einer Bibliothek mit seltenen Büchern. Bei einem privaten Sammler wurde eine Landkarte aufgetrieben und kopiert, die F. M. Bailey 1914 veröffentlicht hatte.[2] Bald schmückten Landkarten, Fahnen und eine Girlande eingescannter Bilder früherer Forschungsreisender die Wände, und die Zahl an Aktenordnern zu Themen wie »Potenzielle Sponsoren« oder »Täglicher Kalorienbedarf von Bergsteigern« wuchs beträchtlich.

Unter Zuhilfenahme des Internets entwickelte Harry ein Bild des gegenwärtigen politischen Klimas; es unterschied sich ermutigend von dem, das wir zehn Jahre zuvor angetroffen hatten. Die Chinesen stritten zwar nach wie vor mit Indien über die nahe gelegene Grenze, aber die militärischen Spannungen waren geringer geworden, und die beiden Länder hatten in den frühen 90ern einen Waffenstillstand geschlossen. Etwa zur gleichen Zeit und wohl nicht rein zufällig hatte ein japanisches Bergsteigerteam endlich eine Genehmigung zur Besteigung des Nanga Parbat für ein chinesisch-japanisches Team ausgehandelt. Ihnen wurde der Zugang zur Region für drei Klettersaisons gewährt, und 1992 bezwangen sie den Gipfel.

Auch die Amerikaner schufen Präzedenzfälle. Richard Fisher, ein Reiseveranstalter aus Tucson, Arizona, organisierte zwischen 1993 und 1994 verschiedene Trecks zu den Tsangpo-Schluchten. Jill Bielawski, Ken Storm, Ian Baker und Eric Manthey waren bei einem dieser Trecks dabei. Sie waren seit 1924 die ersten westlichen Reisenden, von denen man wusste, dass sie Kingdon-Wards Route durch die obere Klamm genommen hatten. Storm und Baker würden in den darauf folgenden Jahren eine Vielzahl weiterer bemerkenswerter Forschungsreisen in die Region bestreiten. 1993 waren auch der Everest-Bezwinger Davis Breashears und der Fotograf Gordon Wiltsie im Auftrag des NATIONAL GEOGRAPHIC-Magazins in der Schlucht.[3]

Es wurden Versuche unternommen, das Wildwasser der Schlucht zu befahren. Die ersten Versuche, den ebenfalls in Tibet gelegenen oberen Jangtse mit Flößen zu befahren, wurden von rivalisierenden chinesischen und amerikanischen Gruppen unternommen. 1993 starteten zwei japanische Kajak-Fahrer von der Mitte der Tsangpo-Schlucht aus. Beide schwammen in der ersten Stromschnelle, und man verlor Yoshitaka Takei auf tragische Weise. Im selben Jahr bemühten sich zwei der von Richard Fisher organisierten Gruppen, den Fluss oberhalb der Schlucht mit Flößen zu befahren, erklärten das Unterfangen aber bald für undurchführbar. Die Brüder, Gil und Troy Gillenwater, die bei einem der Versuche dabei gewesen waren, wollten, wie Baker und Storm, zu Marschexpeditionen zurückkehren. Über einige der politischen Hindernisse, die zwischen uns und dem Tsangpo lagen, sollte man nun vielleicht verhandeln können, dennoch würde eine Wildwasserabfahrt außerordentlich schwierig sein. Und wir waren nicht die Einzigen, die diesen Ehrgeiz besaßen.

Harrys Internet-Recherchen förderten schließlich einen amerikanischen Reise- und Expeditionsausstatter zu Tage, der in Chengdu, in Südchina lebte und arbeitete. Jon Meisler hatte persönliche Erfahrungen mit dem Gebiet. Er kannte die undurchschaubaren Verfahren, die man durchlaufen musste, um eine chinesische Genehmigung zu erhalten. So vorsichtig wie ein Pärchen, das sich in eine Internet-Romanze stürzt, begannen wir uns gegenseitig per E-Mail über den Pazifik hinweg auszuhorchen. John kannte die Bergsteiger-Gemeinde bereits, aber die neue Welt des Wildwasserfahrens war unbekanntes Terrain für ihn, als wir mit ihm Kontakt aufnahmen. Darüber hinaus waren wir nicht besonders scharf darauf, dass unsere noch sehr vorsichtigen Pläne in der Paddler-Gemeinde die Runde machten oder gar chinesischen Regierungsstellen zu Ohren kamen. Was das anging: Jon arbeitete in einer Welt, in der viele Leute große Ideen haben; wenige jedoch den Willen, die Fähigkeiten und die notwendigen Mittel besitzen, solche Ideen auch umzusetzen.

Bereichert um Jons beachtliche Ressourcen, begannen viele Teile des Puzzles langsam zueinander zu passen. Trotzdem wussten Tom und ich, dass eine Inangriffnahme des Tsangpo um einige Kategorien größer sein würde als alles, was wir je zuvor unternommen hatten. Nach wie vor gab es gewaltige Unwägbarkeiten. Nur ein groß angelegter Expeditionsvorstoß, wenn nicht mehr als einer, würde klären können, ob eine Befahrung des Flusses möglich war. Aber das Planen einer solchen Unternehmung ohne persönliche Kenntnis der Region aus erster Hand würde wahrscheinlich fehlschlagen. Das Internet hat Grenzen.

Im Frühling 1997 hatten Tom und Jamie McEwan, Harry und Doris Wetherbee und ich uns dazu verpflichtet, ein Jahr harter Arbeit zu investieren, um eine Vor-Ort-Studie über die Durchführbarkeit unseres Unternehmens anzufertigen. Wir finanzierten sie selbst, um die Geheimhaltung unserer Pläne zu gewährleisten und um uns die Möglichkeit zu erhalten, die Idee fallen zu lassen, sollten wir das wünschen. In praktischer Hinsicht bedeutete dass, dass wir uns erhofften, ein viel höheres Maß an Engagement aufbringen zu können, und das Ansprechen potenzieller Sponsoren wesentlich produktiver gestalten zu können, wenn wir mit der Zuversicht aus Tibet zurückkämen, dass die Expedition ein vernünftiges Vorhaben sei.

Jamie wollte sich nicht zwei Jahre am Stück für längere Reisen von seiner Familie trennen, und so brachen Tom, Harry, Doris und ich im September 1997 zu einer einmonatigen »Trecking-Tour« nach Tibet auf. Nach einem Treffen mit Jon Meisler in Chengdu durchquerten wir Lhasa und fuhren in das Gebiet der Schlucht. Wir folgten einem Fußpfad zum Mittelpunkt der gigantischen, 224 Kilometer langen, Flussschleife des Tsangpo. Dort teilten wir uns auf: Harry und Doris reisten mit einheimischen Führern und Trägern mehrere Kilometer flussabwärts, während Tom, Jon und ich, geführt von einheimischen Monpa-Jägern, Kingdon-Wards Spuren stromaufwärts folgten, um uns einen Eindruck von dem höchst schwierig zu erreichenden, inneren Teil der Schlucht zu verschaffen.

Es war nur ein »schnappschussartiger Eindruck«, den wir gewinnen konnten, eher eine Kostprobe der vor uns liegenden Schwierigkeiten als der Versuch, den gesamten Fluss auszukundschaften, um herauszufinden, welche Stromschnellen befahrbar waren und welche wir würden umgehen müssen. Das würde eine Aufgabe für die nächste, längere und besser ausgerüstete Expedition sein – tatsächlich sollte es keine weitere geben.

Bis zu unserer Rückkehr nach Lhasa im frühen November hatten wir mit der Hilfe von Jon Meisler eine ganze Zahl schwieriger Aufgaben gemeistert und so ein hohes Maß an gegenseitigem Respekt, Vertrauen und Teamarbeit entwickelt. Was hatten wir erreicht? Wir hatten seitens der chinesischen und tibetischen Behörden Zugang zur Region erhalten. Ihre Haltung gegenüber einer größeren Bootsexpedition wäre vielleicht eine andere gewesen. Wir konnten auf die Unterstützung durch Führer und Träger aus den beiden wichtigsten Dörfern, die an dem Weg lagen, zählen, und wir hatten Erfahrungen mit Witterung und Gelände während der Jahreszeit, die wir für die Expedition am geeignetsten hielten, gesammelt. Ein Feldversuch über die Kommunikation zwischen getrennten Gruppen in der Schlucht bewies, dass unsere Satellitentelefone die Satelliten trotz der Bergwände »sehen« konnten und dass sie den extremen Witterungsverhältnissen standhielten. Und zu guter Letzt hatten wir etwa zehn bis fünfzehn Prozent der kritischen Flusskilometer gesehen und fotografiert – weniger, als wir gehofft hatten, aber genug, dass sie als Grundlage für Beurteilungen dienen konnten.

Keiner dieser Tests verlief reibungslos, und es tauchten fast ebenso viele neue Probleme auf, wie wir lösen konnten. Trotzdem gab es jetzt Grund genug, auf eine erfolgreiche Befahrung des Flusses zu hoffen. Nach unserer Rückkehr in die USA entschieden wir uns bei der Befahrung der Tsangpo-Schlucht für eine groß angelegte Expedition, wobei Wildwasserboote das wesentliche Fortbewegungsmittel sein sollten. In der Weihnachtszeit und bis in den Januar hinein feilten wir an einem detaillierten Plan für eine 54-tägige Expedition, die im Spätseptember 1998 starten sollte.

Ich sollte als Expeditionsleiter die Oberaufsicht führen, bei der Jagd nach Genehmigungen und Förderungen an vorderster Front stehen und die organisatorischen Einzelheiten koordinieren; vor Ort würde ich vom Land aus die Aktivitäten des Fluss- sowie der Hilfsteams leiten. Tom sollte das Herzstück der Expedition führen: die vierköpfige Mannschaft, die dem Fluss vom letzten Stützpunkt an der Straße vor der großen Flussschleife zu Fuß und mit Booten folgen würde. Im Idealfall sollte das Bootsteam nach den ersten zurückgelegten 224 Flusskilometern an der Ausbootstelle eines verhältnismäßig einfach zu erreichenden Passes ankommen, der über die schmalste Stelle der Flussschleife und wieder zurück zum Ausgangspunkt führt. Sie würden in ihren Booten Proviant und Ausrüstung mit sich führen und tagelang auf sich gestellt reisen, während zwei Unterstützungsteams (jeweils zwei Amerikaner und ein Sherpa), mit einheimischen Trägern nach dem Bocksprung-Prinzip vorausreisten, um sie in Abständen mit Nachschub zu versorgen und ihnen, falls nötig, bei eine Rettung oder Evakuierung zur Seite zu stehen. Die zwei Sherpas – sie gehören zu der Volksgruppe, die in der Umgebung des Mount Everest lebt und seit fast einem Jahrhundert Himalaja-Besteigungen unterstützt – sollten Englisch und Tibetisch sprechen, sie sollten Erfahrung in der Durchführung von Expeditionen haben und zwischen uns und den Einheimischen vermitteln.

Der Frühling und der Sommer 1998 gingen für Planung und Vorbereitung drauf. Tom konzentrierte sich auf die Ausarbeitung eines genauen Bootsplans, legte Termine und Orte für die Nachschubübergaben fest, arbeitete mit den anderen Bootsfahrern das Training aus, das für die vor ihnen liegende Aufgabe nötig war, und natürlich wählte er die weiteren

Paddler aus. Sein Bruder Jamie war bereits seit einer der früheren Phasen dabei, und Doug Gordon, Jamies bester Freund, hatte Tom und mich auf früheren Expeditionen begleitet. Es war nicht leicht, die verbleibende Lücke zu schließen. Zwei unserer erprobten Freunde erwogen die Einladung erst und lehnten dann ab, weil unsere Tour Konflikte mit anderen Verpflichtungen gegenüber Familie, Beruf und anderen Expeditionen bedeutete. Im August vervollständigte Roger Zbel schließlich die Mannschaft. Er war viele Rennen gefahren, hatte etliche Flüsse befahren und führte kommerzielle Floßfahrten durch; Tom und ich kannten ihn seit langem. Dave Phillips, ein alter Freund vom Militär und ehemals Arzt bei den Green Berets, erbot sich, das Hilfsteam abzurunden.

Harry und Doris konzentrierten sich auf die organisatorischen Einzelheiten wie die Beschaffung von Nahrungsmitteln, Kommunikationseinrichtungen und den Flugzeugtransport von Team und Ausrüstung. Zusammen mit Doug spürten sie Hersteller auf, die die notwendige Ausrüstung spenden würden. Jamie stellte die Kletterausrüstung zusammen, bereitete ein Buchangebot vor und koordinierte gemeinsam mit mir die Fotodokumentation.

Das Einholen von Genehmigungen lag im Wesentlichen in den Händen von Jon Meisler, während ich die Fördergelder beantragte, die helfen sollten, Genehmigungen, Reisekosten, Nahrungsmittel und Kommunikation zu finanzieren, also alles, was die Werbegelder der Ausrüstungshersteller nicht abdecken würden. Es war eine Achterbahnfahrt. Frühe Erfolge (und Prestige) brachten eine Förderung von *Malden Mills Polartec Challenge* sowie kleinere Subventionen von Privatleuten und von der Henry-Stiftung für Botanische Forschung. Einer langen Tradition folgend, gewährte der *New Yorker Explorers Club* der Expedition das Tragen einer ihrer historischen Fahnen. Der Amerikanische Kanu-Verband befürwortete das Projekt und willigte ein, die Fördermittel zu verwalten. All das wurde von der Rolex-Gesellschaft in Genf übertroffen, die uns monatelang gründlich prüfte und für einen ihrer Preise für Unternehmungsgeist in Betracht zog. Nachdem wir es mit 63 anderen Projekten in die Endrunde geschafft hatten, gehörten wir schließlich im Juli nicht zu den Auserwählten. Sollten wir noch immer vorhaben, im Herbst in Tibet anzukommen, würde die chinesische Regierung bis Juli eine große Anzahlung verlangen und die verbindliche Verpflichtung, für Genehmigungen, Transporte und andere Dienste im Voraus zu zahlen.

Wir erwogen allen Ernstes, das Projekt um ein Jahr zu verschieben, als der Expeditionsrat der National Geographic Society unseren Antrag auf Fördermittel im Juli bewilligte. Wenngleich knapp bei Kasse, waren wir doch nun endlich finanziell abgesichert. Mit der Finanzierung stieß auch das neunte Teammitglied zu uns: Die Society wollte dem Unterstützungsteam den Videofilmer Paulo Castillo mitgeben, der so viel wie nur möglich von der Expedition auf Film bannen sollte. Im Juli bestätigten die Chinesen die Erteilung von Genehmigungen für eine kombinierte »Wander- und Bootstour«. Langsam setzte sich die Gewissheit durch, dass wir wirklich auf dem Weg waren und dass dies alles mehr war als eine monströse Übung im Papierberge-Stemmen.

Den ganzen Winter, Frühling und Frühsommer hindurch vollbrachten wir eine Art Balanceakt. Ein gewisses Maß an Selbstanpreisung war nötig, um potenzielle Sponsoren und andere Helfer zu beeindrucken, andererseits wollten wir nicht mit Wildwassergruppen in Wettbewerb geraten, die inzwischen ebenfalls ernsthaft am Tsangpo interessiert waren. Obwohl die meisten sich ebenso vorsichtig über ihre Pläne äußerten wie wir, schien es, als hätten zwei weitere westliche Gruppen, eine hauptsächlich aus Floßfahrern, die andere aus Expeditionspaddlern bestehend, ernst zu nehmende Pläne. Aber sie waren mit ihren Vorbereitungen noch nicht so weit wie wir. Beide gingen 1998 auf Kundschafterfahrt, ähnlich wie wir es im Herbst 1997 getan hatten. Soweit uns bekannt war, gab es nur ein chinesisches Team vor Ort, dessen Ziele uns gänzlich unbekannt waren.

Anders als die grösstenteils bedeutungslose Aufmerksamkeit, die dem Everest unter den Flüssen oder der tiefsten Schlucht der Welt entgegengebracht wird, hat der Stolz auf eine erste Flussbefahrung durchaus seine Rechtfertigung. Der Kraftakt kommt der Erstbesteigung eines großen Berges gleich, und unser erklärtes Ziel war es, den großen Tsangpo erstmalig zu befahren.

Das Können, das jedem Paddler in einer Stromschnelle abverlangt wird, und die Gefahren, denen er sich aussetzt, sind bei der tausendsten Fahrt um nichts geringer als bei der ersten. Dennoch ist die erste Erkundung eines Wildwasserflusses um ein Vielfaches schwieriger als die nachfolgenden Befahrungen. Die Urteilskraft und das Vertrauen, die nötig sind, um eine Durchfahrt erst zu analysieren und dann eine Stromschnelle zu befahren, die nie zuvor getestet wurde, ist qualitativ anders. Zu sehen, was das Wasser mit einem anderen Bootsfahrer macht, oder zu wissen, dass eine Stromschnelle bei einer anderen Gelegenheit erfolgreich befahren wurde, verleiht dem Paddler eine gewisse Sicherheit und senkt den immanenten Stress. Auch andere Faktoren erschweren die Sache. Erstbefahrungen bestehen oft, vielleicht auch üblicherweise, zu einem ebenso großen Teil aus Logistik und Wandermärschen wie aus Wildwasserfahrten. Bis man die Stellen kennt, über die man zum Fluss gelangt und wieder von ihm fort kommt, bis man die Wirkungen der verschiedenen Pegelstände begreift und die hinter der nächsten Flussbiegung lauernden Schwierigkeiten vorhersagen kann, muss man gewaltige Mengen an Zeit und Energie auf diese Faktoren verwenden. Um flussabwärts zu gelangen, tragen Erstbefahrungsmannschaften ihre Boote häufig um Stromschnellen herum, die später von den nachfolgenden Gruppen mit weniger, anderweitigen Sorgen »ausgetüftelt« und routinemäßig befahren werden. Folglich sind Erstbefahrungen selten elegante Prozessionen flussabwärts vom Anfang bis zum Ende, und es ist keine Seltenheit, dass eine Erstbefahrung, die mehrere Tage dauert, später zu einer Tagesfahrt wird.

Genauso wie viele fähige Skifahrer Skiwanderungen mit ihren Lawinen, gefährlichen Gletscherspalten und unvorhersehbaren Schneebedingungen scheuen und lieber auf präparierten Pisten üben, ziehen viele der besten Wildwasser-Paddler es vor, unzweifelhafte Abschnitte und künstliche Renn-Parcours zu befahren. Selbst unter Entdeckern kann die Einschätzung, wie weit und auf welche Weise ein Fluss zu befahren ist, um dem Konzept einer Erstbefahrung zu entsprechen, auf sehr subjektiven und persönlichen Kriterien beruhen. Wenn Stromschnellen umtragen werden, zu welchem Anteil geschieht das? Wenn sie befahren werden, zählt der Schleichpfad entlang der Uferlinie? Und in welchem Verhältnis steht eine Erkundung bei Niedrig- oder Hochwasser zu einer normalen Abfahrt? Wie das Wildwasser selbst entzieht sich der Begriff »Erstbefahrung« einfachen Definitionen.

Trotz der Schwierigkeiten und Vieldeutigkeiten dieser Definitionen war es eine Ehre und ein unermesslicher Glücksfall, dass wir unsere Disziplin in dieser großen Schlucht ausüben durften. Nun hatten wir die Mittel, aber auch den Willen, einen Versuch zu unternehmen, und wir hatten begriffen, welch große Distanz die Vororte von Washington D.C. von unserer vorgesehenen Ausbootstelle bei Medog in Tibet trennte.

ERSTES KAPITEL

Der Übergang nach Tibet

Wir sind bereit, die geheimnisvolle Schlucht zu betreten und brechen mit einiger Sorge auf. Die alten Bergbewohner sagen uns, dass er nicht befahrbar ist…, aber alle sind begierig, es zu versuchen, also los geht es.

MAJOR JOHN WESLEY POWELL
Über die Erstbefahrung des Grand Canyon, 1869

FORTSCHRITT IST NICHT IMMER GNÄDIG. Das Dorf Kodari an der tibetisch-nepalesischen Grenze bildete einen scharfen Kontrast zu der friedlichen, überirdischen Schönheit des Himalajas. Verwahrloste Gebäude aus Feldsteinen und Holz flankierten schlammige, löchrige Straßen, die zu schmal waren, als dass zwei Lastwagen sie in beiden Richtungen hätten passieren können. Raben und grauköpfige Krähen wetteiferten mit halbwilden Hunden und Schweinen um das Recht, die Müllhaufen aus Abfall und pastellfarbenen Plastiktüten am Dorfausgang zu durchwühlen. Ein schweres Gemisch aus Dieselabgasen, Rauch von feuchtem Feuerholz oder Yakdung und Tempelgaben aus verbranntem Wacholder hing in Schichten zwischen den Talwänden.

An einem Spätseptembertag 1998 ergoss sich eine Lawine aus Schafen, Ziegen und Kindern aus einer Straßenschlucht auf die Hauptstraße und wirbelte und wogte um die anhaltenden Lastwagen, Touristenbusse um unser Expeditionsteam und die aufgetürmte Ausrüstung herum. Die strahlende Sonne am wolkenlosen Himmel erhitzte die überfüllte Straße an der nepalesischen Grenzstation. Dies war das »Oktoberfenster«, die wenigen wertvollen Wochen guten Wetters im Himalaja zwischen den aus Indien kommenden Monsunwolken im Sommer und den Winterwinden, die von den Steppen Asiens herüberwehen. Unsere Gruppe aus neun Amerikanern und zwei Sherpas schwitzte und konnte es kaum erwarten, ins höher gelegene tibetische Hochland aufzubrechen.

Kein Fahrzeug fuhr weiter als bis zu diesem Punkt. Fußgänger verließen hier den nepalesischen Einreiseposten, gingen über die Brücke, die zugleich die offizielle Grenze war, und kletterten auf der anderen Seite in tibetische Fahrzeuge. Plötzlich erhoben sich unsere Ausrüstungsberge über der Flut von Schafen und Ziegen auf irgendein für uns unsichtbares Zeichen hin. Sie wurden auf dem Rücken einer Karawane von auf einen Trägerlohn erpichten Einheimischen befestigt, die sie über die brückenbewehrte Schlucht nach Tibet trugen. Unsere vier Wildwasserboote, die zum Schutz gegen die Reise per Luft und Lastwagen um den halben Globus in schwarze Nylonsäcke eingehüllt waren, folgten den mit Gewebeband zusammengeklebten Paddelbündeln. Weitere 19 übergroße Soldatensäcke aus olivgrünem Uniformtuch enthielten eine dreiviertel Tonne gefriergetrockneter Nahrung und die Campingausrüstung. Wir waren noch immer nicht von der nepalesischen Bürokratie abgefertigt worden und beobachteten bekümmert, wie unsere Besitztümer in ein fremdes, entlegenes Land verschwanden, das – nachdem es von Pilgern, Entdeckern, Wissenschaftlern und Spionen jahrhundertelang durchwandert worden war – zum ausgehenden Jahrtausend immer noch so viele Geheimnisse, seien sie physischer oder magischer Natur, barg.

Weder Ungeduld noch Jetlag konnten den von eifriger Neugier erfüllten Doug Gordon davon abhalten, die kurze Straße auf- und abzugehen und die exotischen Gerüche, Geräusche und Bilder in sich aufzusaugen. Mit dem kompakten

Körper, der in blauen Shorts, Polohemd und Sandalen steckte, der schwarzen Schnur, die seine Sonnenbrille sicherte und wie ein dünner Pferdeschwanz seinen Nacken herabhing, und dem sich dunkel abzeichnenden Schatten schwarzen Bartes auf seinen Wangen sah er aus wie jeder andere Rucksacktourist auf dem »Kathmandu-Trail«. Seine zwei Persönlichkeiten, der hoch angesehene Wissenschaftler, der gerade erst von einer internationalen Konferenz in Frankreich kommt, und der erfahrene Kajak-Fahrer, der seit 22 Jahren in internationalen Wettkämpfen und auf Expeditionen fährt, waren im Moment unsichtbar, wenn auch nicht weit unter der Oberfläche verborgen. In einem kleinen Laden gab er mit Bedacht seine verbliebenen nepalesischen Rupien aus, um sich die Taschen mit Früchten für die lange, trockene Überlandfahrt, die vor uns lag, zu füllen. Er genoss die feilschende Pantomime und die Zweckmäßigkeit des Tauschs.

Auf dem Rücksitz eines der Toyota-Landcruiser saß Tom McEwan und las ein Buch – gleichermaßen unbeeindruckt von dem das Fahrzeug umtosenden Chaos und der Schönheit der Berge. Wie der Diakon einer strengen schottischen Religionsgemeinschaft, der über den menschlichen Schwächen seiner Schäfchen brütet, warf er gelegentlich einen Blick auf die Tonnen an Ausrüstung, unsere Schar Fahrer, auf Führer, Köche und Träger und die zwei Sherpas aus Namche Bazar. Seine in gedämpftem Ton vorgebrachte Bemerkung »Wer sind bloß all diese Menschen ...!« klang fast anklagend. Unausgesprochen, aber doch sehr deutlich war die eigentliche Frage herauszuhören: »Was haben all diese Tage bezahlten Reisens, diese Berge an Ausrüstung und Proviant, dieses Heer an Helfern und Anhang mit dem zu tun, das so rein, klar und einfach ist, wie mit einem Hartschalen-Kajak das Gletscherwasser einer ursprünglichen Schlucht hinunterzufahren?«

1971 hatten Tom und sein Bruder Jamie von Plätzen in der Olympiamannschaft geträumt, ein Traum, den die ganze Welt des Wildwassersports teilte, weil es das erste Jahr war, in dem der junge Sport beim renommiertesten Sportereignis von allen vertreten sein sollte. Aber in die Mannschaft aufgenommen zu werden oder gar eine Medaille zu erringen, reichte Tom nicht aus. Er musste alles auf seine eigene, reine, unbeschwerte Art tun. Die Brüder mieden Trainer, Fitnesszentren und organisierte Wettbewerbe und zogen sich in die winterlichen Berge von West Virginia zurück. Dort lebten sie im hinteren Teil ihres Wohnmobils und machten abwechselnd Alleinabfahrten, während der andere zur Ausbootstelle fuhr. Irgendwie passte es zu Tom als einer Synthese aus dickköpfiger schottischer Familientradition und dem nietzschem Denken, das er sich in Yale angeeignet hatte, dass er nur kurzzeitig aus dieser Isolation auftauchte, um in den Ausscheidungskämpfen Siege für die Mannschaft zu erringen.

Letztlich wurde diese *Gestalt* nie in der Olympischen Arena erprobt. Eine schwere Knieverletzung setzte Toms Traum ein jähes Ende, und er lebte den Rest des Winters mit seinem Kajak in den Okefenokee-Sümpfen. Für Jamie führte dieser Traum in ein methodisches Trainingslager in Kalifornien und zur Bronzemedaille in München. Heute – mit 52 Jahren – waren Toms hagere Figur, sein schmales Gesicht und der zurückweichende Haaransatz eher ein Hinweis dafür, dass Körperfett und Behaarung oder der Titel einer der acht Elite-Universitäten in den USA, den er vor so vielen Jahren verschmäht hatte, für ein Leben in reiner Einfachheit überflüssig waren.

Toms Rückzug in sein Buch konnte nicht ganz als ein ausdrückliches Veto bewertet werden. Wie sein Alter Ego, der schottische Diakon, räumte er die Existenz oder gar die Notwendigkeit vieler Dinge, die er lieber meiden würde, sehr wohl ein. Gemeinsam hatten wir den jetzigen Plan ausgearbeitet und waren widerstrebend zu dem Schluss gekommen, dass die Reise in ein so weites und entlegenes Gebiet ohne Hilfe von außen oder organisierten Nachschub zu gefährlich wäre. Abgesehen davon würde man von offizieller Seite die Zügel jetzt nicht lockern und uns unbelastet von offiziellen

Führern und Gefolge in der Nähe der strittigen Grenze zwischen Indien und China umherwandern lassen. Wir unternahmen nun schon seit mehr als 35 Jahren gemeinsam Flussreisen – angefangen mit den Wochenend-Kanufahrten auf dem Potomac, noch bevor einer von uns Auto fahren konnte –, und Tom überließ mir gern die Myriade unangenehmer Details wie die Beschaffung von Visa und Ausrüstungsgenehmigungen, das Anheuern von Sherpas, die Suche nach Sponsoren und Ähnliches. In regelmäßigen Abständen aber blickte er auf, weil er meine Vorliebe für militärische Planung kannte und sich vergewissern wollte, dass ich nicht ein oder zwei zusätzliche Kompanieabteilungen einschmuggelte.

Was mich betraf, ich hatte mit der Geistesabwesenheit meines Partners gerechnet. Als wir uns – nach sieben oder acht Tagen und mehr als 640 Kilometer weiter östlich – dem Dorf näherten, von dem aus die vier Wildwasserfahrer flussabwärts starten würden, wirkte Tom völlig ausgeruht und auf seine einzigartige Aufgabe konzentriert: Er würde mit den drei anderen außergewöhnlich begabten und erfahrenen Sportlern eine Mannschaft formen, die fähig war, mit ihren Kajaks die größte Schlucht der Erde zu befahren: eine Schlucht, die von den donnernden Kaskaden eines der größten Flüsse Asiens in den wenig erforschten östlichen Winkel des Himalaja-Gebirges geschnitten worden ist.

Die nepalesischen Behörden übergaben uns endlich die Papiere, und schnellen Schrittes folgten wir unserer Ausrüstung über die Brücke nach Tibet.

ZWEITES KAPITEL

Ein langer, mühsamer Weg

Es gibt keine größeren Felder als diese,
keine würdigeren Spiele als die, die hier gespielt werden können.

Henry David Thoreau

Dicke, rote Linien wandern zielstrebig über Tibets Landkarten und verbinden schwarze Punkte, die auf große Städte und Regierungshauptstädte verweisen, untereinander. Auf diesem kargen Hochplateau repräsentieren diese Linien nicht etwa Schnellstraßen oder Kommunikationswege, sondern sind Symbol für den Ehrgeiz chinesischer Ingenieure und Sozialplaner. Dieser Ehrgeiz erschöpft sich in der Arbeit von Hunderten von Arbeitstrupps, die Stein für Stein von Hand heranschaffen und an ihren Arbeitsstätten in Nomadendörfern aus Plastikplanenhütten leben. Ihr Kampf gegen Naturgewalten wie Überschwemmungen und Erdrutsche ist nahezu aussichtslos.

Wir arbeiteten uns in drei Geländewagen und einem der in China allgegenwärtigen blauen Dong-Feng-(Ostwind-)Lastwagen von Kodari aus zur tibetischen Hochebene vor und fahren dann um den Everest herum Richtung Osten. Wir kamen unglaublich langsam voran. Die Stunden des Wartens in langen Schlangen hinter Holztransportern und Militärkonvois konnten nur durch nierenerschütternde Umwege querfeldein verkürzt werden. Auf den eher seltenen Abschnitten ungestörter, schmaler Kiesstraßen wurde alles außer dem Fahrzeug an der Spitze in atemberaubende Staubwolken gehüllt.

Gegen Ende September kündigten die kalten Nächte auf dem Hochplateau bereits den nahen Winter an. Den Tagesanbruch verbrachten wir wenig enthusiastisch in unseren Lagern am Straßenrand, bis endlich die Schatten der Berge im Osten kürzer wurden und das Sonnenlicht das Gebiet überflutete. Nachts wagte sich ausschließlich der Notfallverkehr über diese Straßen, mit dem Tageslicht kamen auch der Lärm und Staub der Lastwagen. Bald darauf drang das kehlige Brausen des Kerosinherds aus dem unförmigen Kochzelt aus grauem Segeltuch von Ang Kami Sherpa und Pemba Sherpa. In unterschiedlichen Abständen, abhängig von den individuellen Schätzungen, wie lange die Teekessel der Sherpas zum Wasserkochen brauchen würden, erklang das Geräusch von sich öffnenden Schlafsack- und Zeltreißverschlüssen und das Schlagen von Lastwagentüren. Treibholz und brennbare Abfälle entzündeten sich unter massiver Zuhilfenahme von Kerosin mit einem lauten »Bumm« und einer Wolke schmierigen Rauches.

Noch bevor die herbeigesehnten Sonnenstrahlen am Horizont auftauchten, hatte Roger Zbel einen Gipfel als Marschziel ausgewählt, der ein paar 1000 Fuß über dem Lager lag. Er drängte die anderen, Haferbrei und Müsli aufzuessen, Kaffee und heiße Schokolade zu leeren und »sich aufzumachen«. Roger war ein Neuling beim Expeditionspaddeln in dieser Gruppe. Er war zuvor nur in Südamerika gepaddelt und deshalb auf seiner ersten Asienreise in gewisser Weise ein Außenseiter. Sein ständiges Lächeln, der zerzauste Bart und die Andeutung von Selbstzufriedenheit eines Mannes mittleren Alters um Gesicht und Bauch verbargen sein großes mentales und physisches Stehvermögen, das erst im weiteren Verlauf der Reise sichtbar werden sollte.

Da der mit Expeditions- und Lagerausrüstung beladene Lastwagen langsamer vorwärts kam als die drei Geländewagen mit den Passagieren, blieb ausreichend Zeit für ein morgendliches Konditionstraining. Währenddessen wurde das Lager abgebrochen, der Lastwagen beladen und vorausgeschickt. Pemba Sherpa, ein schüchterner 18-jähriger Junge, für den sich diese Reise deutlich von seinen beiden Expeditionen zum Everest unterschied, hielt mit Rogers eifrigem Tempo auf dem sich den Berg hinaufwindenden Geflecht von Ziegenpfaden leicht Schritt. Tom McEwan und Doug Gordon hatten die Ärmel ihrer leuchtenden Regenjacken um die Taille geknotet und legten ihr eigenes Tempo beim Aufwärmtraining für den Aufstieg vor. Hinter ihnen wechselte Jamie zwischen Spurts und Pausen, um Fotos zu schießen, während ich die Höhe von fast 3660 Metern deutlich zu spüren begann und vorgab, die Aussicht zu bewundern, um Atem schöpfen zu können.

Eine Stunde später wurden die Luftmatratzen auf den Rücksitzen der Geländewagen aufgeschichtet und die Beine ausgestreckt. Wir bereiteten uns auf einen weiteren, aufreibenden Tag vor, indem wir zuvor ein gewisses Maß an Stress abbauten. Die langsame, beengte Fahrt im Toyota war nach dem langen Flug und Jetlag für die vier Wildwasserpaddler Tom, Jamie, Doug und Roger am schwersten. Dies ist eine gewohnte Reaktion von Menschen, die über lange Jahre Sport getrieben haben. Jahre intensiven Trainings programmieren Körper und Geist darauf, über den Punkt, an dem hohe Stress- und Bewegungsniveaus lediglich toleriert werden, hinauszugehen. Tatsache ist, sie brauchen das. Mächtiger noch als die Veränderungen des Stoffwechsels – Appetit, Schlafrhythmus und Pulsfrequenz, die mit dem täglichen »Schuss« Bewegung zusammenhängen, sind die geistigen Zwänge. Ein Tag ohne das gewohnte Konditionstraining führt zu quälender Unruhe und für einige zu einem fast calvinistischen Schuldgefühl. Viele Eliterennfahrer – und das gilt ganz besonders für Jamie – neigen zu einer Art Hypochondrie, bei der winzige Fehler, etwa eine kleine Verletzung, eine ausgefallene Mahlzeit oder ein

Abweichen von der gewohnten Routine, katastrophale Ausmaße annehmen können. Die am feinsten geschliffene Klinge kann zugleich die brüchigste sein.

Alle vier hatten Erfahrung mit internationalen Expeditionsreisen – wenn auch nicht in diesem Umfang –, und sie waren genügend gereift, um diese Reaktionen verstehen und ihnen bis zu einem gewissen Punkt vorbeugen zu können. Es war jedoch eine unverkennbare Tatsache, dass die Abfahrt mit Wildwasserkanu und Kajak den Tsangpo hinunter – das Herz und die Seele der Expedition –, die bei weitem stärkste physische Beanspruchung und Gefahr bedeuten würde. Der Erfolg hing von vielerlei Faktoren ab, eines aber war sicher: Ohne auch noch das letzte Quäntchen an Können, Stehvermögen und Zielstrebigkeit des gesamten Teams würde es keinen Erfolg geben und nichts, aber auch gar nichts durfte ihren Schneid beeinträchtigen.

Hingegen war es für das Hilfsteam und mich als die »Schweizer Messer« der Expedition vergleichsweise leichter, über das »Dach der Welt« zu ziehen. Wir hatten monatelang für die vor uns liegende, anstrengende Wanderung trainiert. Zudem war unser gewohntes Niveau an physischer Aktivität »normaler« und unsere Unruhe und Anspannung – unserer untergeordneten Rolle entsprechend – geringer. Schließlich war jedes Mitglied der Helfergruppe aufgrund seiner langjährigen Erfahrung mit dem Leben und Reisen in Entwicklungsländern ausgewählt worden.

Paulo Castillo, der Videofilmer, der durch die Vermittlung von NATIONAL GEOGRAPHIC-Television zu uns gestoßen war, hatte gerade eine Floßreise an Chinas oberem Jangtse geleitet. Harry und Doris Wetherbee hatten im Auftrag des Auslandsdienstes viele Jahre in Übersee – einschließlich der ehemaligen Sowjetunion, Äthiopien, Pakistan und Indien – gelebt. Dies war ihre dritte Reise in die entlegenen Regionen Chinas. Dave Phillips, der Arzt des Teams, hatte in über 30 Jahren fünf Kontinente bereist. Seine Arbeit für medizinische Programme in der Dritten Welt hatte ihn von den Lagern der Green Berets bis zu den vietnamesischen Montagnard-Dörfern geführt.

FÜNF TAGE UND FAST 800 STAUBIGE, ACHSENBRECHENDE KILOMETER auf der tibetischen »Autobahn« östlich von Kodari lag das Ziel der Expedition. Ob physisch oder metaphysisch betrachtet, dieses Land war überdimensional, ein unverdorbener Ort voller Romantik und Herausforderungen. Es war schwer vorstellbar, dass ein solches Gebiet am Vorabend des 21. Jahrhunderts noch unerforscht sein sollte.

In der Umgebung von Tibets heiligem Berg Kailas entspringen fast genau in der Mitte des Himalaja-Massivs zwei von Asiens sagenumwobenen Flüssen. In entgegengesetzte Richtungen, nördlich und parallel zu den Bergen fließend, bewässern sie das Dach der Welt und, um es mit den Worten des schwedischen Forschungsreisenden Sven Hedin zu sagen, »umschlingen den Himalaja wie die Arme eines Kraken«.[1]

Der Indus fließt nach Norden und Westen an Kaschmir, einem unruhigen Land von legendärer Schönheit, vorbei. Am westlichen Eckpunkt des Gebirges, dem Nanga Parbat (»Nackter Berg«), donnert der Indus vom Plateau herab durch die Rhondu-Schluchten Pakistans und beginnt hinter Karatschi seinen langen Abstieg zum Indischen Ozean.

Der Tsangpo fließt nach Süden und Osten durch die Weiten der tibetischen Hochebene, windet sich um den östlichen Eckpfeiler des Himalajas, den Namtscha Barwa, und stürzt dann von den Höhen des Plateaus in die fast 2744 Meter tiefer gelegenen Ebenen von Assam, wo er als Brahmaputra wieder zum Vorschein kommt.

Der große Fluss rast durch die gewaltigen Schluchten dramatischer Zickzackspalten im Herzen der Berge, die einige der schwierigsten Wildwasserabschnitte enthalten, die man sich denken kann. Die sportliche Herausforderung des Flusses jedoch ist nur ein weiterer Faden in einem ohnehin dicht geknüpften Gobelin.

In der buddhistischen Mythologie ist die phantastische Landschaft des Pemako, des Blumenlandes, die Verkörperung der ruhenden Göttin Dorje Phagmo, der Diamantensau. Pemako ist einer der vielen sicheren Häfen und Zufluchtsorte, die an der Grenze Tibets verborgen liegen und nur den Erleuchteten zugänglich sind. Dieser Legende entsprang auch der Roman *Lost Horizon* von James Hilton, der von einem Ort erzählt, der zum Symbol für das Paradies auf Erden und zu einem Bestandteil der englischen Sprache geworden ist: Shangri-La.

In den letzten zwei Jahrhunderten waren die Schluchten ebenso sehr ein Gral für westliche Entdecker wie für östliche Pilger. Bis weit in das 19. Jahrhundert hinein galt die Verbindung zwischen dem tibetischen Tsangpo und dem Brahmaputra Indiens keineswegs als gesichert, sondern war Gegenstand hitziger Debatten. Es war weithin bekannt, dass der Tsangpo etwa 1600 Kilometer ostwärts durch Tibet fließt und in einem Gewirr von Bergen am östlichen Ende des Himalaja verschwindet. Auf der anderen Seite der *terra incognita* entspringen auf einer Strecke von nur 320 Kilometern fünf der großen Flüsse Asiens: Jangtsekiang, Mekong, Saluën, Irawadi und Brahmaputra. Selbst nachdem gemeinhin akzeptiert wurde, dass der Tsangpo den Brahmaputra speist, gab es Spekulationen darüber, was zwischen dem Punkt, wo der Tsangpo auf einer Höhe von grob geschätzt 2740 Metern verschwindet, und dem Punkt, wo er fast auf Meereshöhe in Assam wieder auftaucht, geschieht. Verbirgt die Bergfestung gar Wasserfälle, die die Niagarafälle oder die Viktoriafälle am Sambesi recht klein erscheinen lassen würden?

Diese wundersamen Fragen, deren Beantwortung von unerbittlicher Politik, unüberwindlichem Gelände und unerträglichen Witterungsverhältnissen behindert wurde, zogen eine würdige Folge von Entdeckern an: Pundits – einheimische Inder, die von der Königlichen Trigonometrischen Landvermessung der Britisch-Indischen Herrschaft rekrutiert und ausgebildet worden waren, um heimliche Vermessungen in verbotenen Territorien durchzuführen und durch Rudyard Kiplings Roman *Kim* unsterblich wurden –, britische Offiziere, einen exzentrischen Pflanzenjäger in Begleitung eines schottischen Lords, einen ehemaligen Bezwinger des Everest und sogar eine selbst ernannte Reinkarnation von Sir Richard Burton.

Wir wissen, dass die großen Fragen des 19. Jahrhunderts dank einer Kombination aus klassischer Entdeckungsreise und moderner, satellitengestützter Fernerkundung beantwortet sind. Wir wissen heute, dass es in den Tsangpo-Schluchten keinen 300-Meter-Wasserfall gibt, wohl aber einen 30 Meter hohen, der Ende 1998 erstmals fotografiert und vermessen wurde. Aber es gibt im anbrechenden 21. Jahrhundert noch in einem Dutzend wissenschaftlicher und sportlicher Disziplinen Herausforderungen vor Ort. Und bis zu diesem Tag ist es noch niemandem und auf keine Weise gelungen, die Schluchten auf ganzer Länge zu durchqueren.

Die gewaltige Erhebung des Himalaja und der tibetischen Hochebene wird durch eine Kollision tektonischer Platten verursacht; dabei rammt sich die Indisch-Australische Platte in und unter den Eurasischen Kontinent und hebt die einstige Küste des erdmittelalterlichen Tethys-Ozeans Tausende von Metern. Das ist keineswegs eine Kuriosität aus der geologischen Vergangenheit; die Hebung setzt sich bis heute mit einer »Geschwindigkeit« fort, die auf zehn Millimeter pro Jahr geschätzt wird. Die östliche Ecke dieses 2400 Kilometer breiten, sich unter Asien schiebenden Spatens ist eine der aktivsten Erdbebenregionen der Erde. Es ist einer der seltenen Orte, an dem einer der eindrucksvollsten Prozesse in der Natur sichtbar wird: Der Geologe kann hier eine gigantische Landmasse mit der linken Hand berühren und eine andere mit seiner rechten. Dennoch ist diese Region fast ebenso unbekannt wie ein tiefer Meeresgraben. Und so bleibt alles, was sie über die Plattentektonik verraten könnte, den Geophysikern des 21. Jahrhunderts vorbehalten.

Die Region ist in ökologischer und geologischer Hinsicht ungewöhnlich. Der gleiche Spalt im Himalaja-Massiv, der den

Tsangpo in die Assam-Tiefebene fließen lässt, erlaubt einer Gegenströmung feuchtschwerer Monsunluft, aus dem Golf von Bengalen aufzusteigen. Wasserdämpfe kondensieren dank der Höhe und erschaffen so den Wolkenwald mit seinen Tausenden von Quadratkilometern urwüchsigen, gemäßigten Regenwaldes. Mit zunehmender Höhe weichen Bambusdickichte steilen Abhängen, die mit einem Gewirr von Rhododendron, Steinbrech, Primeln und Dutzenden von Orchideenarten, mit Zypressen und anderen, uralten Bäumen, mit alpinen Matten und Mooren und schließlich mit einem arktischen Gebiet hoher Gletscher bedeckt sind.

Der ausgedehnte Wolkenwald beherbergt und ernährt Himalaja-Bären, Schneeleoparden und andere Raubkatzen, rote Pandas, Affen und ein seltenes Horntier, den Takin – oder die Rindergämse. Hier finden sich mehr Zugvogelarten als irgendwo sonst in Asien. Es wimmelt von Schlangen und Blutegeln in ausreichender Vielfalt und Zahl, um selbst den gruseligsten Abenteuerschriftsteller zufrieden zu stellen. Obgleich die Schluchten der Menschheit seit Urzeiten bekannt sind, haben sich wenige Menschen dort angesiedelt. Buddhismus, Bon* und Animismus werden in den Dörfern, die auf den Simsen der Berghänge thronen in friedlicher Koexistenz praktiziert. Sie leben vom Brandrodungsfeldbau, etwas Tierhaltung und der auf den Takin ausgerichteten – in buddhistischen Ländern eher seltenen – Jagd. Die aus Bhutan eingewanderten Monpa-Stämme haben sich mit Lopas (Abors) aus den Assambergen und den Tibetern vermischt. Es zirkulieren seltsame Geschichten über einen phallischen Kult und einen Giftkult, dessen Anhänger Besucher mit vergifteten Fingernägeln töten.

Natürlich werden die Berge fortbestehen, was aber das Schicksal der herrlichen Wälder und der bekannten und unbekannten Arten und Kulturen, die sie nähren, angeht, so wird es die Verwalter in Tibet, China und der Welt auf die Probe stellen.

---

* Eine Religion Tibets mit magischen Zügen

Inmitten so vieler Superlative wirken Statistiken kleinlich. Dennoch gibt es eine aufregende Stelle innerhalb dieser rund 230 Kilometer langen Schluchtenkette; hier fließt der Fluss zwischen den Gipfeln des Namtscha Barwa (7756 Meter) und des Gyala Pelri (7151 Meter) hindurch. Im Vergleich dazu ist der Grand Canyon nur etwa ein Viertel so tief. Der Tsangpo führt eine deutlich größere Wassermenge als der Colorado, und sein Gefälle beträgt ein Vielfaches, wodurch sowohl die Stromschnellen als auch die Strecken über Land ungleich schwieriger zu überwinden sind.

Am 28. September, drei Tage nach Kathmandu und kurz vor Lhasa, erreichten die Wagen einen herbeigesehnten, beeindruckenden Geländeabschnitt: eine lange Autobahnbrücke über den Tsangpo. Wir waren an dem Fluss angelangt, von dem wir 15 lange Jahre geträumt hatten, der 15 lange Jahre Ziel unseres Strebens gewesen war und der in den nächsten Wochen jeden wachen Gedanken erfüllen, jedes Quäntchen Energie verschlingen würde.

Stolz den roten Stern der Volksbefreiungsarmee zur Schau tragend, gerieten die chinesischen Soldaten in grünem Drillich in Unruhe, als unsere drei Geländewagen am südlichen Teil der Brücke anhielten und wir ausschwärmten, um begierig die Umgebung zu erkunden. Ihre Sorge ließ etwas nach, als klar wurde, dass wir Ausländer und keine hochrangigen Funktionäre oder Militäroffiziere waren – die Einzigen, die sonst mit solch luxuriösen Fahrzeugen unterwegs sein dürfen. Auf Paulos und mein Anraten hin legten die Mitglieder unserer Gruppe demonstrativ ihre Fotoapparate in die Wagen zurück, die Soldaten entspannten sich erkennbar und schenkten uns keine weitere Aufmerksamkeit. Offensichtlich waren wir Touristen, keine Spione, jedenfalls kannten wir die Regeln und befolgten sie.

Noch immer schätzungsweise 480 Kilometer stromaufwärts von unserem Ziel entfernt, floss der Tsangpo weit und flach zwischen schwärzlich braunen Steilufern aus Sedimentablagerungen dahin. Sandstreifen und Inseln stachen aus dem dahineilenden grauen Wasser hervor, Flöße und mit Yakhaut bespannte Kanus durchquerten die ruhigeren Becken, und nichts an der Landschaft deutete auf die steilen Schluchten hin, die vor dem Strom lagen. Dessen ungeachtet war der Blick auf den Fluss von enormer Bedeutung: Er würde uns helfen, eine fundamentale Frage zu beantworten, die bereits lange bevor wir die Vereinigten Staaten verlassen hatten, Sorge und Spekulationen ausgelöst hatte.

IM SOMMER 1998 HATTE ES IN CHINA, Tibet und Bangladesch schwere Überschwemmungen gegeben, die Gegenstand widersprüchlicher Berichte und Gerüchte waren. Vor unserer Abreise hatten wir gehört, dass das Hochwasser am Jangtse in China im Juli und August so hoch gewesen war wie seit 50 Jahren nicht mehr, während das Hochwasser in Bangladesch – dem letzten Ziel des Tsangpo/Brahmaputra – als das am längsten anhaltende seit Jahrzehnten bezeichnet wurde. Die Chinesen veröffentlichen die Wasserstandsberichte ihrer Flüsse nicht wie im Westen üblich und geben sich eher zurückhaltend und geheimnisvoll, wenn es um Naturkatastrophen geht. Folglich waren unsere Kenntnisse über die zu erwartenden durchschnittlichen Strömungen nur bruchstückhaft. Obwohl wir wussten, dass die Überschwemmungen und der indische Sommermonsun vorüber waren, würden uns allein die persönlichen Beobachtungen genaue Informationen darüber liefern können, wie schnell das Wasser fiel und was uns im Oktober und November erwarten würde.

Die Fließgeschwindigkeit eines Flusses – in Kubikfuß pro Sekunde in den USA oder in Kubikmetern in Europa – ist für Wildwasserpaddler von fundamentaler Bedeutung. Bei zwei Faktoren geht man gemeinhin von einem annähernd umgekehrt proportionalen Verhältnis aus: Je flacher der Fluss bei einer gegebenen Wassermenge pro Sekunde ist, umso höher ist sein Schwierigkeitsgrad. Folglich kann ein schmaler Fluss, der mit nur ein paar Kubikmetern pro Sekunde dahinfließt, auch bei einem Gefälle von 40 Metern pro Kilometer befahren werden. Der Colorado überwindet im Grand Canyon durchschnittlich nur anderthalb Meter pro Kilometer, aber er fließt mit 283 bis 850 Kubikmetern pro Sekunde.

Einen weiteren Faktor, der noch subjektiver ermittelt wird, aber nichtsdestoweniger kritisch ist, stellt das Verhältnis der strömenden Wassermenge zur Durchschnittsleistung des jeweiligen Flusses und zum Bett dar. Der Fluss hat sich auf der Suche nach dem Weg des geringsten Widerstandes in Jahrhunderten eine Bahn gegraben. In einem Fluss nahe oder knapp über der Überschwemmungsgrenze – »bis ans Ufer voll« – wird das durch das überladene Bett fließende Wasser turbulenter, unberechenbarer, gewaltiger und gefährlicher. In einem Fluss bei Niedrigwasser rieselt das Wasser durch das mit Steinen gefüllte Flussbett, die Wasserrinne verläuft unter aufgetürmten Felsbrocken, die Abfälle sind steil und verstopft. Es besteht die Gefahr, zwischen den Felsen eingeklemmt zu werden. Irgendwo dazwischen liegt das erhoffte Mittelmaß des Wildwasserfahrers.

Die Flüsse im Himalaja führen einen Teil des Jahres riesige Hochwassermassen mit sich und werden den Rest der Zeit vom Eis gefangen gehalten. Inwiefern diese Faktoren sich also auch auf diese Flüsse übertragen lassen, muss der junge Sport erst noch herausfinden. Unser erster Blick auf den Tsangpo war sowohl einschüchternd als auch hoffnungsvoll. Der Strom war gewaltig, grau und sedimentschwanger, Hunderte von Metern breit. Zweifellos führte er mehr Wasser, als Tom und ich im Vorjahr beobachtet hatten, obwohl wir viele hundert Kilometer flussaufwärts gewesen waren. Trotzdem zeigte der Fluss alle Anzeichen eines schnell fallenden Wasserpegels. Reihen kleiner Stufen im feuchten Sand zu beiden Seiten des Ufers verrieten, dass er Tag um Tag fiel. Trocknete der Sand aus, zerfiel er zu einem gleichmäßigen Hang; steigende oder gleichbleibende Wasserstände würden sanftere Neigungswinkel erzeugen.

Ein einziger Blick auf einen relativ flachen Flussabschnitt würde uns weder erlauben, die Gesamtwassermenge zu schätzen, noch könnten wir die Geschwindigkeit bestimmen, mit der der Pegel fiel. Wir kannten einen Teil der Gleichung. Um aber abschätzen zu können, womit wir Tage und Wochen später in deutlich anderem Gelände konfrontiert sein würden, dazu brauchten wir mehr Daten. Wir bezweifelten, dass die Kajakmannschaft ihre Boote überhaupt würde zu Wasser bringen können.

In den Staaten hatten wir per E-Mail und am Telefon, im Flugzeug und in Kathmandu unsere Optionen erwogen. Obwohl es jederzeit möglich war, die Idee ganz fallen zu lassen oder sie auf ein günstigeres Jahr zu verschieben, waren uns diese Alternativen neben dem offensichtlichsten Grund, nämlich dem, dass wir begierig darauf waren, uns der großartigen Herausforderung des Tsangpo zu stellen, in vieler Hinsicht zuwider. Ein neuer Start würde nicht leicht sein. Eingedenk der Launenhaftigkeit der chinesischen Staatsführung und ihrer Tibetpolitik geriete die Erneuerung unserer glücklich errungenen Genehmigungen zum Glücksspiel. Es wäre den Behörden ein Leichtes, die Region ganz abzusperren, oder sie könnten, angeregt durch das stark gestiegene Interesse sowohl von chinesischen wie von internationalen Flussmannschaften, Flussbefahrungen in die Kategorie der bedeutenden Bergexpeditionen einreihen und gewaltige Gebühren verlangen. Es hieß, die Japaner hätten für die Erstbesteigung des Namtscha Barwa eine Million Dollar gezahlt, während Ken Warren aus Oregon die erste Floßfahrt auf dem Jangtse auf »nur« 300 000 Dollar heruntergehandelt hatte.

Eine Neuformierung würde psychologische und praktische Probleme mit sich bringen. Dieselbe Teamzusammensetzung für eine weitere, lange Abwesenheit von Familie und Beruf zu erhalten, würde wahrscheinlich unmöglich werden. Auch die finanzielle Grundlage und die Kontakte zu den Förderungen neu aufzubauen, würde schwierig sein. Bis zum Juli hatten wir vor den ersten Anzeichen der Überschwemmungen rund 50 000 Dollar für Genehmigungen, Fahrzeugtransport und

Reisedienste während der Expedition aufgewendet – und zwar für bestimmte namentlich genannte Personen, die zu bestimmten Terminen in bestimmte Gebiete reisen sollten. Die Behörden in Tibet würden unsere Unzufriedenheit mit dem Wetter wohl kaum als Grund für eine Rückerstattung von Gebühren anerkennen.

Unserer Erfahrung nach verstehen die Förderer und Sponsoren von schwierigen Expeditionen ausnahmslos die riskante Natur solcher Unternehmungen und sind peinlich bemüht, Entscheidungsprozesse nicht zu beeinflussen. Es gibt jedoch einen gewissen selbst auferlegten Sinn für Verpflichtung und Stolz, der mit einer weiteren Anstrengung dieser Größenordnung einhergeht: der Verpflichtung gegenüber den Teamkameraden, dem Sport und gegenüber jenen, die das Unternehmen unterstützt, ausgerichtet oder gefördert haben. Tom und ich – und in gewissem Maße auch Jamie – hatten 25 Jahre zuvor eine harte Lektion gelernt.

Kurz nach der Olympiade in München, im Gefühl des Überschwangs und des Zutrauens, das die ersten olympischen Bemühungen des Sports erzeugen konnten, fragten wir uns, was als Nächstes geschehen sollte. Unser ehrgeiziger Schluss war, dass das Wildwasser-Kajakfahren dem Beispiel folgen sollte, das 50 Jahre zuvor die Bergsteiger setzten, als sie die Alpen bezwungen hatten und sich dem Himalaja zuwandten. Wir waren nicht allein. Bevor wir zu forschen und planen begannen, wussten wir nicht, dass Hans Memminger bereits 1971 mit einem deutschen Team den Kali Gandaki in Nepal befahren hatte und ihm andere bald nachfolgten. 1975 bereitete Mike Jones parallel zu unseren Plänen eine Erstbefahrung des Dudh Kosi am Everest vor.

Östlich von Nepal trat das klassische, »verbotene Königreich« Bhutan aus seiner Jahrhunderte langen Isolation heraus. Unter seinem jungen König Jigme Wangchuk gewährte es seit 1971 einigen wenigen ausländischen Reisenden Zutritt zu begrenzten Gebieten, und das Land öffnete sich allmählich der modernen Welt. Keine Expedition – ob von Wissenschaftlern, Bergsteigern oder natürlich Wildwasserfahrern – war je zugelassen worden, und Bhutan war das unverdorben-ursprüngliche Beispiel mittelalterlicher buddhistischer Kultur geblieben, wie es Tibet gewesen sein musste, bevor die Chinesen Anfang Oktober 1950 einmarschiert waren. Deshalb beschlossen Tom und ich 1975, Bhutan sei ein würdiges Ziel. Sollten wir es schaffen, eine teure Expedition zusammenzustellen, um unerforschte Flüsse in der halben Welt zu befahren, würde die zusätzliche Schwierigkeit, nach Bhutan einzureisen, reichlich durch die Gelegenheit aufgewogen werden, unser Können in so wundervoller Umgebung erproben zu können. Die Entscheidung war schließlich richtig, aber sie führte zu fünf Jahren frustrierender Verzögerungen und beschämte uns vor unseren Mittbewerbern.

Die erste Reaktion der Behörden von Bhutan war ermutigend gewesen, obwohl klar war, dass unsere Bitte weit über ihr gerade flügge gewordenes Touristenprogramm hinausging und einer Sondergenehmigung des Königs bedurfte. Wir preschten mit unseren Plänen weiter voran und unterschätzten in unserem Optimismus vielleicht, wie schwierig es war, Sondergenehmigungen zu erhalten.

Und wir trafen eine zweite Entscheidung, die unserem Stolz teuer zu stehen kommen sollte. Da das Konzept einer Paddelexpedition neu war und wir für die Idee werben wollten, fanden wir es gerechtfertigt, Unterstützung und finanzielle Zuwendungen von der Paddler-Gemeinde in Anspruch zu nehmen. Wir tourten durch die Paddelklubs, verkauften T-Shirts und Aufkleber, versprachen Dia-Shows nach der Rückkehr und versandten einen monatlichen Infobrief, der alle Förderer über unsere Pläne und deren Fortgang auf dem Laufenden halten sollte.

Im Juli 1976 hatten wir endlich genug Geld für die Flugkosten zusammen, hatten Berge von Ausrüstung von Herstellern bekommen und eine Unterstützungszusage des NATIONAL GEOGRAPHIC-Magazins erhalten. Im August stopften wir in aufgeregter Erwartung unsere Boote mit Gerätschaft und Proviant für den Flug voll. Im September packten wir wehmütig wieder aus und lagerten alles langfristig in Toms Sommerlager vor den Toren von Washington D.C. ein. Nicht alle der erwarteten Genehmigungen waren erteilt worden. Was gestattet worden war, überstieg unser Budget und war nur ein geringer Abschnitt der Route auf dem Wong Chu, die wir uns zum Ziel gesetzt hatten.

Fünf Jahre später waren die Bhutaner Reisenden gegenüber um einiges liberaler. Und fünf Jahre später waren wir um einiges weniger dogmatisch, wenn es darum ging, dem König von Bhutan zu sagen, genau wie, wo und wie lang Expeditionen in seinem Land durchgeführt werden sollten. Als unsere Boote im Oktober 1981 zum ersten Mal in Himalaja-Wasser glitten und unter den mit Gebetsfahnen geschmückten Brücken von Thimphu vorbeitrieben, fragte ich mich, warum wir dort waren.[3] Wie viel von dieser Reise machte reine Abenteuerlust aus und wie viel davon war das Ergebnis von fünf Jahren Sturheit, die wir damit zugebracht hatten, jedem Paddler, den wir trafen, zu erklären, was aus all den großartigen Plänen geworden war, mit denen wir angegeben hatten?

Diese Geschichte prägte, zusammen mit einigen neueren Erwägungen, einen Teil unserer Berechnungen, als wir uns sehr früh dafür entschieden, jedwede Gelegenheit, die sich uns 1998 bieten würde, zu ergreifen, um so viel zu erreichen, wie wir vernünftigerweise erreichen konnten. Sollte das Befahren der Schlucht schließlich über die Grenzen eines vertretbaren Risikos hinausgehen, würden wir eine erstklassige Erkundung zu Fuß durchführen – entweder zu unserem eigenen, zukünftigen Nutzen oder als Hilfe für andere Expeditionen.

Diese unangenehme Alternative und die Aufgabe ihres speziellen Ziels, den Tsangpo hinunterzupaddeln, würde die Kajakmannschaft am härtesten treffen, und es gab keine unmittelbare Einigkeit unter den Vieren über diese Entscheidung. Seit sie an der Autobrücke den ersten Blick auf den geschwollenen Tsangpo geworfen hatten, hatte Tom beschlossen, dass die Kajakmannschaft in einem Geländewagen fahren würde, wo sie beobachten, diskutieren, planen und kontinuierlich zu einem Team verschmelzen konnten. Keinem von ihnen war bewusst, dass ihre Bemühungen, sich über den Motorenlärm, den vorbeifließenden Verkehr und die chinesischen Rockmusik-Kassetten der Fahrer hinweg zu verständigen, eine Übung war, die sie lehrte, bei dem ununterbrochenen Lärm des lautesten Flusses, dem sie je begegnet waren, zu kommunizieren.

DRITTES KAPITEL

Das Grosse Wasser

Wir sind nichts als Pygmäen ..., verloren zwischen den Felsen.[1]

Major John Wesley Powell

Nach Jahren des Wartens und der Spekulationen über den Tsangpo, nach Monaten der Gerüchte und Sorge um die Überschwemmungen, hatten die Paddler in Pei endlich harte Fakten und kaltes Wasser, das sie testen konnten. Erleichtert ließen sie die 13 Tage ermüdender Reise, das verschüttete Kerosin, die verlegten Batterien, die flinken Langfinger der Träger und sogar die Yaks und die buddhistischen Klöster, die exotischen Straßen von Lhasa und die eingeschneiten, von Gebetsfahnen gekrönten Pässe hinter sich. Diese und andere Dinge würde man später als Hintergrund des Abenteuers auskosten. Im Moment lenkten sie nur vom ernsten Paddelgeschäft ab.

Ab dem Ende der Straße in Pei nach Gyala, dem letzten Dorf vor dem oberen Ende der Schluchten, probt der Fluss seine Schussfahrt in die mehr als 2743 Meter tiefer gelegenen indischen Ebenen. Auf einer Strecke von etwa 30 Kilometern waren die Stromschnellen umfangreich, aber räumlich verteilt, und das durchschnittliche Gefälle betrug einen Bruchteil des kontinuierlichen Gefälles flussabwärts. Ein Fußpfad verlief parallel zum Flusslauf auf der Steilklippe oberhalb des rechten Ufers. Hier, mit greifbarem Nachschub und einem, wenn nötig, schnellen Ausstieg, sollten die Paddler ihre Ausrüstung testen, sich als individuelle Sportler und als Team an den Fluss gewöhnen und schließlich entscheiden, ob und wie sie weitermachen wollten.

Die Vier legten ihre wasserdichten Nylon-Trockenanzüge, Latexmanschetten und -krägen an, die an Gelenken und Hals fast unangenehm eng waren, und zogen die Spritzdecken aus Neopren zu ihren Taillen hoch. Sie machten es sich in den Verklammerungen ihrer Boote bequem, zurrten die unteren Säume ihrer Spritzdecken stramm über die Cockpitränder, um die wasserfeste Abdichtung zu vervollständigen. Begierig stießen sie sich von der steilen Uferböschung aus grauem Glimmerschlamm ab und glitten wie die Otter sechs Meter hinunter in das kalte Wasser.

Unter den hoch aufragenden Gipfeln von Namtscha Barwa und Gyala Pelri – und jeden Bezugspunkt auf denselben unvorstellbaren Maßstab vergrößernd – schien der Tsangpo den Paddlern wie viele andere große Flüsse, die sie in den Alpen oder den kanadischen Rockies gesehen hatten: schnell fließende Untiefen verziert mit der Spitze periodischer Stromschnellen. Aber Stromschnellen, die von einem Fußpfad in 300 Metern Höhe leicht und vom Ufer aus nicht allzu schwierig aussahen, konnten sich als erschreckend kraftvoll und schnell erweisen, wenn man tatsächlich in sie hineinfuhr. Züge großer, mächtiger Wellen im Zentrum der Strömung stiegen vom Wellental bis zum Wellenkamm auf sechs Meter und mehr, und wenn ihre wogenden Kronen sich überschlugen wie Sturzwellen auf einem stürmischen Meer, konnte die niederstürzende Wand aus Weiß ein Kajak verschlingen, allen Flussabwärtsschwung zum Stillstand bringen und Boot und Bootfahrer ins Wellental zurückwerfen. Wie Doug schon in der allerersten Stromschnelle lernen sollte, konnte ein Kajak die Mittellinie der Stromschnellen nur überleben, wenn die brechenden Wellen dort weicher wurden.

Noch gefährlicher war es, dass sich dort, wo die wogende Strömung sich über darunter liegende Felsen und Riffe im Flussbett bewegte, riesige Löcher bildeten: umlaufende Rückströmungen der Hindernisse flussabwärts. Löcher gibt es in allen Stromschnellen. Durch die kleineren brechen Kajaks und Flöße ungestraft, auf der weißen Strömung über den mittelgroßen Löchern spielen und surfen manche Kajakfahrer oder halten Rodeoveranstaltungen ab. Aber auf dem Tsangpo waren sie gewaltig, unbefahrbar und tödlich – die größten reichten sechs Meter in die Tiefe und erstreckten sich mehr als 30 Meter – über die Breite des Flusses hinweg. Der kreisförmige Strom würde Boot und Paddler packen, umlaufen und, anders als pulsierende, brechende Wellen, in gleichmäßigem, heftigem Umlauf ein Boot, ein Stück Holz oder jedes andere schwimmende Objekt auf unkalkulierbare Dauer im Kreis herumschleudern.

Bevor Paddler sich in eine Stromschnelle stürzten, mussten sie die hindernisfreie Linie oder Route der Abwärtsströmung identifizieren, die den größten berstenden Wellen und den wütenden Löchern auswich. Befanden sie sich erst einmal in der wogenden Strömung, blendete sie das über ihnen hereinbrechende Spritzwasser und ließ ihre Umgebung immer nur für wenige Sekunden erkennbar werden, und während sie die zwei bis drei Meter hohen Wellen erklommen, mussten sie ihre beladenen Boote über die einmal gewählte Strecke treiben.

AM 5. OKTOBER 1998 SCHRIEB JAMIE MCEWAN in sein Tagebuch:

> *... das Wasser greift sofort zu und wiegt uns in langen, sanften Wellenbewegungen. Du kannst spüren, dass es tief ist unter uns. Du spürst die latente Kraft ... Als ich die Flussmitte erreiche, wende ich mich flussabwärts und nehme Fahrt auf. Ich kann die Wellenkämme sehen, sehe, wie sie sich bewegen, rollen und Gischtfahnen spritzen. Ihre*

rohe, bestialische Kraft. Ich höre sie als ein großes, massives Dröhnen mit gelegentlichem, besonders lauten Knallen und Donnern.

Ich halte direkt auf die herabstürzende Welle in der Flussmitte zu. Es ist eine von Hunderten von Wellen, die wir beim Kundschaften ignoriert hatten. Sie wirken so klein im breiten Flussbett, leicht zu umfahren. Nun scheinen sie zu wachsen, in Breite und Höhe, scheinen stromaufwärts auf mich zuzukriechen, während ich ihnen entgegengespült werde. Hören kann ich sie auch – ich kann das Geräusch dieser einen Welle ausmachen. Sie muss über meinen Kopf reichen. Und sie bricht, bricht fortwährend …

Na gut, ich bin eingeschüchtert. Instinktiv wende ich mich zur Seite nach links; dort kann ich die Hauptkraft vermeiden …, aber nun liegt die Hälfte des Flusses zwischen mir und den anderen.

Ein überfließendes Loch zieht links an mir vorbei und gibt eine Seitenwelle ab, die meinen Bug nach oben wirft und für den Bruchteil einer Sekunde meiner Kontrolle entreißt. Mein Gleichgewicht wiedergewinnend, richte ich mich direkt flussabwärts aus. Ein anderes Loch röhrt vorbei und nun, unterhalb von mir, sehe ich das große, einladende Kehrwasser am linken Ufer. Ich konzentriere mich darauf, schüttele blinzelnd jede Welle ab, breche durch eine kopfhohe letzte Welle, die irgendwo rechts von mir ungeheuer groß wird und in das Kehrwasser zischt.

Hier ruhe ich aus. Atme durch. Ich bin vollkommen in Sicherheit hinter dem Kehrwasserzaun, obwohl die wütenden Wellen nach mir schlagen, ihre Gischt erfüllt die Luft. Ich bin über dem abfallenden Hang. Wenn ich wollte, könnte ich nach links gleiten, ohne mich ihnen zu stellen. Auf die andere Seite zu gelangen, wird eine ganz andere Sache sein. Aber ich bin runter. Und ich bin noch ganz. Die Sonne scheint aus der Richtung, aus der sie sollte.

Ich steige aus, um Bilder zu schießen, aber bevor ich Zeit habe aufzubauen, fällt mein Blick auf etwas Blaues, und ich begreife, dass ich ein Boot sehe. Mein Gott, es ist winzig! Vielleicht ein Viertel der Größe, nach der ich gesucht habe. Dann, meinen Weg kreuzend, zu meiner Linken ein gelber Helm: Doug.

Als er die Flussmitte erreicht, dreht er sich flussabwärts … Er verschwindet hinter einer kleinen Eingangswelle, steigt wieder auf. Die Paddelblätter schwingend, prescht er den letzten, langen Hang hinab, stürzt in die Welle, die direkt dort drüben vor mir rollt.

Die Welle verschlingt ihn, öffnet sich, lädt ihn ein, schließt sich wieder. Boot, Paddel, Helm verschwunden. Ich sehe nichts als Wasser. Wir hatten diese Welle nicht für einen »Keeper« gehalten, weil sie nicht dauernd brach. Es gibt Momente, da wird sie weicher und sollte nichts festhalten.

Aber jetzt bricht sie wider ihre Natur und bricht und bricht.

Die Sekunden ticken vorbei. Einige Male blitzt kurz Blau auf und verschwindet wieder im Mahlstrom wie eine blaue Socke in der wirbelnden Wäsche im Fenster einer Waschmaschine. Ich schaue fortwährend flussabwärts, überzeugt, dass ich übersehen habe, wie Doug herausgespült wurde, nur um zu begreifen, dass er noch immer dort drin ist.

Endlich sehe ich das Boot deutlich, es treibt Hülle aufwärts auf dem Wasser. Er war so lange gefangen, dass ich annehme, er hat sich, verzweifelt nach Luft ringend, vom Boot abgestoßen oder wird es bald tun. Aber nein, sein Paddel erscheint an der Oberfläche, das Boot verdreht sich, während er eine Rolle versucht. Ich bin überrascht, als es schief geht. Ich kann die Gelegenheiten, bei denen ich bei Doug eine Rolle misslingen sah, an einer Hand abzählen – und ich habe ihn bei Hunderten erfolgreicher Rollen beobachtet. Die nächste Welle stürzt über ihn herein und vereitelt seinen nächsten Versuch, schlechtes Timing. Jetzt taucht er ganz sicher auf. Nein, wieder nicht. Am entfern-

ten Ende der Welle, die sich jetzt ein gutes Stück flussabwärts von mir befindet, versucht er es noch einmal, und dieses Mal, langsam, umständlich, bringt er das Boot wieder unter sich.

Selbst die kleineren Wellen unterhalb sind groß genug, um ihn immer wieder verschwinden und auftauchen zu lassen, während er zum gegenüberliegenden Ufer paddelt. Dort angelangt, ruht er sich aus, dann winkt er, wohl um mir zu sagen, dass er in Ordnung ist; andererseits kann ich auf diese Entfernung – über die Breite des Flusses hinweg – nicht sicher sein. Und ich glaube nicht, dass ich ihn bei dem Dröhnen der Stromschnelle hören könnte, selbst wenn er eine Stange Dynamit zünden würde.

Der Fluss war wirklich gewaltig – den größten Strömen ebenbürtig, an die sich irgendeiner in der Mannschaft je gewagt hatte. Jahre zuvor waren Tom und ich während der Hurrikan-Überschwemmungen mit 1980 Kubikmetern pro Sekunde durch einen Abschnitt der Mathur-Schlucht am Potomac gefahren, und Jamie hatte die Niagara-Schlucht bei 2830 Kubikmetern pro Sekunde befahren. Die Wassermenge war nicht so groß; die Mitglieder des Teams schätzten sie auf irgendwo zwischen 566 und 1274 Kubikmeter pro Sekunde. Aber dies war keine kurze Abfahrt von ein paar Kilometern, und das Gefälle würde dort, wo der Strom tatsächlich in der Schlucht verschwand, bei weitem steiler sein, als bei den genannten Beispielen. Ein hoffnungsvoller Aspekt: Die Ufer entsprachen demselben ungeheuren Maßstab. Die Ansammlungen riesiger Findlinge und mitgeschwemmten Grundgesteins, neun und mehr Meter über dem gegenwärtigen Wasserstand, erlaubten vielleicht alternative Durchfahrten flussabwärts.

Mit der Schwierigkeit der Paddler, die tatsächliche Größe dem Maßstab entsprechend, zu berücksichtigen, hatten wir gerechnet, trotzdem täuschte sie noch immer. Der Geist sieht, was ihn die Erfahrung zu erwarten gelehrt hat, und Bergsteiger betonen seit langem, dass sich selbst das erfahrenste Auge von den beispiellosen Größenverhältnissen des Himalajas täuschen lässt. Der legendäre Bergsteiger und Entdecker Eric Shipton beschrieb die ersten Tage seiner Erkundung des Nanda Devi mit H.W. Tilman im Jahre 1934:

> *Ich bemerkte, dass ich auf den steilen Grashängen und Platten, die wir erklettern mussten, sehr nervös und wacklig war. Es lag an der Tatsache, dass ich mich noch nicht an die gewaltige Größe der Schlucht und ihre Umgebung gewöhnt hatte. Tilman litt unter den gleichen Schwierigkeiten. Auch hatten wir große Probleme, Größe und Winkel kleinerer Merkmale einzuschätzen. Das machte die Suche nach Routen auf Entfernung außerordentlich kompliziert, und immer wieder ertappten wir uns bei Irrtümern. Dennoch passte sich das Auge allmählich an, und bald bewegten wir uns mit mehr Zutrauen.*[2]

Fünfundsechzig Jahre später schrieb Jamie in sein eigenes Tagebuch: *Erstaunlich, wie selten wir aus dem Staunen herauskommen!*

Die Anpassung an die Grössenverhältnisse war nicht das Einzige, was wir vom Bergsteigen und anderen alpinen Sportarten lernen konnten. Das moderne Wildwasserfahren entstand in den 50er und 60er Jahren des 20. Jahrhunderts in der europäischen Alpenregion. Von Anfang an folgte es den Mustern des Skiwettkampfes und teilte sich – analog zum Skiabfahrtslauf – in Slalom und Abfahrt auf. Auf ähnliche Weise suchten Flussfahrer und Expeditionspaddler nach Vorbildern in der Kletterwelt.

Der Wildwassersport steckte gerade erst in den Kinderschuhen, als Edmund Hillary und Tenzing Norgay den Everest bestiegen. Trotzdem ist das aussagekräftigste Gegenstück zum Expeditionspaddeln im Himalaja nicht die moderne Besteigung des Everest und anderer bekannter und bedeutender Gipfel, sondern das Bergsteigen von vor etwa 50 Jahren. Pioniere wie George Mallory hatten ihre Spuren hinterlassen und eine Reihe niedrigerer Gipfel bestiegen, aber die wirklich bedeutenden Gipfel waren unbezwungen geblieben. Eric Shipton und H.W. Tilman rangen um die Entdeckung von Zugangswegen, um mit der Besteigung der 8000-Meter-Giganten überhaupt beginnen zu können, während die Gipfel im Verlauf der vergangenen Jahre durch die verbesserten Techniken und Ausrüstungen in immer greifbarere Nähe rückten.

Auch in den Techniken, auf die Wildwasserteams beim Umgehen unbefahrbarer Stromschnellen zurückgreifen, spiegeln sich Klettermethoden einer früheren Epoche wider. Obwohl man unter den modernsten Ausrüstungen wählen kann, ist die Ladekapazität der Boote stark beschränkt. Bootsfahrer sind auf eine sehr rudimentäre Ausrüstung angewiesen. Ein einzelnes Paar Schuhe muss für jede Gelegenheit ausreichend sein, sei es zum Paddeln, Schwimmen oder Wandern über lange Strecken. Lange, unelastische Rettungsleinen müssen häufig als Kletterseil herhalten und leisten meist nicht mehr als veraltete Hanfseile. Oft werden statt der modernen Spezialausrüstung Körpersicherungen und ähnlich archaische Techniken eingesetzt. Als das Tsangpo-Team die ersten Kilometer auf dem Fluss längst hinter sich gelassen hatte, diskutierte es immer noch über die Wahl zwischen einer rudimentären Fünf-Kilo-Kletterausrüstung und der robusteren Acht-Kilo-Montur.

Seit ihren Anfängen hat sich der Wildwassersport exponentiell weiterentwickelt. Angetrieben von der technischen Evolution und immer haltbareren, leichteren und belastbareren Ausrüstungen aus Raumfahrtkunststoffen, konnten von Jahrzehnt zu Jahrzehnt Flüsse mit immer größeren Schwierigkeitsgraden befahren werden. Ob aber das Modernste, was das Jahr 1998 zu bieten hatte, dem gewachsen sein würde, was in den Schluchten des Tsangpo verborgen lag, würde man in der Tradition von Mallory und Irvine, Shipton und Tilman, Hillary und Tenzing Norgay nur übers Ausprobieren erfahren.

Dougs demütigende Niederlage gleich in der ersten Stromschnelle zeigte den vier Paddlern, dass sie ihr Paddeln an die gewaltige Strömung des Tsangpo würden anpassen müssen. Alle arbeiteten emsig an ihren Booten und Ausrüstungen: Doug zog den Gurt, der ihn in seinem Boot hielt, fester und hatte fortan keine Schwierigkeiten mehr, das Boot bei Bedarf mit Eskimorollen hochzudrehen. Ihre Augen passten sich an, und sie lernten, das Wasser im richtigen Größenverhältnis zu sehen. Ihre Beinmuskulatur gewöhnte sich daran, über rutschige, gerundete Felsbrocken am Flussufer zu gehen. Und jede Nacht diskutierten sie darüber, wie es wohl im steileren Inneren der Schlucht aussehen mochte. Dort wurden die Stromschnellen so häufig, dass eine in die andere überging.

Während dieser Testphase wanderten Harry und Doris Wetherbee, Paulo Castillo und Pemba Sherpa langsam den Gyala hinunter, um für eine notwendige Hilfeleistung oder Rettungsaktion in Reichweite zu sein. Sie würden die Paddler nach ihrem Sprung in die Schlucht mit Nachschub versorgen, falls sie sich entschlossen weiterzufahren. Gleichzeitig hatte ich mich mit Dave Phillips in Begleitung von Ang Kami Sherpa bereits von der Gruppe getrennt, um einer anderen Straße zu folgen, die in einer Schleife nach Norden verlief. Über einen Fußpfad, der ins Herz der Schlucht führte, wollten wir uns noch vor dem Eintreffen der Paddler zum ersten Nachschub-Treffpunkt in der Nähe der Regenbogenfälle, rund 43 Kilometer stromabwärts vom Gyala, vorarbeiten.

Insgesamt acht Tage kämpften sich die Paddler von Pei aus langsam stromabwärts und verbrachten mehr Zeit mit Wandern als in den Booten, um jedes Gefälle gewissenhaft auszukundschaften. Immer wieder trugen oder zogen sie ihre Boote flussaufwärts, um die Stromschnellen zu fahren. Weil es sich um eine Generalprobe für die vor ihnen liegende Herausforderung handelte, waren die Boote mit der gesamten Ausrüstung und Proviant für mehrere Tage beladen. Sie hatten den ganzen Sommer über zu Hause mit zusätzlichen Gewichten in ihren Booten trainiert. Nun mussten sie sich auch an das

Paddeln und das Stolpern über die Geröllblöcke am Ufer mit der 40 bis 45 Kilogramm schweren Ausrüstung gewöhnen. Sie waren auf die Ausstattung angewiesen und würden sie für die gesamte Dauer der Expedition verfluchen. Nachts biwakierten sie in Ufernähe, probierten alle Teile der Campingausrüstung aus und experimentierten, Gramm um Gramm abwägend, mit dem Reduzieren der Ladung.

Die heikle Verbindung via Satellitentelefon mit den anderen Expeditionsmitgliedern musste getestet werden, obwohl sich eine Helfergruppe meistens außer Reichweite befand. Wie bei allen Kommunikationssystemen unter schwierigen Bedingungen erwies sich die Praxis als ungleich unberechenbarer als die Theorie. Allen Gesetzen der Physik und Elektronik zum Trotz weigerte sich das Satellitentelefon, das Tom bei sich trug, eine Verbindung zu meinem herzustellen, obwohl Harry Wetherbee mit beiden unserer Telefone zuverlässig zu erreichen war. Solange das so blieb, konnte Harry wichtige Nachrichten weiterreichen. Sollte diese Verbindung aber abbrechen, würden wir auf die wesentlich unflexiblere Alternative zurückgreifen müssen, unsere Treffpunkte im Voraus zu planen. Zusätzlich würden wir sehr aufwändige Ausweichpläne für unvermeidbare Unvorhersehbarkeiten erstellen müssen.

Am Abend des 6. Oktober probierte Tom das Satellitentelefon vom ersten Lagerplatz am Fluss aus, um den Expeditionsstart für Renee Montagnes Sendung »Radioexpeditionen« von *National Public Radio*, einem Partner der National Geographic Society, zusammenzufassen. Er bemühte sich redlich, das Geschehen für das beim Autofahren Radio hörende Publikum sehr genau und verständlich zu schildern. Sein Bericht spiegelte jedoch so wenig von der Exotik der Lokalität, der gigantischen Landschaft und der Härte der zu bestehenden Prüfungen wider, dass es selbst den Teilnehmern schwer fiel, ihre Dimension zu erfassen.

MONTAGNE: *»Nun, habe ich Recht, Sie starten heute mit Ihrer Reise?«*

TOM: *»Eigentlich sind wir bereits etwa 13 Tage von Kathmandu in Nepal durch Tibet gereist, um zum Fluss zu gelangen.«*

MONTAGNE: *»Und was erwartet Sie auf den nächsten 20 Kilometern?«*

TOM: *»Hinter jeder Flussbiegung liegen gewaltige Stromschnellen. Und an sich paddeln wir von Kehrwasser zu Kehrwasser an den Ufern entlang und versuchen, der gewaltigen Kraft des Flusses auszuweichen.«*

MONTAGNE: *»Und Sie werden mit dem Kajak den ganzen Fluss hinunterfahren?«*

TOM: *»Wir werden so viel mit dem Kajak fahren, wie möglich. Es ist noch ungewiss, wie weit wir in der Lage sein werden, das Kajak zu verwenden. Wir kennen den Fluss nicht wirklich und erkunden ihn, während wir ihn befahren.«*

MONTAGNE: *»Sie erwähnten Stromschnellen. Was macht diesen Fluss so schwierig? Warum sind seine Stromschnellen unangenehmer als alle anderen Stromschnellen, denen Sie bisher begegnet sind?«*

TOM: *»Nun die Wassermasse, die den Strom hinunterfließt, liegt … irgendwo bei 566 Kubikmetern pro Sekunde, vielleicht sogar bis zu 990 Kubikmetern pro Sekunde, das ist gewaltig … wie der Potomac bei Hochwasser, fast bei Überschwemmung … Und das allein bringt, wie wir festgestellt haben, bereits eine schwierige und etwas gefährliche Situation mit sich.«*

MONTAGNE: *»Und das bedeutet?«*

TOM: *»Oh, riesige, hereinstürzende Wellen … in der Mitte des Flusses … Und wir müssen darüber hinaus die Strecke noch zu einem beachtlichen Teil zu Fuß auskundschaften, weil wir einen Fluss oder eine Stromschnelle nicht befahren können, ohne zu sehen, was vor uns liegt. Also wandern wir um die Biegungen herum und an den Ufern entlang …, nur um herauszubekommen, welchen Weg wir einschlagen sollten.«*

MONTAGNE: *»Wir werden auf Ihrer Reise den Tsangpo hinunter in den nächsten Monaten wieder bei Ihnen reinhören. Passen Sie auf sich auf!«*

TOM: *»Sicher, das werden wir. Wir versuchen es.«*

Am nächsten Morgen versuchte ein Teil der Mannschaft, eine heftige Stromschnelle auf der linken Uferseite zu umgehen und herauszufinden, wie man das Flussufer am effizientesten überqueren könne. Doug Gordon und Roger Zbel seilten sich an den Klippen hinauf, um auf einem Hochpfad die Gegend auszukundschaften, während sich Tom und Jamie einen Weg durch das Wirrwarr von riesigen Geröllblöcken und schmalen Seitenarmen auf Wasserhöhe bahnten.

Die Brüder waren völlig in ihr dreidimensionales Labyrinth aus Felsblöcken vertieft. Sie schoben die schwer beladenen Boote die steilen Felsen hoch, um sie nicht heben zu müssen und verkeilten sie wie gigantische Sicherungshaken. Dann begannen sie mit dem Aufstieg, indem sie sich an den Cockpiträndern hochzogen und die Nylongriffschlaufen an den Enden als Halt benutzten. Oben angekommen, wuchteten sie die Boote hoch, brachten sie ins Gleichgewicht und ließen sie auf der anderen Seite wieder herunter. Manchmal sprangen sie in brusttiefe Becken und das Wasser drang in ihre offenen Trockenanzüge. Das war eine willkommene Erlösung von der schweißtreibenden Plackerei! Gelegentlich paddelten sie auch kurze Strecken durch steile, fast trockene Seitenarme.

Oft war es besser, mithilfe von Zeichensprache zu kommunizieren, anstatt zu versuchen, das gierige Toben der Stromschnellen zu übertönen, die außer Sichtweite zu ihrer Rechten lagen. Die schweigende, anstrengende Teamarbeit erzeugte Nähe, während sie sich flussabwärts arbeiteten: Irgendwie war es für die beiden angespannten Brüder leichter, aufeinander einzugehen, wenn sie zusammen um den halben Globus reisten und sich dem schwierigsten Wildwasser der Welt stellten, als im Alltag in Maryland und Connecticut.

Am Vortag hatte Tom bemerkt, dass Jamie vom Ufer aus Bilder machte, und hatte ungefragt im nächsten Kehrwasser angehalten, um auf ihn zu warten. Es dauerte einige Minuten, bis Jamie seine Ausrüstung wieder in den wasserdichten Sack gepackt hatte und vorsichtig wieder eingestiegen war. Aber Tom wartete, bis Jamie längsseits von ihm paddelte. Die gewaltige Landschaft erweckte den Eindruck von Isolation und menschlicher Zerbrechlichkeit, und als ihre Boote, fast Seite an Seite, durch den letzten Teil der Stromschnelle schossen, fühlte Jamie eine tiefe Dankbarkeit angesichts dieser einfachen, aufmerksamen Geste. Keiner der Brüder hatte ein Wort gesprochen.

Als sie endlich aus dem Felslabyrinth auftauchten, trafen sie auf einen größeren Flussarm. Anders als die winzigen Bäche, die hinter ihnen lagen, begann dieser als ein gemäßigter Wasserlauf, vermischte sich kurz mit dem Hauptarm, teilte sich bei einem hoch aufragenden Geröllbrocken wieder und wurde zu einem kleinen Fluss, der über eine letzte, entscheidende Wasserrutsche von zwei oder zweieinhalb Metern floss. Die einzige augenscheinliche Schwierigkeit bestand darin, dass es keine gute Durchfahrt gab, um in das Wasser hineinzukommen. Denn auf dem riesigen, turbulenten Tsangpo war selbst das Kehrwasser hinter den Felsen und Uferlinien kein ruhiges Becken, sondern ein wogender Hexenkessel. Die wie auf einem steinigen Strand ausrollenden Wellen pulsten einen Meter und mehr auf und nieder. Wirbel bildeten sich, jagten über das Wasser und verschwanden wieder. Riesige Pilze tauchten aus den Tiefen auf, von denen einige einen Durchmesser von einer doppelten Bootslänge hatten, und Wasser strömte von dem emporquellenden Zentrum in alle Richtungen zu den Rändern hin. Es war inmitten all dieser Turbulenzen schwierig genug, wenn man im Boot saß, aber in das kippelige Kajak zu gleiten und die wasserdichten Spritzdecken zu schließen, war unmöglich. Die Paddler waren fast ausnahmslos gezwungen, sich auf einem trockenen Felsen über dem schaukelnden Wassern in den Booten fertig zu machen und dann mit einem Alpinstart in den Fluss zu rutschen oder zu stürzen. Tom stieg in sein Boot, das auf einem abfallenden Felssims thronte und glitt dann unbeholfen in den Strom. Mit einer schnellen Paddelstütze gewann er das Gleichgewicht zurück, eine sanfte Serie von Schlägen führte ihn sicher um die nächste Biegung und über die Rutsche, und er verschwand in einem darunter liegenden Kehrwasser.

Jamie hatte einen schmalen Felsblock aus schwarzweißem Gneis mit flacher Oberseite als Startplattform gewählt, sein Boot dort oben ausbalanciert, den Reißverschluss seines Trockenanzugs, die Schnüre seiner Schwimmweste und den Helmverschluss geprüft. Mit dem Paddel direkt vor sich auf dem Deck wippend, griff er hinter sich und befestigte seine Neoprendecke unter dem Cockpitrand. Die Seiten ließ er bis zum Schluss offen und griff dann nach vorne, um auch sie zu befestigen.

Als sich sein Gewicht unmerklich nach vorne verlagerte, forderte die Schwerkraft plötzlich ihr Recht und menschlicher Wille wurde bedeutungslos. Mit einem Schleifen und einem dumpfen Schlag stürzte das Boot vornüber ins Wasser. Jamie ließ die offene Spritzdecke los, um das so wichtige Paddel festzuhalten, stützte das Boot aufrecht und drehte es flussabwärts, spürte aber schon, wie der erste Wasserschwall in das offene Cockpit drang und über sein rechtes Bein spülte. Mit jeder weiteren Welle füllte sich das Boot mit Wasser und reagierte immer weniger auf seinen Insassen. Das Heck sank tiefer in die Strömungswirbel hinein, der Bug schwankte unkontrolliert in der Luft.

Dann schlug das Boot ganz um, und als Jamie es aufrecht drehte – es war nun ganz vollgelaufen, wie ein einige hundert Kilo schwerer Anker und war in der Strömung völlig unlenkbar –, sah er direkt vor sich den letzten aufragenden Findling, der den Wasserlauf teilte und den Seitenarm vom Hauptbett trennte. Wenn er irgendwie auf die linke Seite dieses Felsens, in die seitliche Stromschnelle gelangen könnte, würde alles gut werden. Er würde weiter unterhalb ein großes Kehrwasser erreichen, und Tom wäre dort. Sie würden alles aufsammeln und gemeinsam darüber lachen.

Während er weitergespült wurde und verzweifelt versuchte, das instabile, beladene Boot nach links zu schieben, bemerkte Jamie ein verhängnisvolles Detail. Es blieben ihm nur wenige Sekunden, um darauf zu reagieren. Das Wasser, das nach der Eskimorolle unter seinem Helm hervorquoll, beeinträchtigte seine Sicht, aber er konnte erkennen, dass das an der stromaufwärts gewandten Seite des Felsblocks übliche Kissen aus sich auftürmendem Wasser fehlte und die Bugwelle nicht wie sonst die Objekte zur einen oder anderen Seite fortspülte. Stattdessen strömte das Wasser sanft unter den unterhöhlten Felsen – im Wildwasser eine der gefährlichsten Situationen. Als das Boot sich das nächste Mal zur Seite legte, ließ er es umkippen, trat sich los und stieß sich zur rechten Seite des Felsblocks, der ihn zu verschlingen drohte, ab.

Eine Welle schlug über Jamies Kopf hinweg. Trübes Wasser verdunkelte das Sonnenlicht, und er merkte, dass er sich seltsamerweise entspannte. Nach dem verzweifelten, hektischen Agieren bei dem Versuch, die Situation zu retten, hatte sich das mit der Eigenverantwortlichkeit von einer Sekunde zur nächsten erledigt. Strandgut geht, wohin der Fluss befiehlt. Nun bestand seine Aufgabe nur noch darin, zu atmen: Den Rhythmus der Wellen spürend, atmete er tief ein, wenn er nach oben geworfen wurde und versuchte, nicht an dem Wasser zu ersticken, das über ihn hinwegrollte. Natürlich war die Angst geblieben. Als er zum Sonnenlicht aufstieg, konnte er sehen, dass er sich im Hauptfluss an der linken Seite der Hauptströmung befand. Eine lange Folge von Wellen kam auf ihn zu. Über die nächste Rutsche gleitend, spürte er, wie sich sein Magen hob. Ein Atemzug, und er war wieder unter Wasser.

»Greif nach meinem Heck! Halt dich fest!« Durch lautes Rufen zog sein Bruder Jamies Aufmerksamkeit auf sich. Er sah das leuchtende Blau von Toms Kajak und griff nach der gelben Schlaufe am Heck. Ohne innezuhalten, hielt Tom mit langsamen, kraftvollen Paddelschlägen auf das Ufer zu. Er warf einen Blick über seine Schulter, seine Brille funkelte: »Alles in Ordnung? Ist dir kalt?«

Trotz Jamies dringender Bitte, Tom solle sofort nach dem verlorenen Boot suchen, während er, Jamie, ohne Hilfe zum Ufer schwimmen würde, ließ sich Tom einen Moment lang scheinbar unentschieden treiben. Er wusste, dass ein Unfallopfer im Fall von Verletzung oder Unterkühlung oft den Ernst einer Situation nicht erkannte. Schließlich paddelte er hinunter zum Kehrwasser, wo Jamie, sich auf sein Paddel stützend, auf das Kiesufer kletterte. Jamie setzte sich und hielt flussabwärts nach seinem Boot Ausschau, während das Wasser aus seiner triefend nassen Montur lief.

Tom wendete am Ende des Kehrwassers. So weit hatten sie den Fluss noch nicht ausgekundschaftet und auf diesem Fluss aufs Geratewohl um Biegungen zu fahren, war unter keinen Umständen zu erwägen, schon gar nicht, um Ausrüstung zu bergen. Jamie würde aussteigen müssen.

Später sollte er schreiben:

Sie bauen mich auf, so gut sie können. Klopfen mir auf den Rücken. Kann passieren, vielleicht finden wir es noch; das gehört zu einem Abenteuer. Mach dir keine Gedanken darüber… Trotz der tröstenden Worte ist es ein recht niedergeschlagener Jamie, der den Hang hinaufklettert. Ich habe mein Paddel bei mir. Und ich trage schwer an Schuld, an Gefühlen von Unzulänglichkeit. Ich habe meine Kameraden im Stich gelassen; ich habe unseren Plan vereitelt. Wir hatten gute Gründe, als wir beschlossen vier Paddler den Fluss hinunterzubringen, einerseits aus Sicherheitsgründen, andererseits um die »Gruppenausrüstung« wie Herd, Kameras und Satellitentelefone zu verteilen.

Wie konnte ich ausrutschen? Wie konnte ich einen so ungeeigneten Platz wählen? Vielleicht hätte ich mich an dem Boot festhalten sollen, als ich schwamm.

Ein gutes Stück unter mir, in 150 oder 200 Meter Tiefe oder mehr fließt das aufgewühlte Wasser – erstaunlich tief, weil ich nicht das Gefühl habe, besonders hoch geklettert zu sein … oder fällt der Fluss wirklich so schnell, dass es so viel ausmacht? Die Klippe über mir ist mindestens noch einmal so hoch. Vor mir in der Luft ziehen fünf oder sechs Vögel vorbei, taumeln und steigen. Gletscher tauchen am fernen Horizont auf und verschwinden wieder. Alles ist so groß, übergroß, es gibt dir weniger das Gefühl, klein, als eher zerbrechlich zu sein – und unendlich kostbar.

Da sind kleine Käfer auf der Oberfläche des Flusses. Bunte Käfer. Es sind drei. Ich setze mich hin und beobachte sie. Sie ziehen ans Ufer, steigen auf einer Uferböschung aus Sand und Kies aus … Innerhalb von Minuten wird das Funksprechgerät lebendig, und ich höre den Käfer da unten, der Doug heißt.

»Kajakmannschaft an Jamie. Kajakmannschaft an Jamie. Bitte kommen.«

»Wanderer an Kajakmannschaft. Ich kann euch sehen.«

Zwei schweisstreibende Stunden später, hoch oben auf dem linken Flussufer, entdeckte Jamie kleine »Käfer« auf der gekräuselten Fläche unter sich. Es waren drei leuchtend rotblaue Käfer, die auf das gegenüberliegende Ufer zuflitzten und begannen, auf dem Strand aus Kies und Sand ihr Biwaklager aufzubauen. Jamie marschierte weiter, er war untröstlich. Dieser eine Moment an Unachtsamkeit hatte ihn sein Boot gekostet und damit von seinem Bruder und seinen Teamkameraden abgeschnitten. Seine Teilnahme an der Expedition, von der er so lange geträumt hatte, war somit unmöglich geworden. Säuerlich dachte er daran, dass mit dem Boot auch das akribisch geführte Tagebuch und die Kamera mit dem belichteten Filmmaterial stromabwärts verschwunden waren – er also einen großen Teil dessen verloren hatte, was er bisher erreicht hatte.

Selbst in einem Land, in dem Yetis als fester Bestandteil des natürlichen Ökosystems gelten und Lamas sich angeblich allein Kraft ihres Willens von einem Kloster zum anderen bewegen, musste Jamies Anblick sonderbar wirken: Er war einen Meter achtzig groß, schwarzhaarig und auf dem vorspringenden Kinn sprossen Bartstoppeln. Er hatte funkelnde, dunkle Augen; seine Erscheinung wirkte keltischer als die seines Bruders – und übermütiger. Er trug seinen kobaltblauen Trockenanzug offen, die Ärmel um die Taille geknotet, dazu ein limonengrünes Unterhemd und eine gelbe Schwimmweste. Sein Wanderstock war ein schwarzes Kanupaddel aus Kohlefaser mit weißen und schwarzen Spiralen aus Klebeband. Aber der Buddhismus lehrt seine Gläubigen das gelassene Hinnehmen aller seltsamen Manifestationen des Lebens, sei es natürlichen oder übernatürlichen Ursprungs. Die Dorfbewohner würden vielleicht ihre Pfluggespanne mit den Yaks anhalten oder beim Rösten großer Getreidepfannen über rauchigen Feuern innehalten, um den Fremden, der steifbeinig den Pfad herunterkam, für eine kurze Zeit nachdenklich zu betrachten. Doch dann würden sie sich wieder ihrer Arbeit zuwenden oder höflich und unaufdringlich miteinander sprechen. Pilger, so hatten wir in den brodelnden Straßen von Lhasa gelernt, gibt es in vielerlei Formen und Gewändern.

Der Pfad führte in der steilen Hügellandschaft abwechselnd auf und ab, suchte auf einem Abhang nach Halt, den dieser nur widerwillig gewährte. Kurze, verlockende Strecken guten Weges, auf denen sogar gelegentlich Doppelspuren von Wagenreifen und an einer Felskante das offensichtliche Ergebnis einer Sprengung zu sehen waren, endeten in einem verwirrenden Geflecht von Tierspuren. Manchmal war der Weg durch Gatter aus Holzpfählen versperrt, manchmal von den Zo – einer Kreuzung aus Yak und Rind –, die eben diese Gatter zusammenhalten sollten. Jamie schrieb später:

> *Auf den ruhigeren Strecken, wo der Klang der Stromschnellen zu einem andauernden Tosen verblasste, konnte ich entfernt meine eigenen Schritte hören. Patt, patt, patt, meine leichten Bootsschuhe auf den Felsen. Selten höre ich irgendetwas anderes. Insekten manchmal: ein Klang ähn-*

lich dem unserer Zikaden und doch anders, als wenn auch sie tibetisch sprächen. Noch seltener der Ruf eines Vogels. Meistens Tosen und das Tappen meiner eigenen Schuhe.

... Die Sonne steht hoch oben zwischen verstreuten Wolken hinter den großen bewaldeten Hügeln. Ihre Strahlen bringen die Spitzen der höheren Bäume zur Geltung, sie umranden die Falten auf den seitlichen Gebirgsketten vor dem Hintergrund der im Schatten liegenden Abhänge. Der Fluss ist unsichtbar, zu meiner Rechten verborgen. Die Hochebene vor mir erscheint wie im Scheinwerferlicht, hervorgehoben durch die schräg einfallenden Strahlen, so als würde ich aus den schattigen Kulissen heraus auf eine wirkliche Bühne treten.

Dämmerung steigt auf, dann umgibt uns völlige Dunkelheit. Stunden zuvor war Jamie noch zuversichtlich gewesen, die Fähre, die den Fluss an einem flachen Abschnitt am Gyala überquert, vor Einbruch der Dunkelheit zu erreichen. In diesem Moment hatte er keine Ahnung, wie weit er gekommen war, und der letzte Tibeter, auf den er gestoßen war, hatte seine Frage beantwortet, indem er um das Zifferblatt von Jamies Uhr sorgsam vier volle Kreise mit einem schmutzigen Fingernagel beschrieb. Aber Jamie hätte seinen Platz im amerikanischen Wildwasserteam einschließlich zweier Olympiaden nicht über 20 Jahre gehalten, er hätte seine Medaille in München nicht erfochten, gefolgt von einem vierten Platz ganze 20 Jahre später bei den Spielen in Barcelona, wenn er angesichts eines Hindernisses gleich aufgeben würde. Er reagierte auf seine Frustration mit physischer Anstrengung, je härter desto besser, und marschierte weiter in die Richtung, in der sein Boot verschwunden war. Ob dies in der vagen Hoffnung geschah, es zu bergen, oder ob er es tat, weil er glaubte, für seinen Fehler, büßen zu müssen, vermochte er nicht zu sagen.

Insekten und etwas, das genau wie die Laubfrösche in Maryland klang, sangen gemeinsam im Abendchor. Jamie erklomm auf der Suche nach Hinweisen einen schwierig zu begehenden Pfad durch dichte Büsche nach oben und suchte den nächtlichen Himmel nach Vegetationslücken ab. Zweige und Dreck gelangten in seinen offenen Trockenanzug. Sein Helm blieb wiederholt in den Büschen hängen, bis er ihn wieder aufsetzte und der Schweiß ihm in die Augen rann. »Seht ihn euch an, den großen Himalaja-Forscher!«, dachte er bitter und lachte laut auf. Aber das Geräusch war unheimlich, und er tat es nicht wieder.

Benommen und ein wenig schwindlig von dem Versuch, im Dunkeln das Gleichgewicht zu halten, ruhte er einen Moment aus, lehnte den Arm gegen einen Baum und legte den Kopf in die Armbeuge, um seine Standhaftigkeit zu verbessern. Nur sehr kurz erwog er, sich die Niederlage einzugestehen und mit dem Feuerzeug, das Roger ihm vor dem Abschied mitgegeben hatte, ein Feuer zu entzünden, um direkt dort auf dem Pfad zu schlafen. Aber er hatte seit Einbruch der Nacht kein Wasser mehr getrunken und beschloss, weiterzugehen, um wenigstens einen Seitenarm zu finden.

Schließlich ging der Mond auf – von Wolke zu Wolke springend – und vor ihm war die schwache Andeutung eines Pfades erkennbar. Er hörte plötzlich Stimmen auf dem vor ihm liegenden Pfad. Sie erschreckten ihn, und Jamie erkannte verspätet, dass es sein eigener Namen war, den Pemba Sherpa in seinem nicht eben akzentfreien Englisch rief.

Zwei Stunden später folgte er müde den Glühwürmchenspuren der Suchtrupp-Taschenlampen, die weiter unten, neben einem dahinfließenden Strom, auf das sandige Ufer zupendelten. Das Licht eines Lagerfeuers aus Treibholz flackerte vor dem zwar schnellen, aber flachen, unglaublich breiten und seltsam stillen Strom und enthüllte die dunklen Gesichter des piratenhaft wirkenden Fährmanns und seiner beiden Helfer neben der hohen vertrauten, beruhigenden Gestalt von Harry Wetherbee. Es war zwei Uhr in der Früh.

Noch leicht benommen beobachtete Jamie, wie die drei Flusspiraten den alten LKW-Motor im hinteren Teil ihrer barkassenähnlichen Fähre starteten. Zu dem langen, esoterischen

Verfahren gehörte, dass an einem bestimmten Punkt eine brennende kerosingetränkte Fackel in die Eingeweide der Maschine geworfen wurde. Am anderen Ufer befand sich das provisorische Unterstützungslager, das Harry am Gyala errichtet hatte. Dort gab es Zelte, Nahrung und Kleidung zum Wechseln.

All dies war Jamie sehr recht, aber es war weder ein Trost für seine Enttäuschung über den Verlust seines Platzes in der Kajakmannschaft noch für die an ihm nagenden, irrationalen Schuldgefühle darüber, dass er die anderen im Stich gelassen hatte. Eingehüllt in alle Ersatzkleidungsstücke im Inneren eines übrig gebliebenen Gore-Tex®-Biwaksacks – es gab keinen Ersatzschlafsack – lauschte er dem Röhren des Kerosinherdes, auf dem sich Pemba Sherpa nun sein verspätetes Abendessen bereitete und glitt allmählich in den Schlaf.

VIERTES KAPITEL

Die Hilfstruppen

Sir, der Lama, den man mir mitgab,
verkaufte mich als Sklaven an einen Jongpon …,
weswegen sich die Reise als eine schlechte erwies …[1]

KINTHUP

IN EINEM DER GROSSEN, schwarzgelben Expeditionszelte, die wir speziell für das Beherbergen der Einsatzleitung des Basiscamps – und den ein Meter neunzig langen Einsatzleiter des Basislagers – erworben hatten, streckte Harry Wetherbee seinen chronisch schmerzenden Rücken aus. Jamies Pech war niederschmetternd, grübelte er, aber wohl kaum ein Einzelfall bei der Erforschung der entlegenen Regionen Asiens. Dies wusste er sowohl aus eigener Erfahrung als auch aus der Geschichte der Region. Der Leitstern, der Harry und Doris hierhergeführt hatte, damit sie als Helfer die Kajakmannschaft unterstützten, war nicht die lebenslange Besessenheit, die ich und die vier Paddler für die Flüsse der Erde empfanden. Sie waren fasziniert von den Nebenaspekten der Expedition, von den Völkern, Gerüchen, Klängen und der Geschichte Zentral- und Südasiens.

Sieben Jahre früher und 1900 Kilometer westlich der Tsangpo-Schluchten hatten Harry, Doris und ich gestanden – trotz des hellen Sonnenlichtes vor Kälte zitternd – und unsere

Blicke über die braunen und grünen, tundrabedeckten wogenden Hänge des Khundjerab-Passes auf dem Karakorum-Kamm schweifen lassen. Weder die von der Höhe rührenden Kopfschmerzen noch die Atembeschwerden beim Stehen auf 5486 Metern Höhe konnten unseren Sinn für Romantik trüben. Direkt hinter uns lag das sagenhafte, schneeverhangene Hunza-Tal, das wie sich wie ein gewaltiger Lawinenrutsch dem Indus-Tal und dem – jenseits davon liegenden – grünen, herzförmigen Indischen Subkontinent zuneigte. Vor uns lagen die weiten kargen Steppen Zentralasiens, die Takla-Makan-Wüste und die Wüste Gobi mit den legendären Städten der Seidenstraße. Kaschgar und Yarkant lagen am nächsten, Turfan etwas weiter im Norden und Osten und Buchara und Samarkand im damals noch verbotenen Westen.

Seit der Antike ist das oft beschriebene und zugleich geheimnisvolle Zentralasien von Kaufleuten wie Marco Polo und Kriegern wie Dschingis Khan oder Tamerlan durchquert worden. Dennoch sind seine Tiefen nie ein leicht zu erreichendes Ziel gewesen. Im 19. Jahrhundert wurde die Region zur Arena des Kalten Krieges: »Das große Spiel« von Rudyard Kipling und seinen Zeitgenossen vom Britischen Raj in Indien; »Das Turnier der Schatten« für die Offiziere und Agenten des zaristischen Russlands.

In der zweiten Hälfte des 19. Jahrhunderts hatte das expandierende Zarenreich die Kaukasusvölker – einschließlich des heutigen Tschetschenien und Dagestan – brutal unterworfen, und gierig nach den alten moslemischen Stadtstaaten Zentralasiens gegriffen. Vor den Kosakenstreitkräften streiften Kundschafter, Landvermesser und Spione durch die Region, suchten nach Verbündeten und spielten einen Khan gegen den anderen aus, um schließlich beide zu unterwerfen.

Weit im Süden und Osten beobachteten Männer, die mit den Fürstentümern Indiens so ziemlich das Gleiche getan hatten, den schwindenden Puffer zwischen den Imperien mit wachsender Unruhe. Der Indische Subkontinent lag jenseits der am meisten beängstigenden, natürlichen Befestigungen des Planeten. Ihren Kern bildete der große, sich auftürmende Himalaja, mehr als 1900 Kilometer lang und 8848 Meter hoch. An den Flanken sanken die Gebirgsketten allmählich auf ein menschlicheres Maß an Höhe herab, doch waren die Hügel und Täler dort nicht weniger gewaltig. Die wilden, freiheitsliebenden, gut bewaffneten Belutschen und Paschtunen bevölkerten die kargen, felsigen Hügel und Berge der nordwestlichen Grenzlinie, die Naga und andere Kopfjäger hatten sich im dichten Dschungel der Nordostgrenze angesiedelt.

Die Undurchdringbarkeit dieser Barriere stellte die Briten in Indien vor ein Problem, denn sie bedeutete, dass auch sie nur wenig über ihre eigenen Grenzen oder das Land jenseits dieser Grenzen wussten. Waren die listigen Russen dabei, die Grenzstaaten gegen die britischen Eroberer aufzuwiegeln? Und verbarg die Himalaja-Feste versteckte Pfade, über welche die Armeen eindringen und den Raj bedrohen könnten?

Entdecker und Kundschafter versuchten von Norden und Süden, die unbekannte Geographie zu enträtseln, indem sie als Handelsvertreter, Großwildjäger, Wissenschaftler und Pilger im Land umherreisten. Manchmal wurden sie vom Militär eskortiert, manchmal tarnten sie sich als Einheimische. Die Abenteuer der Russen und Briten standen den legendären Entdeckungsreisen von Henry Stanley in Afrika oder Hiram Bingham in Südamerika in nichts nach. Aber der Preis war hoch. 1842 wurden Oberst Charles Stoddart und Hauptmann Arthur Conolly, beide Angehörige der Indischen Armee, mehrere Monate lang inhaftiert und schließlich von Amir Nasrullah in Buchara enthauptet. 1869 wurde George J. Whitaker Hayward, Mitglied der Königlichen Geographischen Gesellschaft, in Yasin überfallen und erstochen. Er war allein und als Einheimischer getarnt durch Karakorum gereist. Beide Vorfälle erregten in der britischen Presse großes Aufsehen. Andere Entdecker, die als Geheimagenten reisten und daher anonym verstarben, fielen Krankheiten, der Höhe, dem zermürbenden Wetter oder fremdenfeindlichen Angriffen zum Opfer.

In einem weniger spezialisierten Zeitalter als dem unseren waren Entdeckung, Feldforschung, Geheimdienst, Handel und Eroberung untrennbar miteinander verwoben. Dreh- und Angelpunkt britischer Entdeckungen waren die *Royal Engineers* und die indischen Landvermesser der systematischen trigonometrischen Vermessung Indiens. In einer Zeit, in der die Besteigung des Montblanc oder des Matterhorns den Europäern noch bevorstand, errichteten Bergsteiger, die an das Leben in großen Höhen gewöhnt und in besonderen Landvermesserschulen in Dehra Dun ausgebildet worden waren, im indischen Himalaja Vermessungsstationen in mehr als 6100 Metern Höhe.

Darüber hinaus riefen Hauptmann Thomas George Montgomerie – Vorbild für Kiplings Hauptmann Creighton in *Kim* – und Major Edmund Smyth 1866 eines der aufregendsten und erfolgreichsten Programme in den Annalen der Landerkundung – und Spionage – ins Leben, um einen Blick hinter die Kulissen des indischen Territoriums zu werfen. Die beiden britischen Offiziere hatten bemerkt, mit welcher Leichtigkeit einheimische Kaufleute und Pilger in Territorien – vornehmlich in Tibet und nach Afghanistan – vordrangen, die englischen Abenteurern verboten waren. Sie rekrutierten eine kleine Zahl von hoch qualifizierten Bergsteigern und bildeten diese in Dehra Dun in unauffälligen Landvermessungstechniken aus.

Die neuen Agenten lernten mit Hilfe von abgewandelten buddhistischen Rosenkränzen die abgemessenen Schrittgeschwindigkeiten bergauf wie bergab präzise zu zählen, Richtungen mit Hilfe von in Spazierstöcken verborgenen Kompassen auszumachen, Höhenmeter an der Siedetemperatur ihres Teewassers zu erkennen und die Notizen ihrer Reisen, die manchmal Jahre dauerten, als religiöse Inschriften in ihren Gebetsmühlen zu tarnen. Drei Jahrzehnte über wanderte diese mutige und loyale Schar von Agenten, die man Pundits* – auf Sanskrit »gelehrte Männer« – nannte, über die Grenz-

* deutsch auch Pandit geschrieben, Ehrentitel, vgl. Pandit Nehru

gebiete des Empire hinaus, durch nichts geschützt als durch ihren Einfallsreichtum und ihren Wagemut, und verschafften für die Briten wichtige Informationen, an die sie selbst nicht herankamen. Einige ausgewählte mongolische Buddhisten dienten den Russen in gleicher Weise.

Unsere Reise über den Karakorum durch das alte chinesische Turkistan 1991 bot einen verlockenden Blick auf viele der legendären Schauplätze von »Das große Spiel«. Die Wetherbees und ich reisten mit öffentlichen Bussen, Lastwagen – und schließlich in Zügen. Wir arbeiteten uns an der Takla-Makan-Wüste vorbei nach Turfan vor und fuhren erst ostwärts nach Xian und Peking und dann nordwärts nach Ulan Bator in der Mongolei. Widerstrebend flogen Harry und ich schließlich zurück, um unseren Verpflichtungen nachzukommen, während Doris und ihre beiden halbwüchsigen Söhne nach Sibirien aufbrachen, die Transsibirische Eisenbahn nach Moskau bestiegen und weiter nach Westeuropa reisten. Es war eine interessante, lehrreiche und gelegentlich abenteuerliche Reise. Nichtsdestotrotz war es eine Reise auf etablierten Pfaden des 20. Jahrhunderts, ähnlich den vielen kürzeren Ausflügen, die sie nach Pakistan, Indien, in die ehemalige Sowjetunion und an andere Orte unternommen hatten. Sie waren bereit für etwas Größeres.

»Sag uns nur, was und wann.« Doris knapper Kommentar und ihr strahlendes Lächeln brachten die Antwort der Wetherbees auf den Punkt, als ich Anfang 1997 meine bis in die Mitte der 80er Jahre zurückreichende Begeisterung für die Tsangpo-Schluchten erwähnte. Obwohl sie uns ursprünglich nur ermutigt hatten, ohne sich selbst als Teilnehmer anzubieten, wurden sie bald zu unentbehrlichen Mitgliedern der Organisation. Ihr Haus in McLean, Virginia, wurde zum Hauptquartier der Expedition und Doris beantwortete als zuverlässige Mitarbeiterin E-Mails, Faxe, Briefe und nahm die Telefonate entgegen. Harry widmete sich seiner Stärke, dem technologischen Teil der Logistik, und stürzte sich auf potenzielle Kommunikationssysteme – es gab keine große, überlebensfähige Auswahl in einer 4876 Meter tiefen Schlucht –, bekannte historische Beschreibungen, verfügbare Landkarten und Satellitenbilder.

In den Sommermonaten füllten Kisten mit gefriergetrockneter Nahrung, Erdnussbutter in Weißblechtuben und Kräckerpackungen – so genannte »John-Wayne-Kräcker« – aus Armeebeständen langsam, aber sicher ihren Keller. Mitten im Wohnzimmer stand eine monströse Treppensteigemaschine, die von der *Stairmaster Corporation* für das Ausdauertraining mit über 20 Kilo schweren Rucksäcken gestiftet worden war. Sie war für ein kommerzielles Fitnesszentrum gebaut worden, wo sie deutlich mehr lichte Höhe zur Verfügung gehabt hätte. Wenn sie schnell lief, führte die geringste Abweichung in der Schrittgeschwindigkeit dazu, dass der Übende auf den Boden fiel oder mit dem Kopf gegen die Decke schlug. Kein Pundit wurde gründlicher im gleichmäßigen Gehen gedrillt.

Harrys Engagement für das Projekt wurde noch von dem Wissen beflügelt, dass er in die Fußstapfen eines seiner Helden aus dem 19. Jahrhundert treten, wenn nicht gar dessen Mission zu Ende führen würde: Kinthup, ein sikkimischer Schneider, der weder lesen noch schreiben konnte, und dessen erste Erkundungsreise nach Tibet 1878 an den Ufern des Tsangpo in Gyala endete. Seine Umkehr an vielleicht genau der Stelle, an der Harry 1998 sein Basislager errichten sollte, legte den Grundstein zu einer 30-jährigen Legende, die Bände über die Erforschung Tibets, über Pflichterfüllung und das Verhältnis zwischen Briten und den Bewohnern ihres Indischen Reiches spricht.

1878 BESCHLOSS LEUTNANT – SPÄTER HAUPTMANN – HENRY HARMAN von den *Royal Engineers*, das Rätsel von der Verbindung zwischen Tsangpo und Brahmaputra zu lösen. Er entsandte einen teilweise ausgebildeten Pundit, Nem Singh, mit einem Diener, Kinthup, von Darjeeling aus an den Tsangpo. Sie sollten diesem von Tibet aus flussabwärts folgen und herausfinden, an welcher Stelle er wieder auftaucht. Doch sie kamen nicht weiter als bis Gyala – damals wie heute die Endstation – dort schließen sich die Wände der Schlucht. Nichtsdestoweniger hatten sie sich 330 Kilometer weiter den Tsangpo hinunter gewagt als alle anderen Entdecker vor ihnen, und während Nem Singhs Landvermessungen als unterdurchschnittlich bewertet wurden, erkannte man in Kinthup den klassischen loyalen und fähigen Reisenden mit »standhaftem Mut und einer Neigung zum Herumstreifen«.[2] Auch heute spiegelt seine untersetzte Gestalt – die Hände in den langen Ärmeln eines chinesischen Gewandes gefaltet – und der halb unter einer Kapuze verborgene Blick auf einer erhalten gebliebenen Fotografie Gelassenheit und einen unbeugsamen Willen wider.

Kinthups einziges, wenn auch verhängnisvolles Handicap war sein Analphabetentum. Er war unfähig, Feldnotizen zu führen oder die Berechnungen durchzuführen, die für die geheime Landvermessung nötig waren. Die ersten und vielleicht erfolgreichsten Pundits rekrutierte man aus den Rängen der Dorfschullehrer und ähnlich gebildeten Indern, wodurch der Spitzname in Sanskrit für das Programm zustande kam. Folglich wurde Kinthup für seine nächste Mission mit einem mongolischen Lama zusammengetan. Dieser sollte die Daten aufzeichnen, während Kinthup – sein Codename in den Landvermessungsakten war nun K.P. – wieder die Rolle des Dieners spielte.

Die beiden sollten als Pilger nach Gyala reisen und versuchen, weiter flussabwärts zu gelangen. Sollten sie gezwungen sein, die Reise abzubrechen, hatten sie den Auftrag, 500 kurze Holzscheite zu schlagen, sie mit vorgefertigten Schläuchen zu versehen, die ihnen in Darjeeling ausgehändigt worden waren, und die Scheite in den Tsangpo zu werfen. Landvermessungsoffiziere würden die großen Ströme in Assam beobachteten und dann in der Lage sein, den mit dem Tsangpo verbundenen Strom zu identifizieren. Dieses Vorgehen war zwar nicht mit einer eigentlichen Landvermessung vergleichbar, war aber ein eleganter Notfallplan – einer von vielen, ausgeklügelten Plänen, die für Kinthup unbeabsichtigte Konsequenzen haben sollten.

Bald nach ihrer Abreise aus Darjeeling im Sommer 1880 zeigte der mongolische Mönch sowohl für das Leben als Geheimagent als auch für das eines Klerikers einen offensichtlichen Mangel an Begabung. Er vergeudete die Projektgelder, misshandelte seinen »Diener« Kinthup – der sich dagegen nicht wehren konnte, ohne seine Tarnung zu gefährden und vertrödelte vier Monate in dem Dorf Thun Tsung, um sich in eine Affäre mit der Frau des Gastgebers einzulassen. Im März 1881 hatte das Paar endlich Gyala erreicht und ihr Budget war um 25 Rupien ärmer, nachdem sie den betrogenen Ehemann entschädigt hatten.

Es gelang ihnen, sich auf der rechten Seite des Stroms bis zu einem kleinen Kloster in der Nähe eines Ortes durchzuschlagen, der 24 Kilometer unterhalb von Gyala lag. Die Gemeinde Pemakochung befand sich 300 Meter über dem Fluss und war fast direkt zwischen den aufragenden Gipfeln von Namtscha Barwa und Gyala Pelri errichtet worden. Die Roten Garden oder von den Roten Garden inspirierte Vandalen würden das Kloster irgendwann später – während der Kulturrevolution – plündern und die wenigen Besucher aus jüngerer Zeit berichten, der Ort sei verlassen. Von der gegenüber liegenden Bergwand aus konnten wir 1998 keine Hinweise auf eine neuere Besiedlung entdecken.

Hier, so berichtet eine Mitschrift von Kinthups abschließender Einsatzbesprechung, »stürzt [der Tsangpo] über eine Klippe ... aus einer Höhe von etwa 45 Metern«.[3] Dieser eine Satz löste für den Rest des Jahrhunderts Spekulationen über einen riesigen Wasserfall am Tsangpo aus, der größer sein sollte als die Niagarafälle oder die Viktoriafälle. Als der Wasserfall nicht gleich gefunden werden konnte, veranlasste das aber zudem auch die Leute von der Landvermessung, Kinthups ganzem Bericht zu misstrauen. Im frühen 20. Jahrhundert glaubten die großen Entdecker F. M. Bailey und F. Kingdon-Ward zunächst, sie hätten das Rätsel um den Wasserfall gelöst. In den letzten Jahren dieses Jahrhunderts tauchte die Frage aber immer wieder auf und konnte bisher weder durch Satellitenbilder oder Flugzeuge noch durch eine Reihe weiterer Expeditionen beantwortet werden.

Da sie nicht in der Lage waren, weiter flussabwärts durch die innere Schlucht zu gelangen, gingen Kinthup und der mongolische Lama auf dem gleichen Weg zurück, auf dem sie gekommen waren. Sie marschierten nördlich der großen Tsangpo-Schleife über Land mit dem Ziel, auf der Ostseite der Schleife wieder auf den Fluss zu treffen. 32 Kilometer nordöstlich von der höchsten Stelle der Flussschleife entfernt, befand sich in einer kleinen Senke die von Steinmauern umschlossene Klosterfestung Tongkyuk Dzong. Sie war zu allen Seiten hin von grünen Feldern und weiß leuchtenden Bergen umgeben und sah wie eine Gebirgspostkarte aus.[4] Hier hielten die Gefährten im Mai 1881 Rast, bis Kinthup eines Tages erfuhr, dass sein unpassender Begleiter abgereist war. Viel schlimmer aber war, dass er Kinthup als Sklaven an den Dzongpen – den Häuptling – verkauft hatte. Mit der Bergidylle war es vorbei.

Neun Monate plagte Kinthup sich als unbezahlter Schneider in Tongkyuk Dzong. Als er schließlich in die Freiheit floh – die lange Verzögerung deutet eher auf eine sorgfältige Vorbereitung hin, als auf eine Flucht Hals über Kopf –, tat er das bezeichnenderweise nicht, um sich den Weg in die Sicherheit nach Indien zu bahnen, sondern reiste pflichtbewusst nach Osten, den Tsangpo hinunter.

29 Kilometer den tosenden Nebenfluss Po Tsangpo hinunter, über einen Pfad, der bedrohlich an Schluchtwänden hängt und über wacklige Hängebrücken führt, lag die gespenstische, heilige Stätte Gompo Ne – knapp hinter der Mündung des Zuflusses in den Hauptstrom Tsangpo. Von Mönchen und anderen Bewohnern vernachlässigt, liegt Gompo Ne im Windschatten einer Insel, die vor der Gewalt des Flusses geschützt ist. Die glatten Felswände sind überreich mit heiligen buddhistischen Inschriften verziert. Dutzende entrindeter Baumschösslinge,

die in die Trittstufen eingekerbt sind, lehnen an Bäumen und Felsbrocken, um die Nat – Luft- und Wassergeister – nach oben zu geleiten. An diesem Ort traf Kinthup wieder auf den Tsangpo.[5] Dave Phillips und ich sollten eben dieser Route 120 Jahre später aus dem gleichen Grund folgen: Es ist der natürliche Weg in die innere Schlucht.

Unbelastet von gefriergetrockneter Nahrung, Gore-Tex®-Kleidung und Satellitentelefonen oder Trägern, die sie hätten befördern müssen, arbeitete sich Kinthup 112 Kilometer den Tsangpo entlang, wo er schließlich von seinen Verfolgern im Kloster Marpung gestellt wurde. Kinthup unterwarf sich der Gnade des Obersten Lama und fand sich bald im Dienste eines neuen Herrn wieder. Er hatte ihn für 50 Rupien erworben. Lebensfroh wie eh und je, zog Kinthup auch aus diesem Verkauf Gewinn. Er war wieder am Fluss und sein neuer religiöser Meister wurde mit der Zeit freigiebiger im Gewähren von Urlaub, den sein neuer Diener nutzte, um Pilgerreisen zu unternehmen.

Kinthups »Pilgerreisen« bestanden zunächst einmal darin, die 500 Holzscheite zu schneiden, die über den Tsangpo nach Indien treiben sollten, die Kennmarkierungen mit Bambusstreifen zu befestigen und sie in einer Höhle zu verbergen, bis alles für den Start bereit war. Der konnte aber erst stattfinden, wenn er die Briten – die flussabwärts Ausschau halten sollten – benachrichtigt hatte. Also setzte er irgendwann die Erlaubnis durch, zu einer langen, viermonatigen Pilgerreise aufzubrechen – angeblich um zu einer westlich der großen Schleife des Tsangpo gelegenen heiligen Region zu gelangen.[6] Tatsächlich reiste er bis nach Lhasa, wo er einen anderen Sikkimer ausfindig machte, der bereit war, den Brief eines Schreibers nach Darjeeling zu bringen. Ein Abschnitt dieses Briefes wirft die Frage auf, wo die Briten ihre Art des lakonischen Understatements gelernt haben könnten.

Nachdem er den Brief auf den Weg gebracht hatte, und obwohl bekannte und relativ sichere Wege zwischen ihm und seiner Heimat lagen, machte sich Kinthup wieder allein auf den gefährlichen Weg in das ferne östliche Tibet und in die freiwillige Sklaverei. Er wollte die Holzscheite im folgenden November – wie angekündigt – aussetzen. Zumindest zeitweilig wandte sich das Blatt zu seinen Gunsten. Der Lama des Klosters Marpung war so beeindruckt von seiner Rückkehr und seinem Pilgereifer, dass er Kinthup die Freiheit schenkte. Kinthup blieb in Marpung, verdiente sich das Geld für die weite Rückreise und setzte 1883 die Holzscheite an den drei verabredeten Novembertagen frei. Dann reiste er unglaublicherweise wieder nicht nach Hause, sondern weiter den Fluss hinunter, um in unbekannte, gewiss feindliche und möglicherweise von Kopfjägerstämmen bewohnte Gebiete vorzudringen.

Die primitiven und fremdenfeindlichen Stämme des Dschungels von Assam waren aber letztendlich sogar für den so unbeugsamen Kinthup zu viel, – sie waren es auch für die britische Armee – und er sah sich gezwungen, zurückzukehren. Als er schließlich ganze vier Jahre nach seiner Entsendung die steilen, gepflasterten Gassen in Darjeeling hinaufschritt, hatte er – wie Leutnant Harman ihm befohlen hatte –, die Holzscheite den Tsangpo hinabgeschickt, war dem Brahmaputra 64 Kilometer in britisch kontrolliertes Gebiet gefolgt und hatte dabei lediglich die 16 Kilometer lange innere Schlucht ausgelassen. Wenn je ein heimkehrender Entdecker den Empfang als Held verdient hatte, dann war es Kinthup.

Aber noch war Kinthup weder für das Schicksal noch für die Bürokraten erledigt: Hauptmann Harman war in Europa an den Folgen einer Krankheit und seiner schweren Landvermessertätigkeit, die ihn den stinkenden Dschungeln und den extremen Höhen der indischen Nordostgrenze ausgesetzt hatten, gestorben. Kinthups Brief fiel in das Schwarze Loch der Bürokratie. Die Holzscheite, die Kinthup mit so hohem persönlichem Einsatz vorbereitet und den Tsangpo hinuntergeschickt hatte, waren unbemerkt von den britischen Vorposten, die vom Plan des verstorbenen Hauptmann Harman oder Kinthups Zeitplan keine Ahnung hatten, den Brahmaputra hinuntergetrieben.

Und was noch schlimmer war: Die neue Generation von Landvermessungsoffizieren fand Kinthups Bericht unglaubwürdig und verschmähte die Berichterstattung wegen des Mangels an schriftlicher Dokumentation. Der »standhafte Mut« und das nahezu fotografische Gedächtnis, das vielen Analphabeten eigen ist, konnte sich nicht gegen das Klassenvorurteil vom untersetzten, ungebildeten Schneider aus den Bergen von Sikkim behaupten. Die nächsten 30 Jahre verbrachte der treue Agent des Raj damit, sich in den Bergposten des Empires in niederen Diensten abzurackern und – abgesehen von gelegentlichen Bergexpeditionen – sein Gewerbe als Schneider auszuüben.[7]

DIE ÄRA DER GEHEIMEN TIBET-ERKUNDUNGEN durch die Pundits endete 1899 schlagartig. Oberst Sir Francis Younghusband führte die Reise- und Entdeckertradition durch die Briten selbst wieder ein – als Kopf einer 2000 Mann starken Invasionstruppe und mit der Unterstützung von mehr als 10 000 Trägern und einer ebenso großen Zahl von Maultieren, Ochsen, Yaks und Ponys, mit denen er Lhasa belagerte. Kinthup war mit dabei und repräsentierte die alte Ordnung als demütiger Diener von Hauptmann Waddell vom *Indian Medical Service*. Und ein junger Offizier war da, der zum Anführer der nächsten Entdeckergeneration in den Tsangpo-Schluchten werden sollte. Es gibt keine Hinweise darauf, dass sich Kinthup und Leutnant F. M. Bailey vom *Indian Political Service* während des Lhasa-Feldzuges kennen lernten, aber der mächtige Fluss sollte ihre Lebensläufe miteinander verknüpfen und zwei Jahrzehnte später zu einem dramatischen Treffen in Simla führen.

Baileys Begeisterung für die Erkundung der Schlucht wuchs, während er für Younghusband Erkundungen im westlichen Tibet durchführte, die ihn zugleich auf eine Expedition in die Tsangpo-Schlucht vorbereiteten: Als britischer Agent reiste er in die tibetische Stadt Gyangze, und versuchte zweimal erfolglos, die Schlucht selbst zu erreichen. 1913 sprach er fließend Tibetisch, hatte in Asien Reiseerfahrung gesammelt und war entschlossen, als Erster dem Tsangpo von Tibet nach Britisch-Indien zu folgen. Als seine Chance kam, tat er das Gegenteil. Er richtete es so ein, dass er einer Militäreinheit zugeteilt wurde, die – dem Strom flussaufwärts von Assam aus folgend – das Land vermaß. Es gelang ihm, mit den einheimischen Tibetern, die ein gutes Stück südlich der alten Grenze zwischen Tibet und Assam lebten, Kontakt aufzunehmen. Sie erklärten sich damit einverstanden, ihm den verborgenen Weg in ihre Heimat zu zeigen. Bailey gewann auch Hauptmann Moorfield von den *Royal Engineers* als Begleiter, Landvermesser und Mitverschwörer. Ihre Befehle bis aufs Äußerste über die Entfernung streckend und ohne zu wissen, ob sie bei ihrer Rückkehr mit Ritterschlag oder Tadel empfangen würden, trennten sich die beiden von der Truppe und verschwanden nordwärts nach Tibet.

Über mehrere Monate hinweg trotzten Bailey und Moorfield jeder Art von physischen oder politischen Schwierigkeiten und schlugen sich flussaufwärts durch. Zuletzt hatten sie weniger vom Flusslauf abgedeckt als Kinthup – die Politik verlangte, dass sie einen Umweg über die Hauptstadt der Region machten, um dort die Genehmigung zur Weiterreise zu erlangen. Diese beiden waren jedoch britische Offiziere, die umfangreiche Tagebücher unterhielten. Moorfield fertigte von jedem Aussichtspunkt sogar Messtischblätter an. Niemand würde ihre Berichte in Frage stellen. Ihnen würde die Königliche Geographische Gesellschaft Orden schenken und keinen Hohn.

Dennoch wurde Bailey mit jedem Schritt die Zuverlässigkeit des Berichts klarer, den Kinthup 30 Jahre zuvor diktiert hatte und der kommentarlos in den umfangreichen Archiven der Landvermessung abgelegt worden war. Ortsnamen und Beschreibungen ließen keinen Zweifel daran zu, dass Kinthup genauso gereist war, wie er behauptet hatte. Die existenten Zeit- und Streckenabweichungen waren für jemandem, der aus der Sklaverei geflohen war, zu erwarten. Es gab jedoch eine eklatante Ausnahme: Als Bailey und Moorfield sich zu guter Letzt bis in den Norden der großen Flussschleife – durch Tongkyuk Dzong und um den Gyala herum nach Pemakochung – vorgearbeitet hatten, fanden sie keine Spur des 45 Meter hohen Wasserfalls am Tsangpo. Die beiden britischen Offiziere erkundeten die Umgebung noch einige Kilometer flussabwärts, aber bald erzwangen gefährliche Klippen und betrügerische Monpa-Führer ihre Kapitulation. Das aufregendste der geographischen Merkmale, von denen Kinthup berichtet hatte, konnten sie nicht finden.

Kinthups Erzählung beschäftigte Bailey, während er durch Tibet und Bhutan nach Britisch-Indien zurückmarschierte: das bemerkenswerte Abenteuer, die Zielstrebigkeit, mit der jener seine Mission erfüllt hatte, und der verhöhnte Bericht, der sich als so genau erwiesen hatte, der Wasserfall, der solches Interesse erregte, der aber nicht zu existieren schien. Bailey beschloss, sich auf die Suche nach dem Pundit zu machen und sich die Fakten aus erster Hand zu holen.

Bailey hielt durch, ließ Kinthup bis zu seinem Schneiderladen in den Gassen von Darjeeling aufspüren und nach Simla zu einer aufschlussreichen Befragung bringen. Kinthup, der damals bereits über 60 Jahre alt war, erklärte Bailey, dass er sich genau daran erinnere, von einem sechs oder neun Meter hohen Wasserfall auf dem Tsangpo in der Nähe von Pemakochung berichtet zu haben. Er erinnere sich auch an einen 45 Meter hohen Wasserfall – mit heiligen Bildern hinter einem Vorhang aus Wasser – auf einem kleinen Nebenlauf bei Gyala auf der anderen Seite des Flusses. Bailey konnte daraus nur folgern, dass der Dolmetscher die beiden Wasserfälle für einen einzigen gehalten hatte. Kinthups Ehre war wiederhergestellt.

Mit einer Geste, die so ehrenhaft war, wie Kinthups erster Empfang beschämend gewesen war, machte es sich Hauptmann Bailey zur Aufgabe, die Bürokraten zur Rede zu stellen,

Kinthups Ehre auch offiziell wiederherzustellen und eine Pension oder ein Gehalt für seine treuen Dienste zu erreichen. Wenige Monate nachdem er tausend Rupien in Anerkennung seiner Leistungen erhalten hatte, starb der alte Entdecker. Es ist zu hoffen, dass ihn sein standhafter Mut und seine Ausdauer nach 30 Jahren zu guter Letzt auch über diesen letzten und schwersten Berg führten.

Jamies Pech war nicht annähernd so aufregend wie Sklaverei, Flucht und Verfolgung. Noch musste er bis nach Lhasa laufen, um Briefe über Land nach Hause zu schicken. Als er am nächsten Morgen in Harrys Basislager in Gyala erwachte, wurde Jamie über das Satellitentelefon von seiner Familie auf den neuesten Stand gebracht. Die Älteste, Katelin, neunzehn Jahre alt, war unausgeglichen, weil sie im ersten Jahr an einem College in New York und fort von zu Hause war, und der Jüngste, Darcy, acht Jahre alt, war unausgeglichen, weil Papa nicht daheim, sondern auf Expedition war.

Während sein Bruder Tom das Jahr über monatelang mit seiner Kajakschule unterwegs war – üblicherweise im Winter in Mexiko, im Frühling in West Virginia, im Sommer in Colorado und im Herbst in Kanada –, schätzt Jamies Familie lange Trennungen nicht. Als Jamie entschied, dass es am besten wäre, für die Olympischen Spiele 1992 in Barcelona an einem Ort in der Nähe des Wettkampfschauplatzes zu trainieren, zog die Familie ein Jahr lang in ein Haus in den französischen Pyrenäen. Vier Kinder auf französische Schulen wechseln zu lassen, während die Ehefrau ihre umfangreichen Geschäfte als Cartoonistin per Ferngespräch über den Atlantik abwickelt, ist vielleicht nicht für jeden Sportler die ideale Trainingsumgebung, aber für Jamie hatte seine turbulente und dynamische Familie absolute Priorität.

Das Satellitentelefon war nicht nur eine Annehmlichkeit, die uns mit zu Hause verband. Unser modernes Bestreben, gerade auf einem Fluss schnell und mit wenig Gepäck reisen zu können, machte die Expedition außerordentlich abhängig von idiotensicherer Unterstützung und ebensolchem Nachschub und damit von der Kommunikation zwischen den Beteiligten. Obwohl kleine Funksprechgeräte für Paddler, die sich an gegenüberliegenden Flussufern befanden, nützlich waren, ließen die Wände der Schlucht nur kürzeste Übertragungswege zu – sofern sie nach oben ausgerichtet waren. Harry Wetherbee widmete den Großteil von zwei Jahren der Prüfung zahlreicher Kommunikationssysteme und – was schwieriger war – stimmte mit den chinesischen Behörden in Peking die Anmietung offiziell lizenzierter Satellitentelefone ab.[9] Die Bürokratie war lähmend, die E-Mails waren zahllos, aber im letzten Moment vollbrachte Harry das Wunder und drei funktionstüchtige Inmarsat Mini-M-Telefone wurden nach Lhasa gebracht – eines für jede Einheit der Expedition.

Mit jeweils zweieinhalb Kilo zuzüglich Verpackung und Batterien lagen diese Geräte von unschätzbarem Wert gerade noch an der Grenze dessen, was für das Bootsteam praktikabel war. Aufgrund ihres Gewichts waren Batterien ein stark einschränkender Faktor. Zumal sie langsam aber unweigerlich mit der Zeit feucht werden würden. Jede Hilfstruppe führte eine Ladestation mit Sonnenkollektoren bei sich, aber sie waren im Wolkenwald und bei einem Team, das die meisten Tageslichtstunden marschierte, nur von begrenztem Nutzen. Folglich wurde das Telefonieren, wenn man nicht mit den Lastwagen unterwegs war oder sich im Basislager befand, strikt eingeschränkt. Routineberichte wurden standardisiert und jeden zweiten Tag in weniger als einer Minute ausgetauscht, sofern es die Ereignisse nicht anders notwendig machten.

Die Satellitenkommunikation war nicht das einzige technologische Kaninchen, das Harry aus seinem Hut zauberte und womit er uns ermöglichte, uns mit einem großen Maß an Zuversicht auf die Schluchten zu stürzen. In diesen Genuss waren die Entdecker vor uns nicht gekommen. Zwei Tage vor unserer Abreise aus den Vereinigten Staaten wühlte sich ein Kurier vom *Federal Express* den Weg durch das Chaos aus Proviantkisten, Ausrüstung und Leinensäcken, das sich auf dem

Rasen der Wetherbees in McLean, Virginia, angesammelt hatte, um eine lange Pappröhre aus Colorado abzuliefern. Sie enthielt computerbearbeitete Satellitenbilder von unserer Expeditionsroute und ermöglichte uns so, einen ersten Blick auf Gebiete, die nie ein Landvermesser oder westlicher Entdecker je gesehen hatte und die auf topographischen Karten nicht genau eingezeichnet waren.[10] Mit GPS – dem Globalen Positionierungssystem – an der Hand war es schwer zu glauben, dass uns nur ein Jahrhundert von Kinthup trennte, der seine Schritte mit Hilfe eines Rosenkranzes gezählt hatte.

Angesichts dieser harten Realität aus Felsen, Eis, dünner Luft und tosendem Wasser und angesichts der mystischen Bedeutung, die jedem Merkmal in dieser gewaltigen Landschaft zugeschrieben wird, werden Technologien bedeutungslos. Es war simples, altmodisches Karma, das am folgenden Tag in Gestalt zweier Menschen erschien, die sich auf der anderen Uferseite ihren Weg stromaufwärts suchten und die Fähre zum Basislager nahmen. Die Mitglieder der Gruppe würden sich später streiten, ob sie Jäger oder Pilger gewesen waren. Bei der ungewöhnlich fleischbegeisterten Form des Buddhismus, die in der Pemako-Region praktiziert wird, schien die Unterscheidung manchmal nur davon abzuhängen, ob die Suchenden schon Gelegenheit dazu gehabt hatten, etwas zu erlegen. Dank Pemba Sherpas zögerlichem Dolmetschen stellte sich heraus, dass das Paar Jamies Boot eineinhalb bis drei Kilometer stromabwärts am linken Ufer gefunden hatte, wo es in einem großen Kehrwasser trieb. Sie hatten es unbeschädigt an Land gezogen und würden es uns, so wir das wünschten, zeigen. Bewaffnete Pilgerreisen seien jedoch eine durstige Angelegenheit, und für ihre Dienste müssten sie daher mindestens 2000 Yuan – 250 Dollar – verlangen.

Jamie sah seine von der Wiedererlangung seines Bootes abhängenden Hoffnungen und Träume auf wunderbare Weise neu belebt und wäre nur zu bereit gewesen, auch das Zehnfache dieser Summe zu zahlen. Aber 2000 Yuan waren wahrscheinlich mehr als das gesamte bare Jahreseinkommen eines Dorfes in Gyala. Der inflationäre Druck einer solchen Geldspritze war unabsehbar, ganz zu schweigen von der Wirkung auf die zukünftigen Preise für Waren und Dienstleistungen für Ausländer. Abgesehen davon sind Verhandlungen ein Gesellschaftsspiel, der örtliche Zuschauersport und der einzige Ersatz für Theater, Film und Fernsehen. Jamies Kapitulation angesichts dieser Forderung hätte die gleiche Wirkung gehabt wie ein sehnsüchtig erwarteter Kampf um den Weltmeistertitel im Schwergewicht, der mit einem K.o. in der ersten Runde endet.

Jamie spielte seine Rolle. Immer noch mit Hilfe von Pemba Sherpas gewissenhafter Dolmetscherei – einheimischer Dialekt ins Tibetische, ins Nepalesische, ins Englische –, mit Harry als seinem Handelsagenten und Paulo als technischem Berater, stellte er sich den Pilgern. Der piratenhafte Fährmann und die gesamte Bevölkerung von Gyala wirkten als Chor mit. Harrys erstes Gegenangebot von 500 Yuan wurde mit eisiger Ablehnung gestraft. Paulo erinnerte alle daran, dass gewaltige und unsichtbare Mächte großes Interesse am Ausgang unseres Unternehmens hatten: Die Beamten im fernen Lhasa hatten Genehmigungen ausgestellt, und von noch weiter weg erwarteten die unergründliche NGS und die NPR Berichte von uns. Natürlich wollte sich niemand in Gyala da hinderlich zeigen.

In Tibet lauern an jeder Quelle und unter jedem Stein gewaltige und unsichtbare Mächte, und es wird erwartet, das sie sich gelegentlich manifestieren, wenn sie ernst genommen werden wollen. Anderthalb Stunden später, im dritten und letzten Akt, räumte Harry deshalb ein, er müsse eine höhere Macht zu Rate ziehen. Die Außenlautsprecher bis zum Anschlag aufgedreht, wählte er mit allerlei Zwitschern und Tönen eine Nummer am Satellitentelefon und führte mit seinem Vater in Chapel Hills, North Carolina, ein langes und angeregtes Gespräch auf Englisch über Freunde und Verwandte. Als er an den Verhandlungstisch zurückkehrte, verkündete er, sein Ältestenrat habe ihm empfohlen, sich auf 800 Yuan zu einigen. Dies wurde als akzeptabel erachtet, insofern Jamie noch eine Nylonplane drauflegte, und der Handel war abgemacht. Die Mengen strömten aus dem Theater, fröhlich den unglaublichen Glückstreffer ihrer Kollegen preisend, während Jamie und Pemba mit ihren neuen besten Freunden Vorbereitungen trafen, um das Boot am nächsten Tag zu bergen.

Der turbulente Tag endete mit der Ankunft von Tom, Doug und Roger, die Seite an Seite den weiten, schnellen Strom hinunter auf das Lager zupaddelten. Für sie war es ein brillanter Tag gewesen, einer dieser seltenen, klaren Tage, die sich einem in das Gedächtnis eingraben und Reisende wieder in den Himalaja locken – wie eine Droge, die süchtig macht. Hoch über ihren Köpfen reflektierte das gleißende Sonnenlicht auf dem eisigen Gipfel des Namtscha Barwa. Er war immer noch weit genug weg, um ihn als einen ungeheuren, allein stehenden Berg würdigen zu können. Tiefer in der Schlucht versperrten deren gewaltige Flanken den Ausblick auf den Gipfel und von den unermesslich weiten Eisfeldern waren nur noch Andeutungen sichtbar, die wie schimmernde UFOs bruchstückhaft in den Wolken erschienen. Biegung um Biegung hatten die großen Stromschnellen den Paddlern ideale Durchfahrten geboten. Von Zeit zu Zeit waren rechts und links von ihnen riesige Löcher aufgetaucht, polternde Mahnungen, was ihnen drohen würde, sollten sie ihre Durchfahrten nicht genau berechnen. Tom bemerkte nüchtern, wie schwierig es sei, ihre Größe und Kraft vom Ufer aus zu würdigen. Doch den langen Tag über hatten sich Durchfahrten aufgetan, die Stromschnellen wurden befahren, und die Drei kamen beschwingt und guter Dinge bei der Landestelle der Fähre in Gyala an.

Am folgenden Tag beendeten die vereinten Hilfs- und Kajakmannschaften die Aufwärmphase der Reise an der »Video-Stromschnelle« – einem langen Abschnitt mit großen Wellen und gewaltigen Löchern –, die über einen Fußpfad knapp unterhalb von Gyala leicht zu erreichen waren. In Würdigung des Karmas und der modernen Kunststofftechnologie: Jamies Boot war völlig unbeschädigt geborgen worden, nachdem es viele Kilometer flussabwärts gespült worden war und die zu befahren die Paddler zwei Tage und häufiges Umtragen gekostet hatte. Selbst die wasserdichten Säcke mit der Ausrüstung darin waren intakt. Das war die letzte Möglichkeit, um Ausrüstung loszuwerden und der letzte Tag für Jamie, um sich wieder einzugewöhnen. Es würde auch die letzte und beste Gelegenheit für den Videofilmer Paulo Castillo sein, Videoaufnahmen vom Team auf dem Wasser zu machen. Danach würden – abgesehen von kurzen Begegnungen mit den Hilfsteams, um Nachschub aufzunehmen – Filmaufnahmen, ob nun mit Video- oder Fotokamera, auf das begrenzt sein, was die Mitglieder der Gruppe selbst leisten konnten.

Von den frühesten Planungsphasen an war klar, dass nicht nur die Ausrüstung, die die Paddler verstauen konnten, großen Beschränkungen unterworfen sein würde, sondern auch die Aufmerksamkeit, die sie dem Fotografieren unter den zunehmend beschwerlichen Bedingungen würden widmen können. Dennoch war die Dokumentation der Expedition wichtig: Wir trugen dem Sport und zukünftigen Expeditionen gegenüber die Verantwortung, unsere Erfahrungen und Erkenntnisse mitzuteilen. Zudem war sie für unseren Hauptsponsor – die National Geographic Society – von lebhaftem Interesse, und wir waren einer Schar von Ausrüstungssponsoren verpflichtet. Tom McEwan trug eine handtellergroße digitale Videokamera bei sich, sein Bruder eine professionelle Spiegelreflexkamera. Sowohl Doug als auch Roger hatten wasserdichte Schnappschusskameras dabei, die sie griffbereit in ihren Rettungswesten verstauten. Dies würde eine durchgängige Grunddokumentation gewährleisten.

Um ein höheres Niveau an Gründlichkeit und Professionalität zu erzielen, wurde jede Anstrengung unternommen, während der ersten Phase der Flussbefahrung gutes Bildmaterial zu sammeln. Die Flussgruppe übte ohnehin auf dem weniger anstrengenden Wasser und Pfaden, die Zugang zum Ufer gewährten und parallel zum Fluss verliefen. Auch würde die Wetherbee-Hilfsmannschaft zur Hand sein, um die zusätzliche Kameraausrüstung hinunter- und den belichteten Film hinaufzutragen. Was auch immer während der fortschreitend unvorhersehbarer werdenden Stadien der Expedition geschehen sollte, wir würden auf jeden Fall nützliches Material »im Kasten« haben. Natürlich würde Paulo so viel wie nur möglich bei der Begleitung des Unterstützungsteams filmen, aber vor allem plante er, die Paddler zuverlässig einige Tage zu begleiten. Das hatte es für das Fernsehen von NATIONAL GEOGRAPHIC interessant gemacht, ihn uns mit der Expedition im letzten Moment mitzuschicken.

Mit langen, schwarzen Haaren und einem strahlend weißen Lächeln im beständig gebräunten Antlitz war Paulo, außer bei kältester Witterung, mit Nylon-Shorts und Teva-Sandalen bekleidet. Er war jünger als die verschworene Gemeinschaft alter Freunde, die an der Expedition teilnahm. Sein unbeschwerter Humor, seine Reisetauglichkeit und die professionelle Art zu filmen, ließen ihn schnell mit der Gruppe zusammenwachsen. Wenn er nicht hinter der Kamera arbeitete, leitete Paulo Wildwasserfloßfahrten auf der ganzen Welt, vom chinesischen Jangtse bis hin zum Bio-Bio in Chile. Was wir vorhatten, war also kein Neuland für ihn. Er hatte sich bei der Ankunft über seine Verbannung zum Unterstützungsteam zweifellos geärgert und hatte vor, zumindest einen Teil der Strecke auf dem Wasser zu reisen – jeder von uns hätte das Gleiche empfunden. Als das jedoch nicht möglich war, fügte er sich taktvoll ein und filmte jeden Aspekt der Expedition, der sich in seiner Reichweite befand und trug, so viel er konnte, zum Gelingen des Gesamtziels bei.

Bevor Tom Washington verlassen hatte, hatte er sein neues blaurotes Expeditionskajak in die Werkstatt in den Kellergewölben des Hauptsitzes der National Geographic Society gebracht. Dort hatte das erfinderische Team in der Nähe von Bug und Heck Leichtbauhalterungen für einen abnehmbaren Sockel mit wasserdichtem Kameragehäuse angebracht. Die schwerfällige Kamera ragte mit ihrem Gehäuse am Ende des Bootes 30 Zentimeter in die Höhe und würde Eskimorollen und Manövrierfähigkeit im normalen Gebrauch zu stark beeinträchtigen. Nur die Hilfsmannschaften würden in der Lage sein, ihr Gewicht und ihren Umfang zu transportieren. Jetzt aber war die Gelegenheit gekommen, für die man sie eingeplant hatte: Die Stromschnelle lag direkt vor uns und ein unterhalb liegendes Becken würde, falls es Probleme geben sollte, für eine Rettung genügend Raum bieten, und Paulo und das Unterstützungsteam wären zur Hand.

Sechs- bis achtmal befuhren die Paddler die Stromschnelle und trugen ihre Boote wieder hinauf. Im Laufe des Tages positionierte Paulo seine auf einem dreibeinigen Stativ befestigte Videokamera mit Teleobjektiv an einer Vielzahl von Aussichtspunkten. Und Tom, der sowohl Video- als auch Fotokamera auf den Enden seines Bootes befestigt hatte, machte eine Vielzahl von Abfahrten, um »nahe und persönliche« Einstellungen zu bekommen.

Beim Systemtest vor der Abreise an den *Great Falls* auf dem Potomac außerhalb von Washington D.C. war es ein Leichtes gewesen, die Kamera vom Ufer aus mit einer Handfernbedienung auszulösen. Aber auf dem wesentlich größeren Tsangpo wurde schnell deutlich, dass das Funksignal nicht weit genug reichte, um wie geplant zu funktionieren. Als jemand, der Befehlsverweigerungen von technischen Geräten nicht hinnimmt, befestigte Doug Gordon die Fernbedienung mit Gewebeband an der Mitte seines Paddelschaftes und jagte Tom mitten durch die Klasse-V-Stromschnellen hinterher, wobei er die Kamera aus einer Entfernung von 15 bis 30 Metern auslöste.

Die einzige Schwachstelle in der Bilddokumentation lag in der Fotografie. Jamies Spiegelreflexkamera war seinem Schwimmausflug zum Opfer gefallen, und der Ersatz war zum ersten Nachschubpunkt unterwegs – in der irrigen Annahme, sie würde vorher nicht gebraucht. Nach dem Fototermin an der Video-Stromschnelle schloss er die Lücke mit der Nikon, die speziell für die Halterung an Toms Boot mitgeschickt, aber

– wie die Schnappschusskameras von Doug und Roger – nur mit Weitwinkel-Objektiven ausgerüstet worden war. Dies reichte unmöglich aus, um die Dramatik und Action einer Kajakfahrt auf einem gewaltigen Fluss wie ein Telefoto einzufangen und am Ende waren die Videoaufnahmen von der Fahrt spürbar aufregender als die Fotos.

Wieder flussaufwärts im Gyala-Basislager packte Jamie am selben Nachmittag zwanghaft jedes Stück Ausrüstung ein und wieder aus, rang ein letztes Mal mit der Auswahl der Kletterausrüstung und erwog jedes einzelne Gramm. Doug studierte zum wiederholten Mal die winzigsten Details der Satellitenbilder und analysierte die Höhendaten und ihre Hinweise darauf, wo die größten Schwierigkeiten zu erwarten sein würden. Tom und Roger teilten mit Hilfe von Harry, Doris und Pemba Sherpa die Nahrungsvorräte neu auf, nachdem die Mannschaft beschlossen hatte, mit Proviant für 15 Tage in ihren Booten flussabwärts zu fahren – ursprünglich war Proviant für neun Tage eingeplant worden.

Nach dem ersten Vorgeschmack auf die Bedingungen war nicht mehr daran zu denken, die ganze Schlucht zu befahren. Vielleicht war das von vornherein Wunschdenken gewesen; auf jeden Fall war es mit der zusätzlichen Problematik eines Hochwasser führenden Flusses unmöglich. Praktikabel war aber nach wie vor eine Erkundung flussabwärts bis zum ersten Nachschubpunkt knapp oberhalb der Regenbogenfälle – etwa 45 Kilometer von Gyala entfernt –, um sich mit Phillips und mir zu treffen.

Viele frühere Reisende hatten es zu Fuß auf der rechten Uferseite den Strom hinunter bis zu diesem Punkt – aber nicht weiter – geschafft, wenn auch nicht der ganze Weg direkt am Fluss verlief: F. Kingdon-Ward und Lord Cawdor im Jahre 1924 und Jill Bielawski, Ken Storm, Ian Baker und Eric Manthey 1994. Das linke Flussufer, auf dem Dave und ich uns nähern würden, war – soweit uns bekannt war – noch unerforscht, und wir hofften, wir könnten hier eine Route in den völlig unbekannten Abschnitt der inneren Schlucht unterhalb der Regenbogenfälle finden.

Nach mehr als einer Stunde lebhafter Diskussion in der Gruppe beschlossen die vier, die Fahrt mit ihren Booten fortzusetzen, wobei sie damit rechneten, von einem bestimmten Punkt an ihre Boote im Stich lassen und die Reise ausschließlich zu Fuß beschließen zu müssen. Alle paar hundert Meter würden sie auf dem Wasser Zeit und mörderische Knochenarbeit sparen. Was weit wichtiger war – selbst bei Hochwasser wäre die gelegentliche Überquerung des Flusses und der Wechsel von einem Ufer zum anderen eine Möglichkeit von unschätzbarem Wert, die frühere Entdecker nicht gehabt haben. Doug nannte diese Methode »bootgestütztes Wandern«.

FÜNFTES KAPITEL

Der Alpinstil

… raue und gefährliche Reisen, die in der Abgeschiedenheit unternommen werden, schaffen zwischen dem Abenteurer und seiner Umgebung einen erhöhten Sinn für Humor, Schönheit und die tieferen, härteren Werte eines Lebens, das unter natürlichen Bedingungen gelebt wird.[1]

GEOFFREY WINTHROP YOUNG

AM MORGEN DES 11. OKTOBER bemerkte Tom McEwan bei seiner Fahrt durch die »Video-Stromschnelle« befriedigt, dass die Stromschnelle sich spürbar von der Übung am Vortag unterschied: Der Wasserstand war über Nacht gefallen.

Harry, Doris, Paulo und Pemba fielen nach und nach zurück. In Gyala packten sie die Ausrüstung für ihren Marsch – zurück zu den Wagen in Pei – zusammen. Dave und ich waren etwas weiter stromabwärts hoch oben in den Bergen und steuerten zu Fuß den Nachschubpunkt nahe der Regenbogenfälle an. Tom erwartete, dass sich bei den vier Paddlern von jetzt an und mit jedem weiteren Tag ein Gefühl von Ungebundenheit, Einfachheit und innerer Mitte entwickeln würde. Sie waren gezwungen, alle Gedanken auf die vor ihnen liegende körperliche Aufgabe zu richten. Ihre nächtlichen Sorgen würden sich auf die Befriedigung der Grundbedürfnisse – Nahrung, Obdach – und die Erholung von den Anstrengungen des Tages beschränken. Sie würden durch die Konfrontation mit extremen Erfahrungen – wie die Überwindung lebensgefährlicher Situationen in Isolation oder in Gemeinschaft – einen starken Teamgeist entwickeln. Ihre langjährige Freundschaft würde sich dabei durch Erlebnisse wie das vergangene Abenteuer am Fluss zu einem intensiven, fast telepathischen Zusammengehörigkeitsgefühl entwickeln.

Eine der Herausforderungen, die vor ihnen lag und leicht über Erfolg und Misserfolg entscheiden konnte, würde darin bestehen, eine gemeinsame Gangart zu finden. Als Gruppe würden sie sich mit einer Art Rhythmus durch diese majestätische Landschaft bewegen, der in gewisser Weise nicht nur die vier Menschen einschloss, sondern auch das Wasser, die Felsen, die Vegetation – ja selbst die Luft. Im ganzen Wildwassersport geht es um nichts anderes als mit dem fließenden Wasser eins zu sein. Sie wussten, dass sie hier, in den Tiefen eines Cañons, der auf diesem Planeten seinesgleichen sucht, mit der sie umgebenden Landschaft verschmelzen würden. Ob sie sie Dorje Phagmo – die Diamantensau oder Göttin der Schluchten – oder Diorit-Gneis nannten, war vermutlich bedeutungslos.

Die schwärzlichbraun gefärbten, kargen Hänge des tibetischen Hochplateaus wurden jetzt steiler, und die ersten feuchten Luftströme, die aus dem Golf von Bengalen durch den Cañon gesogen wurden, waren hier zu spüren. Ringsum stiegen die Flanken des Gyala Pelri und des Namtscha Barwa wie gewaltige grüne Sturmwolken vor den grauen Klippenwänden auf; gelegentlich wurde die felsverkrustete Schnauze eines abfallenden Gletschers sichtbar. Unaufhörlich hallte das Tosen des Wassers von den sie umgebenden Wänden wider, was bei Gesprächen hinderlich war und Tag und Nacht an die Gegenwart des Stroms erinnerte.

Anfangs ging es gleichmäßig voran. Es war buchstäblich unmöglich, in der Strömung des Hauptflusses zu paddeln. Stellen, an denen man sicher von einem Ufer zum anderen übersetzen konnte, waren selten. Der immer noch hohe Wasserstand verband Stromschnellen miteinander, die später durch ruhige Becken getrennt sein würden. Die Mannschaft bahnte sich trotzdem vorsichtig einen Weg entlang des linken Ufers, und man war mit der zurückgelegten Strecke zufrieden.

Gegen Mittag fiel das Ufer steiler ab, und der Strom verwandelte sich in eine einzige unbefahrbare Stromschnelle. Wir sahen riesige Löcher, gefolgt von einem Zug mammutgroßer Wellen und zu beiden Seiten von Kehrwässern flankiert. Sie liefen auf einen Punkt zu, an dem die Strömung mit der Geschwindigkeit einer Rakete flussabwärts auf eine Klippe am linken Ufer zupeitschte. In diesem tückischen Abschnitt aus reinem Fels und aufprallendem Wasser schossen bis zu sechs Meter hohe Gischtgeysire in die Luft. An einer sicheren Überquerungsstelle weiter oberhalb teilte sich die Mannschaft paarweise auf, und man begann zu Fuß nach einem Weg zu suchen, der um das Monstrum herumführte.

Am linken Flussufer hangelten sich die beiden Freunde Doug und Jamie am immer steiler werdenden Ufer entlang. Nach zwei gemeinsamen Expeditionen in Britisch-Kolumbien und nach Jahren des gemeinsamen Paddelns und Reisens im internationalen Slalomrennzirkus, war kaum ein Wort nötig, um ihre Handlungen aufeinander abzustimmen. Sie hatten sich über Tausende von Stunden gegenseitig in den Slalomtoren, die sie am Fluss Housatonic bei Jamies altem Farmhaus in Connecticut aufgehängt hatten, dazu ermutigt, über ihre Grenzen hinauszugehen. Auf dem Wasser kamen sie meist zu den gleichen Urteilen und Folgerungen, und beim Errichten der Biwaks teilten sie sich die Aufgaben mit einer zügigen Effizienz – das Ergebnis langer Übung.

»Weißt du, eine der Sachen, die dieses ganze Umtragen und Wandern lohnenswert machen, ist der großartige Duft dieser Kräuter.« Angesichts dieses Kommentars von Doug Gordons blieb Jamie wie angewurzelt stehen. Die beiden waren seit Stunden auf Erkundung, der Schweiß lief ihnen über das Gesicht. Die Oberteile ihrer Trockenanzüge trugen sie heruntergerollt um ihre Taillen geknotet, und ihre Hände brannten von den versehentlichen Griffen in Nesseln, wenn sie auf dem steilen Ufer aus Erde und Kies versuchten, ihr Gleichgewicht zu halten. Erst jetzt wurde sich Jamie des vollen, stechenden Geruchs bewusst, der sie den ganzen Tag umgeben hatte und der den niedrigen Büschen, an denen sie sich festhielten, entströmte.

»Doug war wahrscheinlich der Rationalste von uns allen«, sagte Tom über ihn. »Rational« war ein Wort, das oft benutzt wurde, um Doug zu beschreiben.

Das Entdecken eines unbekannten, nur unter dem Elektronenmikroskop sichtbaren, chemischen Prozesses konnte bei ihm eine ebenso große Begeisterung hervorrufen wie das Gelingen einer Fahrt in einer sauberen, glatten Linie durch die Mitte einer riesigen Stromschnelle oder einem Kajakanfänger dabei zu helfen, seine erste Eskimorolle hinzukriegen. Er erlebte seine Umwelt einfach bewusster als viele andere Menschen.

»Jetzt ist die Durchschnittsgeschwindigkeit unwichtig, jetzt zählt nur die Sache an sich«, sagte Doug manchmal, wenn er seine Spritzdecke anlegte. Vielleicht war für den wissenschaftlichen Intellekt die Herausforderung, eine Ordnung ins Wildwasserchaos zu bringen oder ein Hindernis bei hohem Risiko mit einem physischen Kraftakt zu überwinden, besonders reizvoll. Seit den Anfängen dieses Sports hat eine überproportional hohe Zahl Wissenschaftler und Ingenieure beim Wildwassersport im Vordergrund gestanden, und Doug war das beste Beispiel für diese Innung.[2]

Er hatte das Kajakfahren in den 60er Jahren beim Befahren großer, steiler Flüsse in Washington, Oregon und Kalifornien gelernt. In den frühen 70ern hatte ihn die intellektuelle Herausforderung an der Chemischen Fakultät in Harvard gereizt und sein tägliches Paddeln reduzierte sich auf die Befahrung des eher flachen Flusses Charles. Als jemand, der die größten Herausforderungen, denen man sich – gleich auf welchem Gebiet – stellen kann, schnell erkennt und auch zugreift, entschloss er sich bald darauf, seine Fähigkeiten im Kajakfahren durchs Slalomrennen zu verbessern. Zumindest zeitweilig tauschte er die wassergewaltigen, wilden Flüsse im Westen gegen die kleinen, reißenden Flüsse mit kniffligen, künstlichen Wildwasserparcours an der Ostküste und in Europa. Er lernte, das Boot nicht nur auf die Ideallinie der Stromschnelle zu setzen, sondern auch, die Slalomtorpfosten mit einem Abstand von wenigen Zentimetern zu passieren und so im Kampf gegen viele der weltbesten Paddler wichtige Sekundenbruchteile an Geschwindigkeit herauszuholen. Die Trainer der US-Mannschaft – selbst erprobte Rennfahrer – und die jungen, aggressiven Herausforderer in der Welt des Slaloms sollten bald merken, dass dieser ältere College-Absolvent und aufsteigende Stern am Wissenschaftlerhimmel »nicht nur härter als jeder andere arbeitete, sondern auch raffinierter«.[3]

Während des darauf folgenden Jahrzehnts schuf er für sich mit der Teilnahme an der Weltcup-Saison zwischen Weltklasse-Slalomrennen und Forschung für die chemische Industrie einen Ausgleich. Er nahm abwechselnd an Wettbewerben für die Weltmeisterschaften teil und veröffentlichte Artikel in Fachjournalen mit Titeln wie »Gas-Phase Pyrolysis of tert-Butyl-(ally)selenium, a New Precursor for Organometallic Chemical Vapor Deposition of ZnSe« - Gasphasenpyrolyse von tertiärem Butyl(allyl)selen, ein Vorläufer für die organometallische, chemische Aufdampfung von ZnSe. Er hatte Medaillen und Patente. Als Doug sich nach den Weltmeisterschaften 1987 aus der amerikanischen Mannschaft zurückzog und zu seiner ersten Liebe – den Flussfahrten – zurückkehrte, tat er das mit einem ungebrochenen Forscher- und Entdeckerdrang und einem Körper und einem Verstand, die jeder anspruchsvollen Aufgabe gewachsen waren.

Roger und Tom folgten auf dem gegenüberliegenden Ufer einem parallelen Kurs. Obwohl sie einander nicht so nahe standen wie das »Slalom-Team« auf der anderen Seite des Flusses, hatten Tom und Roger miteinander viele kameradschaftliche Jahre auf den Appalachenflüssen verbracht – besonders auf Rogers Heimatfluss, dem oberen Youghiogeny im westlichen Maryland, wo Rogers Wildwasser-Floßunternehmen ansässig war. Sie respektierten sich sehr und konkurrierten seit Jahren im Wildwasserrennen miteinander. Dieser Sport ähnelt dem Skiabfahrtslauf insofern, dass auch hier die Geschwindigkeit von Punkt zu Punkt flussabwärts, ohne Tore oder anderen Schnickschnack, gemessen wird. Jamie und Roger waren kurzzeitig Teamkollegen, als sie die Vereinigten Staaten bei den Wildwasser-Weltmeisterschaften 1988 vertraten. Der Umstand, dass Roger und Tom als Paar das »Wildwasser-Team« bildeten, war lediglich das natürliche Ergebnis ihrer langen Bekanntschaft und ihrer sehr verwandten Herangehensweise an die Befahrung von Flüssen.

Aber es war in der Vergangenheit schon öfter vorgekommen, dass die beiden Brüder auf der Suche nach gemeinsamen Grenzerfahrungen im Expeditionsalltag nicht wirklich zueinander fanden. Wie zwei starke Magneten gleicher Polarität, schienen sie sich einander nur bis zu einem bestimmten Punkt nähern zu können.

Die beiden Mannschaften besprachen ihre Optionen mit Hilfe handtellergroßer Walkie-Talkies. Jamie und Doug hatten festgestellt, dass die Klippen immer steiler und schwieriger wurden. Tom und Roger waren zuversichtlicher. Sie waren der Ansicht, man könne nach einem kurzen aber schwierigen Umgehen des ersten Abschnitts der Stromschnelle wieder in den Fluss steigen und am rechten Uferrand hinunterfahren. Das »Slalom-Team« kehrte zu seinen Booten zurück und paddelte über den Tsangpo. Sie wechselten sich mit der Schlepperei ab und schlugen mit einer halblangen Machete Pfade durch das dichte Unterholz.

Als sie endlich auf der Höhe des riesigen Wellenzuges in der Flussmitte herauskamen, ließen sie die Boote erleichtert ins Wasser und begannen, flussabwärts zu paddeln. Obwohl sie nur den vorsichtigen Weg an der Küstenlinie entlangfuhren, war es eine aufregende Fahrt. Das Gefälle war nicht sehr groß, aber alle waren sich darüber im Klaren, dass sie sich wegen der unterhalb gelegenen, gefährlichen Stromschnellen nicht die geringste Fehleinschätzung leisten konnten. Das Erlebnis in der allerersten Stromschnelle in Pei, Jamies unfreiwilliges Bad, das für ihn fast das Aus bei der Expedition bedeutet hätte, und die weniger dramatischen, aber doch wichtigen täglichen Mahnungen in Form von unerwarteten Überschlägen und Eskimorollen in turbulenten Kehrwässern, hatte sie gelehrt, dass ein Großteil der Sicherheits- und Rettungsmanöver, auf die sie sich auf anderen, schmaleren Flüssen verlassen konnten, ihnen hier nichts nutzen würden. Kein Mannschaftskamerad würde blindlings flussabwärts paddeln können, um einen Schwimmer oder einen verlorenen Ausrüstungsgegenstand an Land zu ziehen, und die 20-Meter-Wurfseile deckten nur einen winzigen Abschnitt des einige hundert Meter breiten Stroms ab.

Die Sicherheit eines jeden Paddlers lag fast ausschließlich in seinen eigenen Händen. Sie hing von seinem Urteilsvermögen, der Kontrolle über das Boot und einer perfekt ausgeführten Eskimorolle beim Umkippen des Bootes ab. Bei dieser Rolle richtet der Paddler das umgedrehte Boot mit einer Hüftbewegung und einer simultanen Paddeldrehung – wegen der Hebelkraft – wieder auf. Die Eskimorolle ist für jeden Paddler die erste Hilfsmaßnahme. Aber wenn das Boot in einem der großen Löcher, die in den Stromschnellen entstehen, oder zwischen Felsen festsitzt, ist auch sie sinnlos. Und das Manöver ist, wie alles andere auf dem Tsangpo auch, mit den beladenen Expeditionsbooten und bei den endlosen Turbulenzen, die selbst im Kehrwasser herrschen, erheblich schwerer auszuführen. Im Sinne einer sicheren Weiterfahrt schraubten sie die Schwierigkeitsgrade, denen sie sich stellten, immer weiter herunter.

Die hauptsächliche Priorität lag darin, nicht etwa flussabwärts in eine Falle zu fahren, aus der sie sich weder befreien noch durch eine Flucht nach vorn entkommen konnten. Major John Wesley Powell fasste diesen ultimativen Flussfahrer-Albtraum in seinem Tagebuch über die Erstbefahrung des Grand Canyon 1867 in Colorado zusammen:

> *Vielleicht werden wir in diesen Cañons an einen Wasserfall gelangen, den wir nicht überwinden können; wo die Wände so steil am Uferrand aufsteigen, dass wir nicht landen und das Wasser so schnell ist, dass wir nicht umkehren können … Was wird die Zukunft bringen?*[4]

Ein Kajak kann in jedes Kehrwasser sprinten – wie ein Lachs hinter einen Stein – oder in ihm zum Halt kommen. Dies gewährleistet auf unbekannten Flüssen gewöhnlich eine deutlich größere Flexibilität als die relativ großen Eichenboote, die Major Powell einsetzte, bieten können. Bei sicheren, schon bekannten Durchfahrten, sind wiederum moderne Flöße beim Transportieren von Vorräten und unbedarften Passagieren sehr nützlich. Auch die bessere Transportierbarkeit der kleinen, torpedoförmigen und haltbaren Boote an Land macht sie zu Werkzeugen, die sich auf einzigartige Weise zur Erkundung eignen.

Auf dem Tsangpo wurden Ausrüstung, Können, Urteilskraft und Ausdauer der vier Paddler auf eine zuvor nie dagewesene Probe gestellt. Als der Abend hereinbrach, wurde sogar das Paddeln in Ufernähe zu gefährlich. Jamie führte den Aufstieg an, und von dem Ausblick einer kleinen Klippe konnten sie sehen, dass eine weitere, zerklüftete, Klippe ihren Fahrweg entlang des rechten Ufers blockierte. Sie würden etwa 370 Meter weit klettern müssen, um das Hindernis umgehen zu können. Der Weg über den Fluss war vielversprechender.

Die vier müden und entmutigten Paddler seilten sich zu ihren Booten ab, ergaben sich in ihr unangenehmes Schicksal, ihre gesamte Ausrüstung wieder flussaufwärts zu einem Punkt tragen zu müssen, an dem sie den Fluss sicher überqueren konnten. Bei der ersten Gelegenheit schlugen sie das Lager auf.

Roger war inzwischen – in stillschweigender Übereinkunft – zum Quartiermeister der Mannschaft avanciert. Er nahm die Uferlinie unter die Lupe, wählte die Lagerplätze aus und folgte damit einer Routine, die sich auf früheren Reisen entwickelt hatte. Etwa anderthalb Stunden vor Sonnenuntergang würden sie beim ersten idealen Lagerplatz anhalten, denn Geschenke dieser Art soll man nicht verachten. Eine Stunde vor Sonnenuntergang würden sie an jeder geeigneten Stelle anhalten und eine halbe Stunde später war ihnen dann jeder Platz recht, wo die Sandflächen zwischen den Felsen vier liegenden Männer Platz boten. Abgesehen vom Tageslicht, das sie brauchten, um Feuerholz zu sammeln, waren ihre Bedürfnisse gering.

Was der Pappkarton für den Mann ohne Heim, ist der Biwaksack traditionsgemäß für den Camper ohne Zelt. Die schützende Wurstpelle, die man über den Schlafsack zieht, wurde entwickelt, um das Leben derjenigen Bergsteiger zu retten, die fern von ihren Lagern gestrandet waren. Sie bietet allerdings keinen zusätzlichen Stauraum für Ausrüstung, Kleidung oder Kochgeschirr. Jahrelang ließen ihre »wasserdichten« Gewebe den körpereigenen Dampf zu eisigen Pfützen im Inneren des Sacks kondensieren, anstatt Regen und Schnee abzuhalten. Bis vor kurzem wurde der Biwaksack – oder auch »Biwi« – nur in Notsituationen benutzt.

Das Auftauchen von Geweben, die nicht nur wasserdicht sondern auch atmungsaktiv sind, hat den bescheidenen Biwi verändert. Die »Burg des Paddlers« passt nun in eine Hand und besteht aus einer ultraleichten, hochentwickelten Kombination aus aufgerautem, wasserdichtem Flor, dampfdurchlässigem Gore-Tex, einem Oberteil, Fiberglasstäben und witterungsbeständigen Reißverschlüssen und Verschlussvorrichtungen. In Verbindung mit leichten Schlafsäcken und dünnen Schlafmatten mit Dämmung und Polsterung haben sich diese Unterkünfte unter fast allen Bedingungen als mehr als ausreichend erwiesen. Sie haben den Vorteil, in Gelände zu passen, wo selbst kleine Zelte nicht aufgestellt werden können.

Für die vier erschöpften Paddler waren sie kleine Kokons von Wärme und Ruhe, in denen sie nachts neue Kräfte schöpfen konnten.

Hat er sich erst einmal in einen modernen Biwaksack hinein gekuschelt, ist der Mensch nun wunderbar wasserdicht geborgen. Ihn sich aber bei strömendem Regen auszuziehen oder in ihn hineinzuklettern, ohne ihn unter Wasser zu setzen, ist geradezu unmöglich. Die vier Camper teilten sich eine leichte Plane aus Nylon – zweieinhalb Meter mal drei Meter –, die sie auf vielfältige Weise aufhängen konnten, um zum Beispiel den Biwakeinstieg oder die Kochstelle zu schützen.

Einer von Toms Grundsätzen besagte, dass sie fast jede Menge an Belastungen während des Tages aushalten konnten, vorausgesetzt sie bekamen angemessene Nahrung und genug Schlaf. Den ganzen vorausgegangenen Sommer hatten Doris und Harry sorgfältig Nahrungsvorräte zusammengestellt, die – wie ihr Obdach – Einfachheit und moderne Technik miteinander vereinen sollten. Für Notfälle hatte das Team einen kleinen Gaskocher bei sich, aber üblicherweise lieferte ein offenes Feuer aus Treibholz die nötige Wärme für Behaglichkeit und kochendes Wasser in dem gemeinsamen Titantopf – ihrem einzigen Küchenutensil. Das Frühstück bestand aus heißen Instant-Getreideflocken, Tee, Kaffee oder Kakao und das kalte Mittagessen aus gemischter Wegzehrung, Kräckern mit Streichkäse und Erdnussbutter und hochwertigen Energieriegeln. Zum Abendessen gab es kommerziell verpackte gefriergetrocknete Menüs, die mit Hilfe des einen Löffels, den jeder bei sich trug, direkt aus der Verpackung gegessen wurden.

Aktive Sportler verbrauchen unter Umständen drei- bis viermal so viel Kalorien wie ein Durchschnittsbürger – 4000 bis 6000 Kalorien täglich sind an den Tafeln Olympischer Trainingslager nicht ungewöhnlich. Folglich waren Gewicht und Volumen des Proviants – selbst in getrocknetem Zustand – die wichtigsten Variablen bei der Beladung von Booten und Trägern. Anders als bei unseren normalen Flussfahrten oder Wettbewerben würden darüber hinaus die hohen Belastungsniveaus und besonderen Ernährungsbedürfnisse fast zwei Monate anhalten. Da Gewicht, Nahrhaftigkeit und guter Geschmack kritische Faktoren waren, passte Doris zusätzlich individuell an.

Nachdem jedes Expeditionsmitglied über Ernährungsgewohnheiten und Kalorienbedarf, Erfahrungen bei früheren Expeditionen, bevorzugte Hauptgerichte der großen Hersteller, geheime Wegzehrungsmischungen und tägliche Nahrungszusätze wie Multivitamine oder Ähnliches befragt worden war, stellte sie abgepackte Mahlzeiten für jeden Einzelnen zusammen. Jamie war der unangefochtene »Mannschaftsgourmet«, der Doris Kisten mit getrockneten Früchten, Nüssen, Getreideflocken, Proteinpulvern, ungesüßten Schokolade- und Energieriegeln mit spezieller Zusammensetzung zum Einpacken schickte. Jede Tagesration wurde einzeln zusammengestellt und vakuumverpackt. Das schützte sie nicht nur vor dem feuchten Klima oder davor, in den nassen Booten zu früh feucht zu werden, es verhinderte auch, dass die Träger beim Transport Leckereien stibitzten.

Den Magen mit einem heißen, reichlichen Mahl beruhigt, den Geist eingelullt von der jederzeit wirksamen Hypnose eines offenen Feuers, beendeten sie jeden langen Tag mit einem Becher heißem Kakao, einem kurzen Rückblick auf den Tag und einem Ausblick auf den nächsten. Allerdings waren Unterhaltungen vor dem Hintergrund des tosenden Flusses schwierig, und so wurde es selten später als neun Uhr, bevor sie sich in ihre Biwaks zurückzogen.

Unserem eigenen Sprachgebrauch nach paddelten wir jetzt im Alpinstil – dieser Begriff wurde schamlos der Bergsteigerwelt entliehen. Der Vorsitzende der Königlichen Geographischen Gesellschaft, der von 1919 an die ersten der vielen britischen Versuche, den Everest zu besteigen, plante und organisierte, war bezeichnenderweise Sir Francis Younghusband.

Dieser Mann, der sowohl Kinthup als auch F. M. Bailey zusammen mit 2000 Truppenmitgliedern nach Lhasa geführt hatte, tat das mit einem logistischen Stab von 10 091 Trägern, 7096 Maultieren, 5234 Ochsen, 2668 Ponys, 4466 Yaks und sechs – einsamen – Kamelen. Die persönliche Ausstattung des Kommandanten schloss 67 Hemden, einen Mantel für den Gesellschaftsanzug, einen Morgenmantel und zwei Jagdmäntel mit ein, weiterhin einen Shikarhut, einen Khakihelm, einen weißen Panamahut, einen dünnen Sonnenschutz und so weiter; sie füllte 29 Kisten.[5] Mit diesem edwardianischen Überfluss als Vorbild wundert es wenig, dass Trägerarmeen oder Basislager, die kleinen Städten glichen, militärischer Diensteifer und nationalistischer Hurrapatriotismus für die ersten Jahre der Everest-Besteigung typisch waren.

In den 30er Jahren zeichneten sich, eingeläutet von H.W. Tilman und Eric Shipton, die ersten Anzeichen einer Gegenströmung ab, die das bisherige Vorgehen als »Belagerungstaktik« herabsetzte. Stattdessen demonstrierte sie – ganz in der Tradition des Alpinstils, der sich unter den Bergsteigern in den Schweizer Alpen entwickelt hatte – den Vorteil des Kletterns in kleineren, unabhängigen Gruppen. Sie setzten immer noch eine begrenzte Zahl von Trägern ein, bewegten Nachschub hin und her und bestiegen den Berg mit Hilfe einer Reihe von Höhenlagern, die sie über einem Basislager errichteten. Aber ihre Vorstellung vom Verhältnis zwischen »Kampf- und Hilfstruppen« war eine gänzlich andere. Diese Pukka-Sahibs trugen so viel oder mehr als jeder Träger und lebten ebenso bescheiden. Tilman und Shipton bewiesen im Verlauf vieler Expeditionen im Himalaja und im Karakorum, dass sie auf diese Weise wesentlich schneller und leichter durch eine Landschaft reisen konnten, die ihre Vorgänger noch als fremdes und feindliches Territorium behandelt hatten. In jüngerer Zeit haben einige wenige hervorragende Bergsteiger wie Reinhold Messner diese Idee von Alleinbesteigungen ohne Unterstützungsteams bei der Besteigung des Everest und anderen bedeutenden Gipfeln konsequent weitergeführt.

In unserer Wildwasseranalogie bedeutete »Alpinstil« das Befahren von Flüssen mit Wildwasserbooten, die alles Nötige enthalten – unabhängig von Proviant auf Begleitflößen oder von bereits im Vorfeld errichteten Lagern. Doug beschrieb einen besonderen Morgen in Britisch-Kolumbien:

> *Das Plateau war steinig, und es gab kaum genug ebene Stellen für unsere drei Biwaksäcke, andererseits verringerten das steile Gelände und die Unzugänglichkeit des Flusses die Gefahr, dass uns ein neugieriger Bär belästigen würde … Nachdem wir unsere in der Luft hängenden Proviantbeutel von den Wurfseilen gepflückt hatten, machte ich mir eine große Tasse Kaffee und kletterte zum Fluss hinunter, um den Sonnenaufgang über den Steilwänden der Schlucht zu beobachten. Morgen wie dieser sind es, die unabhängige Expeditionen zu meiner Lieblingsform des Paddelns machen. Es gab keine Boote zu beladen, keinen Nachschub zu organisieren, keine Autos und außer den paar leuchtenden Fetzen Nylon, Fiberglas und Polyäthylen, die wir mitgebracht hatten, kaum einen wirklichen Hinweis auf Zivilisation. Allein mit meinen Gedanken saß ich an einer Stelle, die wenige Menschen vor mir besucht hatten, und ließ fast keine Spur von Anwesenheit zurück.*[6]

TOM, JAMIE UND ICH HATTEN UNSERE EXPEDITION nach Bhutan auf diese Weise geplant und ausgerüstet, aber schließlich zeigten sich unsere bhutanischen Gastgeber nicht gewillt, uns länger als einen Tag am Stück außer Sichtweite ihrer Eskorten zu lassen. Wir mussten festgelegte Flussabschnitte abfahren zu Lagern, die Nacht für Nacht von unserer bhutanischen Hilfsmannschaft errichtet wurden. Das schränkte die Erkundung stark ein. Wir – besonders Tom – schworen uns, dass es das nächste Mal anders laufen sollte.

Über die nächsten 15 Jahre experimentierten wir in Mexiko und Kanada mit zunehmend längeren und schwierigeren unabhängigen Abfahrten, dabei sammelten wir Selbstvertrauen und verbesserten die Ausrüstung. Doug, der seit der Zeit im amerikanischen Slalom-Team mit Jamie befreundet ist, war

1986 das erste Mal bei einem solchen Experiment mit dabei und verbrachte mit mir sechs Tage zwischen den steil aufragenden Kalksteinwänden der Moctezuma-Schlucht in Mexiko.

Drei Jahre später paddelte er das erste Mal mit Tom auf dem Aguanus in Quebec – zehn Tage in unberührter Wildnis und mit großen Stromschnellen. Sie erkannten im jeweils anderen einen verwandten Geist: Für beide waren die körperlichen und geistigen Anforderungen, die das Wildwasserfahren an sie stellte, ein großes Vergnügen. Sie genossen es in vollen Zügen, all ihr Können und all ihre Urteilskraft mit den sich fortwährend verändernden, gnadenlosen Bedingungen zu messen. Doug schrieb über eine Stelle auf halbem Weg den Aguanus hinunter:

... der Fluss war auf das 20fache seiner üblichen Wassermenge angestiegen. Die Kraft von 425 Kubikmetern pro Sekunde, die über 6-Meter-Abfälle herabfiel, war ebenso erregend wie Ehrfurcht gebietend ...

Was auf der Landkarte als ein siebeneinhalb Meter hoher Wasserfall eingezeichnet war, entpuppte sich als ein 90 Meter weiter Bogen aus herabstürzendem Wasser, der auf zwei Dritteln des Weges nach unten von einer glatten, grünen, abgewinkelten Rampe unterbrochen wurde. Der Wasserfall endete in einer Explosion aus weißer Gischt. Auf der linken Seite gab es die Andeutung eines Wirbels, aber die Hauptwassermenge floss nach rechts. Und es gab keinen Zweifel daran, dass ich diesem Wasser überall hin folgen würde. Gleichgültig, wie viele Jahre ich bereits Rennen fuhr, gleichgültig, wie viele hundert Stunden ich damit zugebracht hatte, mein Boot in schwierigen Stromschnellen im Abstand von ein paar Zentimetern um die Slalomtore zu jagen, in Gewässern wie diesen würde ich die Kontrolle dem Fluss überlassen, sobald ich über den Rand des Wasserfalls hinaus wäre. Der Clou lag darin, den Rand am richtigen Punkt zu passieren. Glücklicherweise gab es einen idealen Orientierungspunkt. Eine kleine, grüne Welle auf der linken Rampenseite würde mir bei der Heranfahrt helfen, die richtige Position abzuschätzen.

... Mike wartete in seinem Boot unterhalb des Wasserfalls, um – wenn nötig – die Scherben zusammenzukehren. Es beunruhigte mich, wie klein Mike aussah, der dort unten auf den Wellen auf- und niedertänzelte, und bestürzt sah ich, dass mein kleiner grüner Orientierungspunkt – die Welle am Rand – mich um mindestens einen Meter fünfzig überragte. Doch es war zu spät, um sich Gedanken zu machen. Ich fühlte, wie mein Boot plötzlich beschleunigte und machte mich auf den Aufschlag im unteren Kessel gefasst. Er blieb aus. Begleitet von einem feinen, weißen Regen, so als fiele man beim Skifahren in einen Meter frischen Puderschnees, tauchte ich unversehrt neben Mike auf. Selbst wenn wir den ganzen Weg von hier zum St.-Lorenz-Golf hätten zu Fuß gehen müssen, die Reise wäre ein Erfolg gewesen.[7]

Tom und Doug liebten es, unabhängig von dem, was andere sagten oder was als allgemeingültig galt, ihre eigenen Entscheidungen zu treffen und ihre eigenen Maßstäbe zu setzen. Sie unterschieden sich von den meisten ihrer Mitpaddler durch die Vehemenz, mit der sie diese Haltung vertraten. Die beiden paddelten fast von Anfang an ein wenig abseits und auf einem anderen Niveau als der Rest von uns; aber sie taten dies, ohne die Sicherheit der Gruppe aufs Spiel zu setzen. Sie paddelten durch Stromschnellen, die wir nicht befuhren – in einem Fall einen ganzen Cañon lang. Häufig fuhren sie unterschiedliche Strecken und verglichen anschließend ihre Eindrücke miteinander. Sie jagten sich einander vergnügt einen Fluss hinunter, den ich mühsam fand.

Diese recht unabhängige Haltung hat gelegentlich dazu geführt, dass Tom von anderen Leuten als Extremist abgestempelt wurde, die der Meinung waren, er missachte die allgemeingültigen Regeln dieser Sportart. Sie verstanden nicht, dass er diese Maßstäbe nur für sich allein setzte. Nie würde er erwarten, dass ihm andere nachfolgten. In Doug hatte er einen Gefährten gefunden, der sein Beispiel nicht etwa blind nachahmte, sondern stets seinen eigenen individuellen Entscheidungen folgen würde. Diese Unterscheidung wird dann äußerst wichtig, wenn Sport ein Niveau erreicht, auf dem Fehleinschätzungen tödlich enden und Sätze wie »Sicher kann ich das« oder »Mach's mir nach« tragische Konsequenzen haben können. Diese Bürde kann für den Anführer schwerer zu tragen sein als für die, die ihm nachfolgen.

Entscheidungsfreiheit auszuüben und Vergnügen dabei zu empfinden, auf die eigene Urteilskraft vertrauen zu können, hat selbstverständlich auch einen nachteiligen Aspekt. In der Nähe der Aguanus-Mündung, kurz bevor er sich mit den Gezeitenausläufern des unteren St.-Lorenz-Stroms vermischt, schießt der Fluss mit der Geschwindigkeit von Löschwasser aus einem Feuerwehrschlauch etwa vierhundert Meter weit durch den Saw Cut – eine zwölf Meter breite Klamm im präkambrischen Metamorphit-Gestein des Kanadischen Schildes. Kein Kajakfahrer könnte sich dieser Gewalt entgegenstemmen, keiner würde es auch nur in Erwägung ziehen. Etwas weiter flussaufwärts gibt es an der linken Uferseite ein kleines Kehrwasser, eine günstige Ausbootstelle für das Umtragen; seine Zufahrt wird von einem großen Loch bewacht, das direkt am Rand eine schmale Durchfahrt offen lässt. Hier beschloss Tom, mit seinem Boot zum Kehrwasser hinunterzufahren, während Doug zu Fuß flussabwärts marschierte, um ihm von einem felsigen Aussichtspunkt aus, zuzusehen. Er war bereit, einzugreifen und hatte, wie es bei diesen Aktionen üblich war, ein Wurfseil in der Hand.

Obwohl Tom neun Tage hindurch mit dem vollbeladenen Boot gepaddelt war und das Boot um diese Menge Proviant leichter war als am Anfang, ließ ihn das Gewicht der Ausrüstung unerklärlicherweise die gewählte Durchfahrt verfehlen. Er stürzte in das Loch, das Boot wirbelte mehrere Male kopfüber und kopfunter im Kreis herum. Dann kippte es zur Seite und hing an der weißen Mauer aus kreisendem Wasser fest.

Tom zog es vor, aus dem Mahlstrom herauszuschwimmen. Das war keine leichte Entscheidung, denn er bezweifelte, dass es ihm auf diese Art gelingen würde, dem Sog des Saw Cut zu entkommen. Er war sich fast sicher, dass er außerhalb der Reichweite von Dougs Wurfseil aus dem Loch gespült werden würde. Absolut sicher war er sich aber vor allem darüber, dass es für ihn keine Rettung geben würde, wenn er solange im Loch gefangen blieb, bis seine Sauerstoffreserven aufgebraucht waren.

Er bereitete sich auf einen schnellen, glatten Ausstieg ins Wasser vor, das vom Boot wegfloss. Sein Kajak würde schnell voll Wasser laufen und zu einer einige hundert Kilo schweren, in den Turbulenzen wild um sich schlagenden Ramme werden. Er zog sein rechtes Knie aus der Halterung, die ihn im Boot festhielt. Als er nach der Schlaufe griff, die seine Neopren-Spritzdecke lösen sollte, damit die Strömung ihn losreißen konnte, verriet die plötzliche Stille um ihn herum, dass das Boot nicht mehr im Loch gefangen war. Er und das Boot trieben mit Strömungsgeschwindigkeit flussabwärts.

Tom schob das Knie zurecht, schmiegte sich wieder in die Halterung, setzte das Paddel an und drehte das Boot aufrecht. Er schüttelte den Kopf, um die Augen vom Wasser zu befreien, und spähte in Dougs Richtung, dort wo das sichere Kehrwasser lag. Er ließ die Rollbewegung in einen kräftigen Paddelschlag münden, um dem Boot mehr Fahrt zu geben. Als sie wieder beisammen waren, bemerkte Doug trocken, er sei sehr froh, dass er an diesem Tag keinen Freund habe sterben sehen.

Sie machten wenig Aufhebens um den Vorfall, als sie wieder auf den Rest der Gruppe stießen. Das, was geschehen war, repräsentierte genau das Gegenteil davon, was wir – allen voran Tom und Doug – anstrebten: Urteilsfähigkeit, Können und die Kontrolle über unsere Umgebung. Glück und nicht etwa Schicksal hatte Tom gerade noch rechtzeitig aus dem Loch befreit – und unserer Einschätzung nach waren die Leute, die Jagd auf Nervenkitzel machten und sich auf ihr Glück verließen, einfältig und keineswegs fähige Outdoor-Sportler. Natürlich machten wir alle – wie Toms Erfahrung zeigt – Fehler und normalerweise reichten die gängigen Notfallmaßnahmen aus, um Schlimmeres zu verhindern. Zu ihnen zählten eine solide Eskimorolle, eine Ausrüstung, die einwandfreie Leistung lieferte, und ein Freund, der ein Wurfseil nicht nur bei sich trug, sondern es auch zu benutzen verstand.

Aber solche Glücksfälle machten auch das Risiko deutlich, dem wir uns aussetzten. Sie waren Geschenke, aus denen man lernen und die die man nicht provozieren sollte. Tom und ich nannten das untereinander unsere »Dreier-Regel«: Wenn wir nicht absolut sicher waren, dass wir etwas auch dreimal hintereinander tun würden, taten wir es gar nicht. Wir glaubten, dass eine Fahrt, nach der ein Fahrer dachte: »Gott sei Dank, ich habe es geschafft! Das mache ich nie wieder!«, eine Fehleinschätzung sei. Ich bewunderte Tom dafür, dass er nach unserer allerersten Abfahrt durch die *Great Falls* am Potomac 1975 tatsächlich sein Boot schulterte, auf eine schmale, klingenförmige Insel in der Mitte des Flusses kletterte und die Abfahrt noch einmal fuhr – und noch einmal, um die Drei voll zu machen. Ich paddelte weiter unterhalb im Kessel als Rettungsboot herum und war über den Riss in einer der Bootsnähte sehr froh.

Fast ein Jahrzehnt nach dem Erlebnis am Saw Cut auf dem Aguanus fassten zwei lakonische Einträge in Toms Tsangpo-Tagebuch zwei Tage voller Plackerei neben der Frustration, eine nur scheinbar sichere Strecke gewählt zu haben, zusammen:

11. Oktober [1998]: … am rechten Ufer runtergetragen, aber nicht weit genug ausgekundschaftet – merke, dass das Ufer etwa anderthalb Kilometer weiter unten zur Klippe wird – 400 Meter Kletterei, um sie zu umgehen – Lagern an einem Sandstrand am rechten Ufer.

12. Oktober [1998]: Kehren zum See zurück und schleppen die Boote den meisten Teil des Tages hinter uns her – überqueren den Fluss, um zum linken Ufer zu gelangen, ver-

stecken die Boote, nehmen für zwei Tage Proviant, umklettern die Klippen und schlagen unser Lager auf.

DEN GRÖSSTEN TEIL DES 12. OKTOBERS widmeten wir uns der zermürbenden Plackerei, die 50 Kilogramm schweren Kombinationen aus Boot und Ausrüstung wieder stromaufwärts zu schleppen. Doug schlug vor, die Wellen von einem Punkt aus zu kreuzen, der sich direkt neben dem Wellenzug unterhalb der großen Stromschnelle befand. Danach würden wir nach unten zu einem großen Kehrwasser am linken Ufer paddeln. Dies würde ihnen nicht nur den schweren Fußmarsch um die Spitze der Stromschnelle herum ersparen sondern auch die Überquerung der kniffligen Klippen am anderen Ufer.

Tom und Roger hatten Bedenken, weil der Mahlstrom unterhalb, dort wo der Hauptstrom gegen die Klippen auf der linken Seite donnerte, zu gefährlich sei. Ohne eine weitere Diskussion folgte Doug dieser vorsichtigen Einschätzung, und Jamie folgte ebenfalls dem schweigenden Beispiel seines Freundes. Wir hatten im Lauf der Jahre zu Entscheidungen, die im Zusammenhang mit dem Befahren von Wildwasser standen, eine Haltung entwickelt, die wir für selbstverständlich hielten und die wir auch von allen erwarteten. Wenn auch nur ein Einziger einen Abhang lieber umgehen als umfahren wollte, war es die erste Pflicht der anderen, ihm dabei behilflich zu sein – gleichgültig, wie viel zusätzliche Zeit und Arbeit es erforderte. Wir hatten nicht das geringste Verständnis für Gruppenzwang – und bliebe er auch unausgesprochen –, der jemanden dazu nötigen könnte, weiter zu gehen, als ihm angenehm war. Diese Übereinkunft zog in ihrer Konsequenz aber auch den gleichermaßen wichtigen Folgesatz nach sich, dass es das erklärte Hauptziel dieser Expedition war, Gelegenheit zum Wildwasserfahren zu haben. Das bedeute, dass wenn auch nur ein Einziger einen Abhang befahren wollen, dann war es ebenso die erste Pflicht der anderen, ihn dabei zu unterstützen, gerade in Hinblick auf seine Sicherheit. Wurfseile und Rettungsboote wurden in Position gebracht, und was auch immer an Anstrengung und Erkundungsarbeit nötig war, würde dafür aufgewendet werden.

Auf dem Tsangpo lernten die vier Paddler, dass dieses Prinzip nach wie vor galt, und dass in größerem Stil als jemals zuvor in ihrem Leben. Es war zwingend erforderlich, dass Entscheidungen, Fahrten zu wagen, aus Überzeugung getroffen wurden, denn jeder Moment, den sie auf dem Wasser verbrachten, war nicht weit von einer tödlichen Gefahr entfernt. Andererseits führte die Entscheidung, nicht zu fahren, zu Stunden, wenn nicht Tagen mühevollen Sich-durch-die-Büsche-Schlagens und -Kletterns.

Sie verbrachten den Rest des 12. Oktober damit, zur Stelle ihrer ursprünglichen Überquerung oberhalb der Stromschnelle zurückzukehren und zum linken Ufer überzusetzen. Dort bestiegen sie mit Seilen und Seilrollen die ersten Klippen, um daran ihre Ausrüstung hochzuziehen. Sie versteckten ihre Boote, kletterten mit der Biwakierausrüstung und Proviant für zwei Tage zu einem Zufluss, der vom Gyala Pelri herabstürzte, und schlugen ein Lager auf. Der Abend war trocken und es gab reichlich Holz. Jamie errichtete daher ein größeres, helleres Feuer als sonst, aber sie waren an jenem Abend zu erschöpft und in sich gekehrt, um miteinander Spaß haben zu können.

Doug war ungeduldig wegen der Verzögerung und des insgesamt langsamen Fortkommens. Obwohl er alles in seiner Macht Stehende tun würde, um die anderen nicht zu drängen, Risiken auf dem Wasser einzugehen, wusste er, dass Erfolg und Sicherheit des Unternehmens ebenso davon abhingen, ihr Ziel bei den Regenbogenfällen unbeschwert und ohne Hindernisse zu erreichen. Er war sich im Klaren darüber, dass auch exzessives Klettern oder völlige Verausgabung ein Risiko darstellten.

Jamie war äußerst frustriert über die Zeit und Mühe, die sie vergeudet hatten, weil Tom und Roger das Team rechts entlang geführt hatten, ohne das Gebiet vorher weit genug erkundet zu haben. Er bewunderte die Ruhe, mit der Doug Gruppenentscheidungen hinnahm, die seiner eigenen Einschätzung entgegengesetzt waren. Ironischerweise hatte Jamie selbst, der als der erfahrenste Kletterer von ihnen, ihre Kletterausrüstung zusammengestellt hatte, die geringste Lust auf eine Marschexpedition. In seinem Tagebuch brachte er diese unausgesprochenen Gedanken zu Papier:

> *Und wenn die 20 Meter auf einen Kilometer Strecke nicht praktikabel sind, was wahrscheinlich ist, was dann? Durch die Schlucht wandern? Ehrlich gesagt, lieber nicht. Lieber heimfliegen. Aber ich weiß, die Abstimmung würde ich verlieren.*

Roger war der Gegenpol. Er war auf dem Wasser der Vorsichtigste und vertraute – zu Recht – eher auf die Kondition und Ausdauer seiner Beine. Er konnte sein beladenes 50-Kilo-Boot am leichtesten von allen schultern und an einem Stück durch schwieriges Gelände navigieren. Wenn sie beschlossen hätten, ihre Boote zurückzulassen, und direkt vom Gyala aus zu Fuß aufzubrechen, hätte es ihm mit größter Wahrscheinlichkeit nichts ausgemacht.

Es gab wegen der abweichenden Ansichten keinen Groll oder Streit unter ihnen; im Allgemeinen schätzten sie eine Vielfalt an Meinungen, und selbst in den für sie schwierigsten Momenten bissen sie sich auf die Zunge und trösteten sich mit dem Gedanken, dass es auch wieder einmal eine Entscheidung in ihrem Sinne geben würde. Tom und ich waren seit langem der Ansicht, dass die besten Anführer auch die besten Gefolgsleute sind. Alle Expeditionsteilnehmer, ob Paddler oder Helfer, waren aufgrund ihres Selbstvertrauens und ihrer Erfahrung ausgewählt worden: Sie äußerten sich dann, wenn wichtige Entscheidungen anstanden und ordneten sich – und manchmal auch ihre Ängste – bereitwillig den Gruppenentscheidungen unter.

Tom stellte fest, dass er – so wie er es vorgehabt hatte – aus dem Mittelfeld heraus führte. Immer wieder beobachtete er auf dem Wasser die brillanten paddlerischen Leistungen von Jamie und Doug, aber er bemühte sich, ein zurückhaltenderes Beispiel zu geben. So weit wie möglich vermied er Risiken, während das Team sich von Tag zu Tag mehr an den Fluss gewöhnte. Am Ufer riet er, die Verzögerungen mit Geduld zu nehmen und das lange Schleppen langsam angehen zu lassen: »Verlangt nicht zu viel. Wir haben keine Energie zu verschwenden. Wir werden einen Weg finden!«

SECHSTES KAPITEL

Reise in die Vergangenheit

Die Götter wollen eure Abfälle nicht.

PEME GOMPA, MONPA HUNTER

AN DEM TAG, AN DEM DIE FLUSSMANNSCHAFT mit Harry, Doris und Paulo in Pei eintraf und erleichtert aus den Wagen sprang, um einen ersten Blick auf die Stromschnellen zu werfen, stiegen Dave Phillips und ich 56 Kilometer nördlich ebenfalls aus unseren Fahrzeugen, um das erste große Hindernis auf unserem Weg zum ersten Nachschub-Treffpunkt zu begutachten. Bei meiner Erkundung im Jahr zuvor hatte sich die Straße zwischen Zypressenwäldern und idyllischen Gehöften entlang des rauschenden Wassers des Rong Chu gewunden. Nun endete sie abrupt an einem 15 Meter tiefen Abgrund, der zu einem Flussbett führte, dass mit Geröll und einem Wirrwarr entwurzelter Bäume vollgestopft war. Die Überschwemmungen, die den Tsangpo immer noch anschwellen ließen, waren an diesem Zufluss bereits zurückgegangen, doch die auseinander klaffenden Erdrutschspalten, die unterhöhlten Uferbänke und die entblößte Landschaft waren Zeugnis der wilden Zerstörung im August.

Ohne anzuhalten und ohne die anhaltenden Lastwagen oder unsere umherirrende Gruppe wirklich eines Blickes zu würdigen, marschierte eine Gruppe von etwa einem Dutzend bunt gekleideter Khampa-Männer und -Frauen an uns vorüber. Sie kletterten über kaum wahrnehmbare Tritte die steile, schroffe Böschung zum Fluss hinunter, an den Felsen entlang und wieder nach oben, wo die unterbrochene Straße weiterführte.[1] Alle waren mit Reissäcken bepackt und trugen lange Wanderstöcken aus Bambus bei sich. Die Männer trugen ihre langen, schwarzen Haare in Zöpfen, die zu einem Ring über dem rechten Ohr gedreht und mit einer rötlichen Schnur geschmückt waren. Sie hatten lange Messer, die in silbernen Scheiden in ihren Bauchbinden steckten. Ein scharfer Blick von einem der Männer hinderte uns daran, Fotos zu machen.

Noch schlimmer aber war es, dass seit August kein Fahrzeug diesen Punkt passiert hatte, noch schien es, als sei dies in naher Zukunft möglich. Die Straßenarbeiter erklärten uns, dass dies nur einer von mehreren Erdrutschen sei, die die Straße auf einem Abschnitt von 17 Kilometern blockiert hatten. Noch bevor die Flussmannschaft ihre Boote überhaupt ins Wasser gebracht hatte, war das Helferteam ausgebremst. Knapp 30 Kilometer vor dem einzigen Zugang zum Treffpunkt.

Die Fahrer aus Lhasa blieben gelassen. Sie waren geübt im Umgang mit westlichen Reisegruppen, die zu den üblichen Orten in Tibet wollten, aber mit Expeditionen unerfahren waren – und auch mit der Aufmerksamkeit, derer sie bedürfen. Unsere Crew war zweifellos der Ansicht, wir seien weit genug gefahren, um im Sinne einer Abenteuerreisende zufrieden sein zu können. Vielleicht würde man ein nettes Kloster finden, das man besuchen könnte. Oder wir könnten ja wieder zur anderen Gruppe zurückkehren. Sie hatten schon die ganze Zeit darauf gehofft, mit ihren Freunden bei einer Tasse Tee zusammenzusitzen, während die *Ferrengis* taten, was auch immer *Ferrengis* so tun.

Zu unserem Glück hatten wir Ang Kami Sherpa bei uns. Seine hohe, fast dünne Gestalt, sein schlagfertiger Humor und der Gang, der gleich unter welcher Last oder bei welchem Wetter leicht blieb, ließ in nichts darauf schließen, dass dies bereits seine achtzehnte große Expedition war, von denen ihn vier auf den Everest geführt hatten. Er war sowohl in Englisch, Japanisch, und Tibetisch als auch in Nepalesisch und in seinem eigenen Dialekt bewandert. Pemba und er waren in Kathmandu genau aus dem Grund zu uns gestoßen, damit wir jederzeit Dolmetscher und erfahrene Wanderer bei uns hätten, die sich auf nichts als auf unseren Auftrag konzentrieren würden. Da wir auf Monpa-Jäger angewiesen waren, um unser Ziel zu erreichen, war ich schon darauf vorbereitet gewesen, dass es mitunter zu Schwierigkeiten kommen könnte. Aus diesem Grund hatte ich Ang Kami, den Älteren und Erfahreneren der beiden, als unseren Begleiter ausgewählt.

Für Ang Kami bedeutete ein 17-Kilometer-Loch in einer Straße kaum mehr als eine kleine Unannehmlichkeit. Er und unser williger, wenn auch verwirrter Führer vom *China International Tourism Service* – er ist für alle fremden Reisegruppen Pflichtprogramm – waren gewitzt genug, den Khampas auf den Fuß zu folgen. Bald kehrten sie mit Trägern und Ponys – ein Pony entspricht dem örtlichen Lohntarif zufolge zwei Trägern – aus einem etwa fünf Kilometer innerhalb der Erdrutschzone gelegenen Dorf zurück. Vom Fahrzeugverkehr in beide Richtungen abgeschnitten, bestand der Haupterwerb des Dorfes nun darin, verzweifelte Reisende über das Hindernis zu führen. Der Kapitalismus blühte.

Wir hielten auf einer Kuhweide bei einer kleinen Steinbrücke am Dorfausgang Rast. Dave und ich witzelten, wir sollten nachts im Schlaf Händchen halten, um sicherzustellen, dass keiner von uns sich zu einseitigen Verhandlungen mit dem Oberhaupt des Dorfes davonmachte. Immerhin stand an dieser Stelle einst Kinthups unheiliges Tongkyuk Dzong.

Am folgenden Tag folgten wir Kinthups Spuren in das verwüstete Rong-Chu-Tal – unserer Route in das Herz der großen Tsangpo-Schleife – bis zum Zusammenfluss mit dem Po Tsangpo. Wir brachen an einem Oktobermorgen bei strahlendem Sonnenschein auf, gefolgt von 20 teuren Trägern, die Nahrung und anderen Nachschub für das Flussteam schleppten. Unser Weg führte bergauf – etwas über hundert Meter oberhalb der abgeschnittenen Straßenbettung vorbei – und vereinte sich mit einem ausgetretenen – offensichtlich uralten – an den Berghang geschmiegten Pfad. Zweifellos war dies der traditionelle Weg gewesen, bevor die chinesischen Ingenieure und ihr Dynamit die Straße für Lastwagen gebaut hatten, die jetzt ins Flussbett abgerutscht war. Hinter jeder Biegung stellte ich mir vor, Bailey und Morshead zu begegnen: Morshead protzte stolz mit einem Sechsmonatsbart und sah – in Baileys Worten – »wie ein Landstreicher und noch dazu wie ein wenig erfolgreicher Landstreicher« aus. Bailey war, abgesehen von einem buschigen Militärschnauzer, glatt rasiert und trug Kleider, die so abgerissen waren, dass Morshead sich – zurück in Indien – beschwerte: »Verdammt, wir können mit dir nicht Erster Klasse fahren. Nicht so wie du aussiehst, Bailey.«[2]

Bei der Stadt Pelung ließen wir die Straße hinter uns und wandten uns auf einem 29 Kilometer langen, in Schluchtenwände und Berghänge geschlagenen Fußpfad nach Süden. Wiederholt überquerten wir den bergab stürzenden Tsangpo in Schwindel erregenden Höhen auf einem Schnurspiel aus Hängebrücken, deren schwerfällig harmonische Bewegungen uns wie klapprige Zeitmaschinen in ein Land mit einsamen, ärmlichen Dörfern entführten. Dort gab es Festmähler aus roher Takin-Leber in von Rauch geschwärzten Höhlen und den alles umfangenden Wolkenwald. In unserer ersten Nacht abseits der Straße lagerten wir an einem weißen Sandstrand am rechten Ufer des Po Tsangpo. Eine heiße Quelle verströmte dampfendes Wasser, das im rotgefärbten Sand eine flache 30-Meter-Lagune bildete und fast kochend heiß am Ufer austrat. Dort, wo es sich mit dem Wasser des Gletscherflusses vermischte, war es hingegen eiskalt.

Diese ersten drei Tage waren reich an Landschaften und Eindrücken und der Weg war gut begehbar. Es war eine ideale Aufwärmphase. Ich genoss es, meinen alten Freund mit dieser Gegend, die ich im Jahr zuvor erkundet hatte, bekannt zu machen. Auf diese Weise konnte ich sie aufs Neue betrachten – und dieses Mal durch die Augen eines anderen, der im Allgemeinen wacher beobachtete als ich. Dave Phillips war kein Paddler; unser langjähriger Kontakt rührte vom Militär und nicht vom Wildwassersport her. Dieser einnehmende Mann aus West Virginia hatte sein Heim in Gauley Bridge direkt nach der Schule verlassen, um durch den Militärdienst andere Länder bereisen zu können, und fand sich bald darauf tief im vietnamesischen Hochland im Grenzgebiet zu Laos wieder. Er war bei einer Green-Beret-Eliteeinheit, die Montagnards aus Sedang ausbildete, dienstältester Sanitäter. Er beschloss, die Welt sei ein merkwürdiger Ort und verbrachte die nächsten 30 Jahre damit, sie sich genauer anzusehen.

Sein Haar lockte sich nun leicht über den Ohren, der Schnauzer hing ein wenig über die Mundwinkel hinaus und Haar und Schnauzer traten schlohweiß in seinem hellen, sonnenverbrannten Gesicht hervor. Wie Bailey rasierte er sich – einer militärischen Tradition folgend – im Feld fast täglich. Er hatte in mehr als 40 Ländern Erfahrungen gesammelt, an einer Armeehochschule studiert, einen Abschluss in Biologie und Internationaler Politik – und zudem sieben Abhandlungen über die Geschichte des Bürgerkrieges veröffentlicht. Und trotzdem fühlte er sich, als wir den letzten Steilhang zum Monpa-Dorf Mendung hinaufkeuchten, von wo aus man den Zusammenfluss von Tsangpo und Po Tsangpo überblicken konnte, als hätte er seine Montagnards nie verlassen.

Fünfzehn oder 20 Häuser lagen auf den Hügeln verstreut. Sie waren über schlammige Trampelpfade zwischen niedrigen Steinmauern und Baumreihen mit Bananen, Pfirsichen und Äpfeln miteinander verbunden; daneben waren grob gepflügte Getreide-, Zwiebel- und Gurkenfelder und Beete mit Stöcken roter Paprika angelegt worden. Wir passierten Steinhaufen und hohe Gebetsfahnen, die von Zwölf-Meter-Pfosten wehten und die Dorfgrenze passend markierten, und gingen direkt zu Peme Gompas Haus, der uns im Jahr zuvor auf der Route von Kingdon-Ward begleitet hatte.

Wie die Nachbarhäuser war Peme Gompas Haus zwei Stockwerke hoch und von einem steil abfallenden Dach aus Holzschindeln gekrönt, um die starken Regenfälle abzuhalten. Auf der Bergseite stützte ein Untergeschoss – aus Feldsteinen gemauert – das Wohngeschoss darüber, auf der Hangseite waren es geschnitzte Holzpfosten, die zugleich einen offenen Unterstand für das Vieh der Großfamilie bildeten. Das obere Stockwerk war aus mit einem Breitbeil behauenen, acht Zentimeter dicken, 46 Zentimeter breiten und dreieinhalb Meter langen Holzpfählen robust gebaut und maß etwa sieben mal sieben Meter. Eingehängte Läden schützten das einzige unverglaste Fenster, das Licht in jeden Raum ließ.

Im weiträumigen, rechteckigen »großen Zimmer«, wo das Familienleben üblicherweise stattfand, stand ein Kamin aus Steinen und Ton mit Öffnungen unten und oben für Feuerholz und Kochtöpfe. Aus der offenen, kaminlosen Rückseite stieg Rauch auf, strömte durch ein Gerüst aus Feuerholz, das von der rauchgeschwärzten Decke herabhing, und suchte sich schließlich unter dem Dachvorsprung einen Weg ins Freie. Möbel waren nicht nötig, da sowieso alle Bewohner auf dem Boden sitzen oder liegen mussten, um nicht an dem Rauch zu ersticken und genügend Sauerstoff zum Atmen zu finden.

An der Schmalseite, in einer angrenzenden Vorratskammer, befand sich eine vierstufige Bank, auf der eine Messingglocke, Tranfunzeln, Kerzen, Opferschalen mit geröstetem Getreide und ein Satz rechteckiger, handbedruckter tibetischer religiöser Mantras standen. An der Wand hingen drei überdimensionale Pappmachémasken, die augenscheinlich einen Hirsch, einen Bären und irgendetwas undefinierbares Drittes in rötlicher Farbe mit weißen Zähnen und leuchtend kontrastreichen Farben darstellten. Die Monpas hatten seltsame Dinge mitgebracht, als sie vor zweihundert Jahren einwanderten.

WICKLIFFE W. WALKER

Doug Gordon paddelte erstmals 1986 in Ostmexiko mit mir. Hier fährt er durch die Tamul-Fälle, wo der Rio Gallinas fast hundert Meter tief in den Rio Santa Maria stürzt und eine Durchfahrt flussabwärts unmöglich macht.

SATELLITE IMAGE BY spaceimaging.com

JAMIE MCEWAN

GEGENÜBER: Auf der Ostseite des Himalajas donnert der Tsangpo zwischen Namtscha Barwa und Gyala Pelri durch eine schroffe Zickzackklamm und fließt in südliche Richtung nach Indien weiter. Zwischen den Bergen ist die Schlucht 4878 Meter tief.

OBEN: Das Expeditionsteam fuhr von Kathmandu aus neun Tage auf nierenerschütternden »Autobahnen« – ein endloser Wechsel zwischen dichten Staubwolken und achsentiefem Schlamm – über die tibetische Hochebene nach Pei zum Tsangpo.

RECHTS: Pilger, Kaufleute, Nomaden und Reisende aus allen Ecken Asiens drängen sich freundlich lächelnd durch die überfüllten Gassen der Altstadt von Lhasa: ein geschäftiges Treiben, wo jeder von der exotischen Erscheinung des anderen fasziniert ist.

WICKLIFFE W. WALKER

DOUG GORDON

JAMIE MCEWAN

OBEN: Nach Jahren des Wartens und vielen Spekulationen stießen die Paddler bei dem Ort Pei am Ende der Straße endlich auf handfeste Tatsachen und kaltes Wasser. Wie Otter schlitterten sie über die Uferböschung und hinein in den Tsangpo.

UNTEN: Acht Tage lang absolvierten der Anführer des Kajak-Teams, Tom McEwan, und seine drei Freunde Probeläufe auf dem gewaltigen Fluss, bevor sie den Entschluss fassten, in das Innere der Schlucht vorzudringen.

JAMIE MCEWAN

Ehe sie sich festlegten und mit ihren Booten flussabwärts fuhren, mussten die Paddler manchmal kilometerweit über riesige Findlinge am Flussufer laufen, um den nächsten sicheren Überquerungspunkt zu finden.

WICKLIFFE W. WALKER

Oben: Dave Phillips hielt täglich Sprechstunde, eine vertrauensbildende Maßnahme und eine praktische Notwendigkeit, um zu gewährleisten, dass die Gruppe gesund und mobil blieb. Als er einen Patienten untersuchte, der wegen einer Streptokokken-infektion behandelt wurde, entdeckte er, dass ein Lama die Haut um die Wunde herum aufwändig mit einer Beschwörung der Dorje Phagmo, der Diamantensau, in Sanskrit beschriftet hatte.

Unten: Die Monsunwinde, die vom Golf von Bengalen durch die Schlucht angesogen werden, stärken den gewaltigen, uralten Baumbestand des Wolkenwaldes.
Im Vordergrund von links nach rechts: Lobsang Yunden, ich selbst, Roger Zbel, Dave Phillips und »Die Stimme des Dorfes«.

JAMIE MCEWAN

JAMIE MCEWAN

OBEN: Doug Gordon war auf dieser wie auf vorangegangenen Expeditionen »Erster unter Gleichen« und fuhr häufig voraus.

RECHTS: Peme Gompa und Tom McEwan verwendeten Satellitenbilder, um an der »Panter-Bucht« einen Weg aus der Schlucht zu finden. Die Verständigung war nach wie vor schwierig, wenn es um entfernte Orte ging, aber für die Monpas war die Vogelperspektive eines Satelliten nachvollziehbarer als die Symbole der topographischen Karten.

WICKLIFFE W. WALKER

WICKLIFFE W. WALKER

OBEN: Bevor sie die Ufer des Tsangpo verließen, versammelten sich Amerikaner, Monpas und Sherpas bei englischen und tibetischen Liedern und christlichen und buddhistischen Gebeten zu einer Gedenkfeier für unseren Freund.

UNTEN: Das Panorama jenseits des Passes, oberhalb der Panter-Bucht, ist ebenso Ehrfurcht wie Demut gebietend: Die Grenzen von Fels und Wald, von sichttrübenden Wolken und Gletschereis prallen hier aufeinander. Der ergebene Lobsang Yunden ging während des gesamten Marsches direkt vor mir und Dave Phillips, um uns an schwierigen Stellen seinen bemerkenswert kräftigen Arm zu reichen.

JAMIE MCEWAN

Sie kamen aus dem östlichen Bhutan und der angrenzenden Region Arunachal Pradesch. Der Raum zwischen Decke und Dach diente als Speicher. Dort standen eine Reihe eng geflochtener Bambuskörbe mit geröstetem Getreide, einem zerbrochenen Korb, der irgendwann einmal vielleicht geflickt werden würde, zwei Takinhäuten auf Rahmen aus Baumschösslingen, die auf den nächsten Ausflug zum Markt in Pelung warteten und eine große Felltrommel aus Holz, die wahrscheinlich mit den Masken der Totemtiere in Verbindung stand.

Ein dicker, etwa zwei Meter langer Pfahl mit stufenähnlichen Einkerbungen, lehnte am erhöhten Einstieg zum oberen Stockwerk und trennte theoretisch die menschliche Behausung vom Stall darunter. Praktisch hielt die Leiter Rinder, ausgewachsene Schweine und die meisten Läuse davon ab dort einzudringen, erwies sich aber gegen Hunde, Katzen, den zahmen Hausaffen, gelegentliche Jungferkel und einen endlosen Strom von Dorfkindern als nutzlos.

Am folgenden Tag, dem 8. Oktober, 1998, schrieb Dave Phillips in sein Tagebuch:

> *Die Leute sind natürlich neugierig auf uns und versammeln sich in kleinen Gruppen, wann immer wir etwas unternehmen. Wie Kinder überall auf der Welt, sind die kleinen auf natürliche Weise schüchtern, die etwas älteren sind ganz offen neugierig und in ihrer Freundlichkeit ein wenig aggressiv. Es scheint, als gäbe es so etwas wie Privateigentum nicht, und oft nehmen sie, was ihre Neugier erregt, in die Hand und untersuchen es. Es gibt keinen Hinweis darauf, dass sie unsere Materialien stehlen wollen, und ich glaube, sie sind ehrlich.*

Peme Gompa war an dem Nachmittag, als wir ankamen, nicht da, und so hieß uns sein ältester Sohn – der vielleicht dreizehn Jahre alt war – unter diskreter Anleitung seiner Mutter stolz willkommen. Der kleine Altarraum wurde Dave und mir als luxuriöser, privater und rauchfreier Schlafplatz überlassen, wo wir – was wichtiger war – auch Expeditionsvorräte verstauen konnten. Ang Kami Sherpa würde zusammen mit unserem anderen »Mitarbeiter« unten auf der überdachten Veranda schlafen.

Lobsang Yunden tauchte auf, als unsere Lastwagen fertig gemacht wurden, um Lhasa zu verlassen. Wider Erwarten war er immer noch da. Der Chef des Reiseführerdienstes hatte uns erklärt, dass Lobsang kein Mitarbeiter seines Unternehmens sei, aber Arbeit brauche und uns als Träger begleiten würde. Sollten wir ihn brauchen, würde er den vereinbarten Lohn erhalten, und andernfalls unbezahlt bleiben. Er war Tibeter, Mitte Zwanzig, mit knapp einem Meter siebzig so groß wie ich, aber breiter in den Schultern. Er sprach etwas, das er für Englisch hielt, aber normalerweise Ang Kamis Übersetzung bedurfte, um verstanden zu werden. Er besaß nur die Kleider, die er auf dem Leib trug, eine leichte Jacke, ein wattiertes Baumwolltuch und eine Zahnbürste. Noch bevor wir den letzten Gemischtwarenladen in Pelung hinter uns ließen, bat er um einen Vorschuss, um sich grüne Segeltuchschuhe zu kaufen, die seine abgetragenen Lederschuhe ersetzten sollten. Das alles wirkte und klang viel zu sehr wie jemandes verstädteter – nicht vermittelbarer – Schwiegersohn, aber ich hatte keinen wirklichen Grund, ihn abzulehnen, und fand mich mit der Situation ab.

Unter Ang Kamis Anleitung entlohnten wir die Trägergruppe aus Pelung, die darauf den Pfad hinauf verschwand. Jetzt würde unser Fortkommen von den Verhandlungen mit unseren Gastgebern abhängen. In ganz Tibet werden die Träger einer Region von dem sie beherrschenden Dorf gestellt, und keine Gewerkschaft kann so fest an der exklusiven Bereitstellung von Arbeitskräften festhalten wie diese Dorfoberhäupter. Anders als in Nepal, wo die Sherpas sich für die Gesamtdauer einer Expedition verpflichten, bringen die Träger ihre Last genau bis zum nächsten Dorf, wo neue Verhandlungen aufgenommen werden. Bailey und Kingdon-Ward berichteten beide von Fällen, in denen sie innerhalb nur eines Tages die Trägergruppen viermal und öfter wechseln mussten, weil die Dörfer so dicht beieinander lagen. Hier endete der Pfad bei Mendung und dem Nachbardorf Sengchen. Bis zu unserem ersten Nachschubpunkt bei den Regenbogenfällen würden Dave und ich also ausschließlich auf Monpas aus Mendung und Sengchen angewiesen sein. Sollte die Expedition weiter flussabwärts fortgesetzt werden, würden Harry und Doris – dem Bocksprungprinzip folgend – mit anderen Dorfbewohnern und anderen Problemen voraus reisen.

Im Morgengrauen schritt der unverwüstliche Peme Gompa den Pfad vom Tsangpo herauf, sein Gesicht zu einem breiten, überraschten Begrüßungsgrinsen verzogen. Fremde sind hier, am Ende der Welt, selten. Vermutlich war es ein beispielloses Ereignis, dass jemand eine Reise wie die, die Tom und ich im letzten Jahr unternommen hatten, wiederholte. Selbst Kingdon-Ward war nur einmal dort. Peme Gompa streifte rasch die Schulterriemen der aus Bambusstreifen gewebten Kiepe auf seinem Rücken ab, goss sich aus dem rußschwarzen Topf – der auf dem schwelenden Kamin stand – eine Schale heißen, salzigen Tee ein und fragte gespannt nach unseren Plänen.

Am nächsten Morgen nahm ich die Verhandlungen mit den Monpas auf: Der unergründliche Osten traf auf den undurchdringbaren Westen und – gefangen in der Mitte – Ang Kami. Bedenkt man die Schwierigkeiten, denen sich Paddler – und Bergsteiger – allein schon bei dem Versuch gegenübersehen, Verwandten oder Landsleuten – siehe Mallorys »Weil er da ist«! – verständlich zu machen, was sie warum tun, ist es für die Monpas erst recht unbegreiflich. In der Gesellschaft, in der sie leben, besitzt man nur das Nötigste. Man kennt weder ein verfügbares Einkommen, noch so etwas wie Freizeit oder Sport. Die Monpas baden eher selten, und kämen schwerlich auf die Idee, zum Spaß in einen Fluss zu steigen. Bis zum Schluss blieb unklar, ob unsere Bemühungen hilfreich waren: Wir versuchten mit Hilfe von Satellitenbildern mit Luftansichten und einem Bilderbuch, das Roger aus Ausschnitten von Wildwassermagazinen zusammengestellt hatte, unser Vorhaben zu erklären. Vielleicht stifteten sie noch mehr Verwirrung.

Dennoch: Ich ahnte, dass Peme Gompa, der gewiefteste Jäger und der Erfahrenste im Umgang mit der freien Natur, unser Faible für die Wildnis und den Reiz am Unbekannten wie zuvor nur einige wenige Menschen in Bhutan und Pakistan mit uns teilte. Und wenn er in unserer leidenschaftlichen Suche nach Flüssen eine Art rudimentärer und schwieriger Pilgerschaft sah, dann verstand er uns vielleicht besser als viele unserer eigenen Landsleute.

Landmarken als Grenzzeichen waren ebenso wenig nachvollziehbar. Innerhalb ihres eigenen traditionellen Reviers kannten Jäger wie Peme Gompa jeden Stein und jeden Baum. Sie hatten sich diese Wissen unter der Anleitung ihrer Väter und Großväter angeeignet. Über diese Grenzen hinaus leugneten sie jegliche Kenntnis der Region, selbst wenn sie oder andere Dorfbewohner gelegentlich Ausflüge unternahmen, um Handel zu treiben – oder zu wildern. Ihr »Höhle nach drei Tagesmärschen unterhalb der Wiese, wo sich die Takins vor der Wanderung versammeln« sagte uns ebenso wenig wie ihnen die Symbole unserer topographischen Landkarten oder GPS-Koordinaten.

Es war noch nicht einmal klar, mit wem wir feilschen sollten, denn um Peme Gompas Herd wogte und ebbte die ganze gesprächige Dorfgemeinde. Abgesehen von Peme Gompa, der die Expedition im vorigen Jahr geführt hatte, gab es da nun einen außerordentlich lautstarken, jüngeren Mann in einer zerknitterten blauen Anzugjacke, dessen Ton anmaßend und gelegentlich streitlustig war. Wir waren uns über seine Rolle und Stellung noch nicht im Klaren, aber wir hofften, »Die Stimme des Dorfes«, wie Dave ihn sofort taufte, würde nicht in der Mannschaft sein.

Genauigkeit und Wahrheitsgehalt der getroffenen Aussagen waren noch undurchsichtiger, weil ihre Antworten meistens in mindestens drei manchmal sehr widersprüchlichen Varianten erfolgten: Was die Monpas für das hielten, was der Fragende hören wollte, welche Begierden und Ängste eine mögliche Antwort beeinflussten, und gelegentlich – wie im Westen – ein Verbrechen, Vergehen oder Geheimnis, der Verschwiegenheit bedurften. Aus diesem Grund war es Harry und Doris im vergangenen Jahr nicht gelungen, weiter flussabwärts als bis zu dem Dorf Payi zu gelangen, wo man ihnen versichert hatte, der nächste Pass liege in jener ersten Novemberwoche zu tief in Schnee. Als sie sich anschickten, ihre Rückwanderung anzutreten, erschien eine ganze Familie mit Männern, Frauen und Kindern, die den »eingeschneiten« Pass ohne Socken in abgerissenen, chinesischen Tennisschuhen überquert hatten. Die guten Leute von Payi hatten schlicht keine Lust gehabt, die Reise zu unternehmen.

F. M. Bailey berichtete von einem Vorfall in Pemakochung, bei dem die Bewohner ihm erst gesagt hatten, es gäbe keinen Pfad flussabwärts, – und dann erschien eine Gruppe Monpas aus eben jener Richtung. Die Monpas willigten ein, Bailey und Morshead nach Payi und wieder zurück nach Pemakochung zu führen, denn das war es offensichtlich, was Bailey wollte. Zwei Tage später gab es wieder eine völlig andere Version der Geschichte: Die Monpas versuchten, im Morgengrauen ohne Bailey und Morshead davonzuschleichen, und schließlich weigerten sie sich endgültig, die beiden Engländer weiter zu führen. Nachdem die beiden den Weg nach Pemakochung allein gefunden hatten, erfuhr Bailey, dass ihre »Führer« die Dorfbewohner dort ausgeraubt hatten. Sie hatten nie vorgehabt, den beiden Fremden den Weg in ihr Heimatdorf zu zeigen oder sie an den Tatort zu begleiten.

Natürlich glaubten die Monpas, wir seien unermesslich reich und sollten so viel zahlen, wie der Markt hergab. Wir glaubten, sie seien unermesslich arm und dass ihre einzige sonstige Devisenquelle in jenem Jahr eine Kuh und vielleicht ein Schwein sein würden, die sie den Fußpfad hinauftreiben und an der Straße zu verkaufen versuchten. Verglichen mit der Arbeit, Rinder über klapprige Hängebrücken zu treiben, würde es leicht verdientes Geld sein, mich und Dave zu den Regenbogenfällen zu begleiten.

Schließlich wurde eine Übereinkunft getroffen. Peme Gompa versicherte uns, er habe das Satellitenbild verstanden, er sei einmal bei den Regenbogenfällen gewesen und würde uns dorthin führen. Insgesamt zehn Monpas würden uns begleiten, um den Proviant zu tragen, und sich für eine 24-tägige Reise selbst ausrüsten. Doch selbst als wir uns die Hände schüttelten, waren wir uns über die Natur des vereinbarten Handels nicht im Klaren. Für Dave, Ang Kami und mich war der Vertrag verbindlich – vorausgesetzt natürlich, die Ereignisse zwangen uns nicht, unsere Pläne zu ändern. In diesem Fall erwarteten wir von den Monpas Flexibilität. Für unsere neuen Verbündeten spiegelte der Vertrag lediglich die momentanen Umstände wider. Sollten sich die relativen Verhandlungspositionen der zwei Seiten verändern, wären alle Zusagen hinfällig und die Verhandlungen müssten erneut aufgenommen werden. Wirklich, ein seltsamer Ort. An diesem Abend saßen wir auf Peme Gompas Veranda, als Dave seine Gedanken in seinem Tagebuch festhielt:

> *Was für eine Aussicht! Wir sitzen in der Nähe von Bambus- und Bananenstauden – mit Dutzenden von Cannabispflanzen, die zwischen ihnen wachsen – und blicken auf einen mit Kiefern bewachsenen Bergrücken vor dem Hintergrund schneebedeckter Gipfel. Die Steigung der Hänge beginnt hier bei 45 Grad, und ich werde mein Marschgepäck reduzieren.*

DER SONNIGE TAG BOT DIE SELTENE GELEGENHEIT, die Batterien der Satellitentelefone mit dem Solar-Paneel aufzuladen, und ich erwartete die für den Abend vereinbarten Anrufe mit gemischten Gefühlen. Die Flussmannschaft und Harrys Helfergruppe näherten sich Gyala und der kritischen Frage, ob und wie man weiterfahren würde. Bis dahin wusste ich nur, dass sie von Pei aus – wie geplant – losgepaddelt waren. Ich hatte keinen Hinweis darauf, wie es lief.

Mich aus der kritischen Testphase und damit aus der Entscheidung für oder gegen die Weiterfahrt auszuklinken, war eine der schwereren Führungsentscheidungen bei dieser Reise gewesen. Dies war die erste Expedition, die ich vom Land und nicht vom Boot aus leitete, und alle meine Instinkte rieten mir, da zu sein, wo das Flussteam war. Objektiv betrachtet würde ich damit allerdings keinen wirklichen Beitrag leisten. Angesichts der Gefahren, denen sie sich würden stellen müssen, sollten allein die Teilnehmer selbst ihr Vorgehen bestimmen. Dies waren vier Männer, in die ich absolutes Vertrauen hatte.

Wenn ich dort wäre, würden sie meiner Meinung vielleicht zu großes Gewicht beimessen oder wenn ich still blieb meine Körpersprache deuten – obwohl natürlich die zehn Jahre, in denen ich nicht gepaddelt war, mein Einschätzungsvermögen möglicherweise getrübt haben. Tom, Jamie, Doug und Roger hatten sich alle in diesem Sport weiterentwickelt, und ich wusste nicht, zu was sie heute fähig waren – und wozu nicht. Bevor unsere Lastwagen sich getrennt hatten, hatte Tom in einem Gespräch unter vier Augen eher meine rationalen Überlegungen als meinen Instinkt bestätigt: Sie würden mit allem in Pei und Gyala fertig werden. Ob es mir gefiel oder nicht, ich hatte die Rolle der Verwaltung übernommen und konnte der Sache am ehesten dienen, wenn ich das Ufer verteidigte, Nachrichten übermittelte und ihnen ansonsten fern blieb. Als Harry – wie vereinbart – um Punkt acht Uhr abends anrief, berichtete er mir von dem Missgeschick, dem Jamie knapp entronnen war, und von dem wohl endgültigen Verlust des Bootes. Ich wusste, dass würde die drei Männer nicht davon abhalten, die Reise mit den Booten fortzusetzen, aber es würde die Entscheidung erschweren. Es bedeutete zudem, dass Dave und ich am nächsten Morgen ins Ungewisse aufbrechen würden, da es unklar blieb, wie die Expedition fortgesetzt würde. So lange die Satellitentelefone jedoch weiterhin funktionierten, würden wir uns fast allen Planänderungen sofort anpassen können. Wenn ich die Entscheidung jetzt dahingehend beeinflusste, in die Schlucht vorzudringen – und sei es zu Fuß –

dann war das im Gegensatz zu der Entscheidung, ob man dies auch mit den Booten tun sollte, eine Wahl, die zu verantworten ich bereit war; es war ein Führungsbeitrag, den ich leisten konnte und würde.

> *Dann stiegen wir von der Terrasse, auf der Pingso [Mendung] errichtet worden war, eine Ebene weiter nach oben zu einem Dorf auf einem Gebirgsvorsprung, das Sengchen genannt wird – und der Spaß nahm seinen Lauf.*
>
> *Wir hatten nur ein Ziel: den Teil der Schlucht zu erforschen, der sich uns zwischen Regenbogenfällen und Po-Tsangpo-Mündung entzogen hatte, dort, wo der Fluss sich wieder sich selbst zuwendet, um nach Nordwesten um den langen, gezackten Vorsprung von Gyala Pelri weiterzufließen. Hier und nirgendwo sonst lagen die »Wasserfälle des Brahmaputra«, um die sich seit mehr als einem halben Jahrhundert ein geographisches Rätsel rankte. Und die endgültige Lösung – Wasserfall? Kein Wasserfall? – lag in Reichweite vor uns. Man kann sich unsere Erregung vorstellen. Und die Tatsache, dass der Fluss zwischen Regenbogenfällen und Zusammenfluss 564 Meter an Steigung überwand, sprach für die Theorie, es gäbe dort irgendwo einen 30-Meter-Wasserfall.*[3]

Diese Worte schrieb Hauptmann Frank Kingdon-Ward 1924. Er war der nächste bedeutende, westliche Entdecker, der nach Bailey in die Schluchten vordrang. Ein Mann, der, um Younghusbands passende Worte zu verwenden, »glücklich in seiner Berufung war und noch glücklicher über seine Wahl des Gebietes, auf der er sie erfüllte … Seine Lebensaufgabe war das Sammeln von Pflanzen … Und hier in den Bergen und Schluchten, in der Jahreszeit voller Blüte und in der Erntezeit der Samen, genoss er es in vollen Zügen, seiner Berufung zu folgen.«[4] – Ein Satz, der am 9. Oktober 1998 auch in Daves und meinem Tagebuch hätte stehen können. Wie Kingdon-Wards amerikanischer Zeitgenosse Joseph Rock war er einer der großen Pflanzenjäger des frühen 20. Jahrhunderts und wurde von Saatgutfirmen gefördert, um neue Arten zu entdecken, die man in Europa und Amerika würde anbauen können. Dies war jedoch nur eine Facette des bemerkenswerten Mannes; er war auch Entdecker, Schriftsteller und Kriegsveteran, der sich später mit dem gleichermaßen legendären Jim – »Dschungel-Jim« – Corbett zusammentat, um britische Einheiten für das Überleben im Dschungel auszubilden. Diese Einheiten führten im Zweiten Weltkrieg Einsätze entlang der burmesischen Straße an.

1924 war Kingdon-Ward 38 Jahre alt, sprach fließend Chinesisch, hatte zahlreiche, lange Expeditionen – viele von ihnen allein – in das verwirrende Gebiet von Bergen und Flüssen unternommen, wo der östliche Himalaja endet und Jangtse, Saluen, Mekong und Irawadi hervortraten. In diesem Jahr begleitete ihn Earl Cawdor von Schottland auf einer einjährigen Forschungsreise in die Region Pemako. Eines ihrer Ziele war es, die weißen Stellen auf der Karte, die Bailey und Morshead übrig gelassen hatten, zu füllen und die Frage nach dem großen Wasserfall des Tsangpo, von dem man so lange gemunkelt hatte, zu beantworten.

Im November 1924 hatten sie die vorrangig botanische Forschungsarbeit abgeschlossen. Die Pflanzen waren identifiziert, es war festgehalten, wann sie im Frühling und Sommer blühten, und bei ihrer Rückkehr im Herbst hatten sie Samen gesammelt. Auf Kinthups und Baileys Spuren folgten sie mit einem Gefolge aus acht weiblichen Trägern und einem Guru – dem sie den Spitznamen »Walross« verliehen hatten – dem Tsangpo von Pei nach Gyala, der Expeditionsroute von Harry und Doris. Von dort aus reiste die Gruppe am rechten Tsangpo-Ufer entlang an Pemakochung vorbei – die Expeditionsroute der Flussmannschaft. In der Nähe der Regenbogenfälle macht der Fluss einen abrupten Schlenker nach Westen und umfließt einen der großen Ausläufer des Gyala Pelri. Es gelang ihnen zwar nicht, eine Route entlang des rechten Flussufers nach Westen zu finden, aber sie entdeckten den Weg, der Bailey und Morshead durch die betrügerischen Monpas ein Jahrzehnt zuvor verwehrt geblieben war.

Sie gingen über Land nach Norden und kamen, 48 Flusskilometer stromabwärts von den Regenbogenfällen im Dorf Payi an. Von dort aus arbeiteten sie sich wieder zum Tsangpo vor, um das »Missing Link« der Tsangpo-Schlucht – die Aufklärungsstrecke von Harry und Doris – zu finden. Am Zusammenfluss mit dem Po Tsangpo – von dem Ort der damals Pingso hieß und heute Mendung genannt wird – machten sie einen Expeditionsabstecher flussaufwärts, um den unerforschten Fluss bis auf einen Rest von 13 Kilometern zu besuchen – die Aufklärungstour von Tom und mir 1997.

Kingdon-Wards Bericht vom 12. Dezember 1924 beschreibt auch weiterhin perfekt – bis hin zum Wetter – Daves und meine Abreise aus Mendung:

Die Schönwetterperiode war zu Ende, der Himmel war bedeckt, und es nieselte heftig.

Dem Jagdpfad folgend, gelangten wir bald auf einer Höhe von etwa 2150 Metern in den Wald und begannen, den steilen Bergkamm zu erklettern. Wir ließen den niedrigen Dschungel hinter uns und drangen bis in den gemäßigten Regenwald vor. Im subtropischen, unteren und mittleren Regenwald sind die Bäume gemischt …

Dieser subtropische, immergrüne Wald der unteren Schlucht geht langsam in den Laubwald des unteren und mittleren Klimagürtels über, der fast ebenso vielfältig ist, wo aber Ahorn, Birke, Magnolie und verschiedene Eichenarten wachsen. Die Rhododendren, auf die wir beim Aufstieg stießen, sind der »Arboreum« und der »Irroratum« mit der scharlachroten Blüte.

Gerade als einige dieser Bäume – besonders die Eichen – begannen, gigantische Ausmaße anzunehmen, wechselten wir bei etwa 2450 Metern in den oberen mittleren – oder gemäßigten – immergrünen Regenwald. Hier gibt es wenige Arten, aber sie machen durch ihre Masse wett, was ihnen an Vielfalt fehlt; denn hier sind die größten Bäume zu finden – der Rhododendron grande, einer der größten seiner Art, und eine gigantische Tsuga, die zusammen den Groß-

teil des Waldes ausmachen ... Die einzigen Epiphyten im oberen mittleren Regenwald sind kleine Rhododendren, von denen es mindesten sechs verschiedene Sorten gibt, die hauptsächlich auf Tsuga-Bäumen wachsen sowie ein weißblühender Blackbrush-Busch. Man würde kaum damit rechnen können, eine epiphytische Orchidee vorzufinden, die im Schnee wächst!

Was die Tsuga angeht, so ähnelt sie einer Libanon-Zeder, ist riesengroß und erreicht vermutlich eine Höhe von 60 Metern. Immer wieder sahen wir am Wegrand Schindeln und Planken, die Waldleute geschnitten und zum Trocknen aufgeschichtet hatten: Die Tsuga-Planken maßen viereinhalb mal zweieinhalb Meter und waren fast 9 Zentimeter dick!

Die Entdeckung der großen Tsuga könnte dazu beitragen, ein Rätsel in Assam zu lösen, das lange Zeit all jene beschäftigt hat, die mit den Sägemühlen im Distrikt Sadija zu tun hatten.

Im Jahr 1900 gab es eine große Überschwemmung im Assam-Tal, deren Ursprung Bailey und Morshead auf ihrer Expedition 1913 bis zum Yirongsee zurückverfolgen konnten. Während dieser Katastrophe führte der angeschwollene Dihang neben Pobas auch Stämme eines Nadelholzes mit sich, das zu einer Art gehörte die in den Abor-Bergen unbekannt war. Dieses Holz, das als stark duftend, weich und leicht – 640 Kilogramm pro Kubikmeter – beschrieben wird, wurde aufgeschnitten und für den Bau von Brücken verwendet, die auch 25 Jahre später noch ausgezeichnet erhalten waren; keine kleine Leistung in einem heißen, feuchten Klima wie dem von Assam!

Man hörte erst 1920 wieder von diesem Holz. Damals entdeckte man auf den dicht bewachsenen Inseln im Brahmaputra nahe Sadija einige Stämme, von denen manche etwas über dreieinhalb Meter im Umfang maßen, moosbewachsen, halb vergraben unter Sand und Dickicht. Das Kernholz war zerstört, aber der Rest des Holzes war voll-

kommen gesund. Auch diese Stämme, von denen einige gefällt und andere abgebrochen waren, müssen von dem Hochwasser 20 Jahre zuvor mitgeschwemmt worden und – als das Wasser fiel – auf den flachen, mit Büschen bewachsenen Inseln, gestrandet sein. Sie wurden herausgezogen und aufgesägt. Es folgte eine lebhafte, aber erfolglose Suche nach weiteren Stämmen und dem Baum selbst. Offensichtlich war es kein einheimischer Baum, obwohl man auch im weiteren Umkreis Nachforschungen anstellte. Es gibt, glaube ich, wenig Zweifel daran, dass es sich bei dem Baum, der 1900 von der Überschwemmung nach Assam getragen wurde, um diese Tsuga handelte, von der ich einige Samen sichergestellt habe.

Als wir den Kamm bis zu einer Höhe von etwa 2750 Metern, dort wo der höchstgelegene Wald einsetzt, erklommen hatten, begannen wir mit dem langen schrägen Abstieg in Richtung Bach und erreichten bald einen großen Felsbrocken, unter dem wir biwakierten. Etwas weiter unten am Hang wurde Wasser gefunden und in ausgehöhlten Bambusrohren nach oben transportiert.[5]

Was Kingdon-Ward nicht erwähnt hatte, war einer der reichsten Lebensräume in einem Wunderreich an Artenvielfalt: Die abschüssigen Weiden mit bunt gemischten Gräsern und Sträuchern, die sich über Sengchen erhoben und in einen Waldabschnitt übergingen, waren voller Blutegel. Ganze Büsche neigten sich uns entgegen, als wir an ihnen vorübergingen, Dutzende von braunen und schwarzen Fähnchen winkten in unsere Richtung wie kleine Fühler. Sie wurden wahrscheinlich von unserer Wärme oder unserem Geruch angezogen. Legionen kleiner, schwarzer Fäden, marschierten wie Raupen unsere Wanderstöcke hinauf. Wir konnten sie nur mit Hilfe chemischer Kampfstoffe zurückhalten, mit denen Dave die Ringe tränkte, die er unter den Griffen befestigte. Es handelte sich um das Insektizid DEET. Wir opferten die Nylon-Gamaschen, mit denen uns ein Sponsor versorgt hatte. Zweifellos hatte er gedacht, sie würden unsere Stiefel davon abhalten, sich mit Schnee zu füllen – und nicht mit Blut.

Kingdon-Ward schrieb auch nichts darüber, wie lange er und Earl Cawdor von Sengchen bis zum Felsenbiwak gebraucht hatten; es war wohl kaum ein neunstündiger Marsch, wie Dave und ich ihn zurücklegten. Wir gingen an jenem Morgen eine ganze Weile vor den Trägern los, denn ich wusste dank meiner Erfahrungen vom Vorjahr, dass sie uns – trotz der 30-Kilo-Lasten und mehr –, so sie das wünschten, jederzeit einholen. Sie trugen die geflochtenen Bambuskörbe mit Tragegurten über der Stirn und Kaliber-22-Gewehren baumelten vor ihrer Brust, falls ihnen unterwegs etwas Jagdbares begegnen sollte. Zu meiner Überraschung war der Erste, der uns überholte, Lobsang. Er trug einen der größten Rucksäcke und sah immer noch so aus, als würde er eben aus einer von Lhasas schäbigeren Kaschemmen kommen. Wir nahmen gerade ein spätes Mittagsmahl zu uns und hockten über dem Schlamm auf den knochigen, frei liegenden Wurzeln einer gigantischen Eiche. Sie unterschied sich dadurch von den anderen Eichen, dass 20 oder 30 Gebetsfahnen von ihren niedrigeren Ästen herabbaumelten. Die vielen Schattierungen verrieten, dass mehr als ein wandernder Pilger sie dort aufgehängt hatte. Lobsang setzte seine Last ab und nahm höflich etwas von der ihm angebotenen Wegzehrung. Er saß schweigend bei uns, und obwohl er weitere Nahrung ablehnte, schien er darum bemüht, in unserer Nähe zu bleiben.

An diesem Abend scharten wir uns mit den Monpas um ein großes, schwelendes Feuer aus grünem Rhododendron unter dem rauchgeschwärzten Vorsprung, den Kingdon-Ward beschrieben hatte. Wasserdampf strömte aus zwei auf Holzscheiten balancierenden Teetöpfen, die dem Feuer am nächsten standen, und den regennassen Hosen. Die Männer gaben, wenn der Hunger über die Kälte siegte, ihre Plätze am Feuer einer nach dem anderen auf, um in ihren Taschen nach Abendessen zu kramen. Für die Monpas bestand es aus einem grauen Brei, den sie in ihren großen Allzweck-Teeschalen herstellten, indem sie salzigen Tee über Tsampa – ein gemahlenes und geröstetes Gerstenmehl – schütteten. Gelegentlich mischten die Monpas das Mehl mit gedörrtem Korn oder verfeinerten es mit dünnen Scheiben starker grüner Chilischoten, die sie in wasserdichten Tüchern bei sich trugen – und vermutlich im Notfall auch dazu benutzten, ein Lagerfeuer zu entfachen.

Ang Kami, Lobsang, Dave und ich produzierten unseren Brei, indem wir heißes Wasser anstelle von Tee über den Inhalt leuchtend bunter Folienverpackungen mit viel versprechenden Namen schütteten: Hühnchen Primavera, Herzhafter Eintopf mit Rindfleisch oder Sommerhühnchen. Nachdem jeder von uns selbstzufrieden eine Packung vertilgt hatte, die mit »Für zwei Personen« beschriftet war, stellten wir die leeren Verpackungen vorsichtig auf den Stapel mit Feuerholz. Später, wenn alle zu Bett gegangen waren und wir sichergehen konnten, dass niemand den Rauch einatmen würde, würden wir sie in der starken Kohlenglut verbrennen. Bald darauf sahen wir zu unserer Bestürzung, wie drei Monpas sich die Packungen herausfischten, unter lebhafter Diskussion die bunten Illustrationen fröhlicher Camper und Bergsteiger oder die exotischen Früchte und das Gemüse auf den Vorderseiten untersuchten und sie dann direkt vor der Höhle beiläufig über den steilen Abhang segeln ließen. Sie verschwanden im schweren Dickicht und würden dort vermutlich in dem ansonsten verfaulenden Regenwaldboden annähernd eine Ewigkeit halten.

»Nehmen Sie nur Fotos mit und lassen sie nichts zurück als Fußspuren!« Das ist das Mantra des modernen Ökotouristen und Rucksackreisenden, und wir glaubten von ganzem Herzen daran. Ob in der kanadischen Wildnis oder im Garten anderer Leute, wir erhoben es zu einer Frage des Prinzips, buchstäblich keine Spur unserer Anwesenheit zu hinterlassen. Hier könnte ein »Sanfter Tourismus« den Einheimischen eine der wenigen Chancen zur ökonomischen Weiterentwicklung bieten, die weder ihre einzigartige Kultur noch ihre herrlichen Ökosysteme zerstören würde. Die kaum mehr zu ignorierenden Einflüsse der westlichen Welt nagten bereits an den Randgebieten der Region: Die Holzfällerei bediente Tibets Baubranche und das Wildern seltener Tiere die eigenartigen Bedürfnisse der asiatischen Medizin und des asiatischen Aberglaubens.

Was wir unternahmen, war nichts als eine Entdeckungsreise, die wir hauptsächlich für uns selbst und in zweiter Linie für den Sport unternahmen – ohne dabei den Dienst an einer allzu hohen Sache für uns in Anspruch zu nehmen: Es ging uns nicht um Wissenschaft, Wirtschaft oder Glauben. Dennoch hofften wir, unsere Anstrengungen könnten dazu führen, dass man sich dieses magischen Ortes und der Dringlichkeit, ihn zu schützen, bewusster werden würde. Und wir wollten mit unserem Beispiel demonstrieren, dass es einen kulturell wie ökologisch sensiblen Weg gibt, diesen Ort zu würdigen und seine Wirtschaft zu nutzen. Die Einheimischen zu lehren, keinen Müll in ihren ursprünglichen Wald mit dem alten Baumbestand zu werfen und sie davon abzuhalten, bedrohte Arten zu verspeisen, schien uns ein guter Anfang. Tom und ich waren mit unserem »grünen« Beispiel im Jahr zuvor nicht besonders erfolgreich gewesen, aber unter Zuhilfenahme von Ang Kamis Fremdsprachenkenntnissen und unserem besseren Verständnis der Kultur hofften wir dieses Jahr auf einen Durchbruch.

Ich beauftragte Ang Kami, diesen Mangel an politischer Korrektheit und die ökonomischen Kehrseiten der Umweltverschmutzung mit den drei jungen Leuten, die unsere Nahrungspackungen über den Abhang geworfen hatten, zu besprechen. Nach einer kurzen Weile kehrte er mit einem nachdenklichen, schiefen Lächeln zurück. Es schien, so berichtete er, dass das Feuer nicht nur ein Geschenk der Götter war, sondern auch ein direktes Tor zu ihnen. Und tatsächlich ist es eine verbreitete Form des buddhistischen Opfers, Tsampa, Wacholder oder Weihrauch zu verbrennen. Die Ausdehnung des orthodoxen Denkens der Monpas auf Opfergaben aus verbrannter Farbe, Kunststoff und Sommerhühnchen wurde »auf der anderen Seite« missbilligt. Außerdem habe es früher geschneit, weil man bei einer der wenigen vorangegangenen Expeditionen, die durch dieses Gebiet gekommen waren, darauf bestanden hatte, den Müll zu verbrennen! Später sollten wir auch lernen, dass es besonders ungebührlich war, die Blutegel, die man sich von den Fußgelenken pflückte, ins Feuer zu werfen. Es gelang uns jedoch nicht herauszufinden, ob dies dem grundlegenden Respekt entsprang, den der Buddhismus noch dem am wenigsten liebenswürdigen von Gottes Geschöpfen entgegenbringt, oder weil der Gedanke, selbst das Jenseits noch voller Blutegel vorzufinden, unerträglich war.

Unser Handeln war verwerflicher als das unserer kletternden Vorgänger und Helden, die im Lauf der Jahre Berge an zurückgelassenen Sauerstoffflaschen, Kot und sogar die leeren Verpackungen gefriergetrockneter Nahrung in allen Hauptlagerplätzen auf den großen Schneegöttinnen des Himalajas hinterlassen hatten. Wir standen unter der Anklage, auch selbst das Jenseits noch zu verschmutzen. Wie das bei Missionaren so ist, schlossen wir einen Kompromiss: Wir erklärten uns bereit, den Müll zu vergraben, und die Monpas versprachen uns, es dem Sierra Club nicht zu verraten.

SIEBTES KAPITEL

Flussabwärts

… Felsen, aus denen die Götter Berge brechen könnten …
Klippen, wo der aufsteigende Adler dem Blick entschwindet,
noch ehe er den Gipfel erreicht.[1]

MAJOR JOHN WESLEY POWELL

AM 13. OKTOBER BEKAMEN TOM, Roger, Jamie und Doug ihre Boote gar nicht zu Gesicht. Mit Biwakausrüstung und Proviant für zwei Tage im Rucksack brachen sie zu Fuß von ihrem Hochlager am steilen Ufer eines Seitenlaufs, an der linken Flanke der Felsschlucht, auf. Harry, Doris und Paulo paddelten inzwischen die 29 Kilometer nach Pei zurück. Dort standen die Fahrzeuge, mit denen sie – nach Toms Zustimmung – zum nächsten Standort fahren wollten, um sich weiter flussabwärts zu bewegen. Und Dave und ich kämpften uns 15 Kilometer flussabwärts durch den immer dichter werdenden Wald. Die Frage nach dem taktisch klügsten Vorgehen – seit der holprigen Fahrt über die Hochebene Thema Nummer eins – erübrigte sich jetzt: Auf dem Tsangpo war die Streckenführung nicht genügend weit im voraus zu überblicken, um die Sicherheit der vier Paddler wirklich garantieren zu können. So blieb ihnen nichts anderes übrig, als sie zu Fuß zu erkunden und die Boote erst dann einzusetzen, »wenn der nächste Weg über den Fluss ohne jeden Zweifel befahren werden kann«, wie Tom betonte.

Über ihnen kündigten die verschiedenen Vegetationsschichten schon den Herbst an: Unzählige gelbe Beeren hingen an großen Sträuchern und von espenähnlichen Bäumen fiel gelbes Laub. Braun leuchteten die Farne aus dem großteils noch grünen Unterwuchs. Von hoch oben stürzten unerwartet Wasserfälle herab, um sich dann im Blätterwerk zu verlieren. In einem Gletschertopf neben einem Bach schwammen winzige, schwarze Lebewesen.

Der Weg verlief in Flussnähe und führte über kahle Geröllhalden – das Ergebnis von Erdrutschen in jüngster Vergangenheit. Jamie paßte höllisch auf, wohin er trat. Doch plötzlich löste sich dort, wo er ging, ein Haufen von 15 oder 20 Steinen und geriet ins Rutschen. Schnell suchte er mit der Hand Halt, da spürte er schon den schneidenden Schmerz. Er hatte sich den Finger verstaucht, stellte aber erleichtert fest, dass sich über und unter ihm nichts mehr bewegte.

Nach dieser Erdrutschzone floss der Fluss etwa 800 Meter lang rasch dahin, fiel dann über eine flache Felsstufe herab, geradewegs in eine gewaltige Stromschnelle – eine Abfolge fast flussbreiter weißer Löcher, offensichtlich Zeugen eines weitreichenden Gesteinstransports. Über ein Gewirr von Felsblöcken gelangten sie entlang des linken Ufers mühsam zu einem schäumenden Becken. Hier konnten sie den Fluss überqueren. Der Landweg war erkundet. Sie kehrten stromaufwärts zu ihren Booten zurück, um nun flussabwärts zu paddeln. Sie wollten nur da, wo es unbedingt nötig war, auf das Land ausweichen.

Von neun Uhr früh bis abends um halb sieben waren sie an diesem Tag ununterbrochen in anstrengendem Gelände unterwegs gewesen. Schon über eine Stunde lag Jamie nach dem Abendessen wach in seinem Biwaksack. Ein stechender Schmerz pochte im verdrehten Fußknöchel. Bis jetzt hatte er es kaum bemerkt. Erst als die Pein in seinem verstauchten Finger nachließ und die Erinnerung an den Erdrutsch verblasste, fiel es ihm auf. Still sah er zu, wie sein Bruder beim Feuerschein Notizen in das spiralgebundene Tagebuch eintrug. Zweifel quälten ihn – konnte er mit einem verletzten Knöchel mithalten? Nach einer starken Dosis des entzündungshemmenden Ibuprofren und dem leisen Mantra »Heile! Heile! Heile!« fiel er in tiefen Schlaf. Am nächsten Morgen tat der Knöchel zwar noch weh, war aber schon viel besser.

MIT SEILEN UND FLASCHENZÜGEN hievten die vier Kanuten ihre beladenen Boote hoch und manövrierten sie um die ersten paar Klippen herum. Dann seilten sie sie zum Fluss hinunter ab. Nach drei harten Tagen standen sie wieder bei dem Wellenzug, den Doug und Jamie unbedingt durchqueren wollten. Tom und Roger zögerten. Sie fürchteten, es würde dort, wo der Fluss auf den Felsen prallte, Turbulenzen geben. So errichteten sie ihr Lager und nähten den ganzen restlichen Nachmittag zerrissene Riemen an ihre Rucksäcke – als symbolisches Bekenntnis zum Rucksackwandern. Das würde nun öfter als geplant der Fall sein. Mit bloßen Händen und einem faustgroßen Stein zwängten sie die Nadel und den gewachsten Faden mühsam durch das schwere, dichte Nylongewebe.

Der nächste Tag war »bunt gemischt«, wie Doug entzückt kommentierte. Ein kurzes Stück paddelten sie entlang des Strudels flussabwärts, vor den nächsten Felsklippen legten sie wieder an. Dougs und Jamies Boote blieben am Ufer, während sie auf den Fels kletterten, Toms und Rogers beladene Boote mit Seil und Flaschenzug hochzogen und jenseits des Felsens herabsenkten. Dann stiegen Doug und Jamie zu ihren Booten zurück und bereiteten alles für die Fahrt in den Wellenzug und an dem Felsen vorbei vor.

Am 15. Oktober 1998 schrieb Jamie McEwan in sein Tagebuch:

Toms Gerede, wie gefährlich die von den Felsen zurückkommenden Reflexionswellen seien, machte mich nervös ... Ich kam mir schwach, schwerfällig und außer Atem vor – wie vor einem Rennen.

Doug versuchte es als Erster, sah gut aus. Die Übrigen – auf der anderen Seite – waren schon außer Sicht.

Plötzlich kam eine Funkmeldung … in meinem Boot … irgendwo aus dem Gepäck … Es war Tom. Ich solle mir keine Sorgen um das Seil machen, sie würden es schon kriegen. Dem Seil galt meine Sorge nicht.

Zweimal probierte ich es. Starker Strudel plus heftige Brandung. Beim ersten Mal wirbelte es mich herum; beim zweiten Versuch dachte ich, es klappt und wurde plötzlich von einer Brandungswelle erwischt. Dritter Versuch, gelang. Ich erreichte ruhigeres Wasser und schnellte vorwärts, um Haaresbreite an der Reflexionswelle vorbei, bis zu »eigenartigem Wasser«, wo die Strömungen zusammenliefen. Da ging's gut, ich umfuhr ein Loch, kam voran.

Als Kanuten und Kletterer wieder gemeinsam weiterzogen, fuhr Jamie in seinem Tagebuch fort:

Dann kämpften wir uns an der linken Seite flussabwärts durch. Ich führte nur selten, richtete mich meist nach Doug und Tom. Roger trug sein Boot öfter um. Er taufte sich selbst »König des Umtragens« und konnte das auch – er schulterte sein Boot und trug es mitsamt der Ladung.

Roger Zbel war unwahrscheinlich vorsichtig. In der Nähe von Washington D.C. aufgewachsen, hatte er damals aber keinen Kontakt zur wachsenden »Wildwasser-Gemeinde«. In dem Sommer nach seinem Schulabschluss arbeitete er auf dem Bau und dachte nicht viel über die Zukunft nach. Dann wurde er gemeinsam mit einem Schulfreund zu einer Wildwasser-Partie eingeladen. Zwei »erfahrene« Freunde brachten sie und das geliehene Alukanu zum Smoke Hole Canyon in West Virginia, durch den einer der Quellflüsse des Potomac fließt.

Selbst bei sommerlichem Niedrigwasser würde man dort normalerweise keine Anfänger hinschicken. Aber bei der Einsetzstelle gab es kein Niedrigwasser. Nächtliche Gewitter hatten den Fluss anschwellen lassen, der nun mit reißender Geschwindigkeit Baumstämme und Äste vom Ufer vorübertrieb.

Sie frühstückten gemächlich in einem Fernfahrerlokal und warteten vergebens auf eine ruhigere Strömung. Als ihre »erfahrenen« Führer ihnen versicherten: »Folgt uns einfach; es wird alles gut gehen!« akzeptierten Roger und sein Freund das.

Es ging nicht gut. Bald krachte das Aluminiumkanu seitlich in einen Felsen, kenterte, füllte sich mit Wasser und schleuderte seine Insassen in die braunen Fluten. Schnell presste die Strömung das Boot flach zusammen und keilte es an dem unverrückbaren Felsblock fest. Auch als der Wasserspiegel sank, trotzte es noch allen Anstrengungen, es mit Seilen und Flaschenzügen zu befreien. Weit flussabwärts erreichten die zwei Schwimmer schließlich das Ufer. Rogers Freund setzte nie wieder einen Fuß in ein Kanu, aber er selbst hatte seine Lebensaufgabe gefunden.

IN DEN 70ER UND FRÜHEN 80ER JAHREN REIFTE DER WILDWASSERSPORT zur »Volljährigkeit« heran. In den 50er Jahren galt er in Europa als Rennsport. Diesen ausschließlich europäischen Aspekt griffen Amerikas Paddler in den 60er Jahren gerne auf. Denn für sie hatte das Paddeln sich ursprünglich aus dem Zelten, Fischen und dem Abenteuer Wildnis ergeben. Wenige trainierten täglich oder das ganze Jahr über. Am Wochenende trafen sie sich, Freitagabend oder Samstag früh hingen sie Slalomtore über das Wasser. Die Boote, mit denen sie ins Rennen gingen, waren meist zu Hause in der Garage zusammengebastelt.

Ab 1961 entsandten die USA eine kleine Mannschaft zu der alle zwei Jahre stattfindenden Weltmeisterschaft nach Europa. Langsam gelangten auf diesem Weg bessere Trainingsmethoden und Boote nach Amerika. Auf beiden Seiten des Atlantiks blieb dieser Sport während der 60er Jahre aber nur einer kleinen Gruppe vorbehalten und war mehr ein Hobby als eine ernst zu nehmende Wettkampfdisziplin. Das änderte sich, als die führenden europäischen Staaten, allen voran – damals noch – Westdeutschland, 1972 erstmals den Wildwasserslalom in die Riege der Olympischen Spiele aufnahmen.

Schnell entbrannte ein heftiger Konkurrenzkampf um die Teilnahme an den Olympischen Spielen und an der Weltmeisterschaft. Zum ersten Mal ließen Wettkämpfer Schule und Beruf hinter sich, um nur noch zu trainieren. Und als Jamie McEwan eine der begehrten olympischen Medaillen nach Hause brachte, waren die Maßstäbe für die nächste Generation von Wettkämpfern gesetzt. Wie bei anderen populären Sportarten, wurde der Wettbewerb auf Eliteniveau Hauptberuf. Dazu gehörten Trainer, täglich mehrmaliges Konditionstraining, der Sommer auf Europas Weltcupstrecke und ein Wintertraining in Südkalifornien oder Costa Rica. Doug Gordon war die Ausnahme. Er blieb bei einer regulären Laufbahn. Trotzdem verschob er, um sein Ziel zu erreichen, seinen Promotionsabschluss und verzichtete zehn Jahre lange auf gute Berufsmöglichkeiten.

Zur selben Zeit kam ein völlig anderer Wildwassersport in Mode: das Rafting. Jahrzehntelang hatte es sich fast nur darauf beschränkt, Touristen in einem großen, von einem Führer gesteuerten Floß auf dem Colorado durch den Grand Canyon, auf dem Snake und anderen großen Flüssen im Westen der USA herumzufahren. In den 70er Jahren entstand in den Appalachen allmählich eine weitere Art des Rafting. Die dafür gebauten schmaleren Flöße eigneten sich für die kleineren Flüsse in steilerem Gelände besser. Sie wurden unter einer Aufsicht von den Kunden selbst gesteuert. Outdoor-Sportarten wurden immer beliebter, und so entstanden in erreichbarer Nähe zu Großstädten Rafting-Gesellschaften und Kajakschulen. Nun bot sich erstmals die Gelegenheit, den Lebensunterhalt als hauptberuflicher Rafting-Führer und Lehrer zu verdienen.

Roger stellte gleichsam ein Bindeglied zwischen Wildwasserrennsport und Rafting dar, dennoch hielt er zu beidem

Abstand. Im Frühjahr 1981 wohnte er außerhalb von Albright in West Virginia, in einem ehemaligen Schulhaus, das nur aus einem Raum bestand. Es hieß »Mondstation Alpha«, weil es inmitten eines riesigen Tagebau-Geländes mit in alle Richtungen ragenden mondgebirgsähnlichen, kahlen Hügeln stand. Rogers Beschäftigung auf dem Bau hatte sich auf zwei bis drei Monate jährlich verringert, damit konnte er sein Einkommen als Rafting-Führer für die übrige Zeit gut ergänzen. Im Spätsommer dieses Jahres gründete er gemeinsam mit seinem Partner Phil Coleman nahe Friendsville in Maryland, am Youghinogheny, das Unternehmen »Precision Rafting Expeditions«.

IN DEN 70ER UND FRÜHEN 80ER JAHREN entwickelten Albright und Friendsville sich zu Zentren für eine wachsende Gruppe von Wildwasserfanatikern: Rafting-Führer und Bootskonstrukteure, die auf den bei Wildwassersportlern beliebten Flüssen von West Virginia und Maryland lebten, arbeiteten und spielten, kannten diese Flüsse so genau wie die Wettkämpfer ihre Trainingsstrecke. Sie gaben sich als harte Burschen aus, die ein hartes Leben führten und provozierten so die konventionellen Vorstellungen der Paddler-Gesellschaft an der Ost- und Westküste. Dem Wildwassersport fügten sie damit aber eine neue Dimension hinzu.

Konventionelle Paddler, wie ich auch, betrachteten Stromschnellen damals von einem mehr oder weniger horizontalen Oberflächenniveau aus. Strömungen verschiedener Geschwindigkeit dienten dazu, uns auf der gewählten Linie vorwärts treiben zu lassen. Jede vertikale Fließrichtung galt bei uns auf der Fahrt flussabwärts in erster Linie als Hindernis – stehende Wellen, die wie Buckel auf einer Skipiste bremsten, Strudel, die das Boot verlangsamen, stillstehen oder kentern lassen konnten, Strömungen, die einen Schwimmer in dunkle, luftlose und unwirtliche Bereiche zu tauchen vermochten.

Die »Gegenkultur« aus Albright nahm sich der vertikalen Dimension an und schlug aus völlig neuen Bootskonstruktionen, Techniken und einer neuen, von Jon Ludbil und Dave Hearn – Slalomweltmeister aus dem nahen Washington D.C. – vertretenen Philiosophie Kapital. Mit Spezialkajaks lernten sie auf einander entgegengesetzten Strömungen zu paddeln. Ganz willkürlich tauchten sie dabei die Bootsenden, manchmal auch das ganze Boot, tief unter die Wasseroberfläche. So paddelten sie erstmals im gesamten Fluss, nicht nur in seiner obersten Schicht. Diese Freistildisziplin nannten sie »squirt boating« – Spritzbootfahren. Richtig zwischen zwei starke Strömungen gesetzt, schoss das Boot plötzlich hoch wie ein zwischen Daumen und Zeigefinger weggeschnipster Wassermelonenkern. Zehn Jahre später wurde dies eine der tragenden Säulen einer neuen populären Kampfsportart, des Wildwasser-Rodeos.

Trotz seines instinktiv richtigen und auch gut trainierten Gefühls für die Bewegungen des Wassers und trotz seiner enormen Selbstdisziplin beim eigenen Training auf Nationalmannschaftsniveau, brachte Rogers kurzes Geplänkel mit anerkannten, organisierten Wildwasserrennen zunächst kein Ergebnis. Bei den Qualifikationen für die Wildwasser-Mannschaft der USA 1988 beäugten viele der etablierten Wettkämpfer den blondbärtigen Eindringling mit Argwohn. Und bei einem Treffen der Teilnehmer am Abend vor der Endausscheidung griff der Trainer der Nationalmannschaft Roger heraus und meinte, Roger habe den schlechtesten Stil, den er je gesehen hatte. Nicht überall wurde er so eisig empfangen. Zwei erfahrene Mitbewerber für den Slalom – zur Abwechslung wollten sie beim diesjährigen Wildwasserrennen im Zweier mitfahren – boten ihre Kameradschaft an: Lecky Haller und sein Partner Jamie McEwan.

Aus reiner Sturheit wählte Roger bei der amerikanischen Mannschaft dieses Jahres die letzte Startnummer und bereitete sich auf sein erstes und letztes großes internationales Rennen vor. Im Jahr darauf sollte die Wildwasser-Weltmeisterschaft auf dem Savage im nördlichen Maryland, unweit von Friendsville, stattfinden. Also reiste die Weltelite in Slalom und Kanu 1988 hierher. Seit ihrem Beginn waren Wildwasserrennen von Spezialisten aus Europa beherrscht, und das Einer-Kajak der Männer ist die weitaus härteste Wettkampfdisziplin. Roger gab sich keineswegs einer Illusion darüber hin, dass er ohne jahrelanges, ausschließlich dieser Disziplin gewidmetes Training und Erfahrung eine Chance auf einen der ersten Plätze habe. Sein heimliches persönliches Ziel, das er heute mit einem scheuen Lächeln preisgibt, war es, alle europäischen Damen dieser Disziplin zu schlagen – es gelang ihm auch mit nur einer halben Sekunde Vorsprung – und dann auf seine geliebten Flüsse in den Appalachen zurückzukehren.

Während Tom, Jamie und ich immer wieder neue Flüsse in Nordamerika, Europa und Asien kennen lernen wollten, blieben Roger und die anderen Angehörigen der kleinen »Extremistentruppe« in den Appalachen. Niemandem verpflichtet, waren sie dem Rest der »Wildwasser-Gemeinde« weitgehend unbekannt. Auf den Flüssen in ihrer Heimat fanden sie immer noch schwierigere Herausforderungen. Sie riefen eigene Rennen ins Leben – kleine, offiziell nicht anerkannte und nur von eingeladenen Teilnehmern bestrittene Rennen auf Flüssen, die für konventionelle Wettkämpfe und sogar für Weltmeisterschaften als zu schwierig galten. Anfangs, 1981, fuhren sie – noch völlig unprofessionell – mit einem Dutzend Paddler den oberen Youghiogheny um den Preis eines T-Shirts hinab. Allmählich dehnten diese Rennen sich dann auch auf den Gauley in West Virginia, den Russell Fork in Kentucky, die Potomac Falls und den Gore Canyon des Colorado aus. Und 15 Jahre lang war Roger Zbel im Einer-Kajak der Männer in allen Klassen der erfolgreichste Teilnehmer.

Von Rogers Geschäftspartner, Phil Coleman, angestiftet, probierte eine noch kleinere Gruppe die Grenzen des Befahrens von Flüssen bei Hochwasser aus. Durch langsames Steigern ihres Geschicks bei immer höherem Wasserstand fuhren sie auf Flüssen, deren Wasserführung drei- bis fünfmal so hoch war wie der Pegel, bei dem kommerzielles Rafting bereits als zu gefährlich abgebrochen wurde. An kalten, verregneten Tagen zu Frühjahrsbeginn, an denen Urlaubsgäste zu Hause bleiben und selbst ernst zu nehmende Wildwasserpaddler die überfluteten Standardrouten links liegen lassen, um kleine Wasserläufe und leichte Stromschnellen aufzusuchen, fuhren Roger, Phil, die Brüder Snyder und noch ein paar Anhänger Strecken, die überhaupt nicht zu solchen Tagen passten. All dies blieb von Paddlerzeitschriften oder, weiter gefasst, der »Bootsszene« unbeachtet. Für jene unter uns, die über Rogers Leistungen Bescheid wussten, war er alles andere als der »König des Umtragens«.

Roger hatte 1998 allerdings – wie wir anderen auch – Familie. Vor seiner Abfahrt zum Flughafen hatte Roger sich zu seiner vier Jahre alten Tochter Cari niedergekauert, ihr in die Augen gesehen und ihr und ihrer Mutter Nancy versprochen, wieder gesund nach Hause zu kommen. Ein solches Versprechen würde er nicht brechen, um keinen Preis.

Am späten Abend hatten die müden Paddler noch einen letzten langen Fußmarsch vor sich. Sie schleppten ihre schwer beladenen Boote über sechs und mehr Meter hohe Felsblöcke, mit denen das Ufer übersät war. Wie Forscher in der Arktis, die ihre schweren Schlitten über weite Felder mit senkrechten Eisblöcken ziehen mussten, machten sie einen Umweg von mehreren hundert Metern um eine unbefahrbare Geländestufe herum. Als Belohnung für ihre Bemühungen entdeckten sie jenseits davon auf einem ebenen, grasbewachsenen Felsvorsprung – etwa 60 Meter über dem reißenden Fluss – einen idyllischen Lagerplatz. Im Vergleich zu den unberechenbaren, abschüssigen Felsen, der manchmal nur mäßigen Geschwindigkeit des Wassers und dem unmenschlichen Ausmaß der Berghänge empfanden sie es als eine wohlwollende Zufluchtsstätte. Hier schien noch nie jemand gewesen zu sein – kein feuergeschwärztes Steinrund, keine mit der Machete abgehauene Bambusspitze wies auf menschliche Anwesenheit hin.

Jamie befestigte einen Flaschenzug an einem Baum, um die beladenen Boote damit hochzuziehen. Ein bisschen Angabe war schon dabei, als er die Karabiner und das Seil ratschenähnlich arrangierte, damit die schweren Lasten zwischen den einzelnen Zügen nicht zurückrutschten. Schnell wählten sie vier Plätze für ihre Biwaksäcke und für das Feuer, sammelten Brennholz und spannten ein Rettungsseil als Wäscheleine für nasse Kleidung und Ausrüstung zwischen schüttere Kiefern.

Sie waren abgekämpft, aber trotzdem mit ihrem Tagespensum zufrieden, Tom am meisten. Er fühlte sich wie von einer Last befreit, seit sie ihre Vorgehensweise, »das System«, ausgearbeitet hatten. Rückblickend hätte das eigentlich schon vorher geklärt werden können. Doch die vier erfahrenen Expeditionspaddler hatten all die Tage gebraucht, um eine Übereinstimmung zu erzielen: Sie wollten keine Abkürzungen mehr nehmen. Jeder Meter ihrer Strecke sollte zunächst einer »Groberkundung«, dann einer »Feinerkundung« unterliegen. Zur Groberkundung wollten sie von jeder Ausstiegsstelle aus zu Fuß zur nächsten wandern, falls nötig auf beiden Ufern. Erst dann sollte mit der anschließenden Feinerkundung die genaue Route ausgearbeitet und festgelegt werden, auf welchen Abschnitten also gepaddelt, umgetragen oder geklettert wurde. Danach wollten sie das Gleiche mit den Booten durchführen und dann denselben Vorgang bis zur nächsten Ausstiegsstelle wiederholen. Dieser Durchbruch, so empfand Tom es, löste die psychische Anspannung und die Enttäuschungen innerhalb der Gruppe auf. Für ihn selbst wurde dadurch auch die Last des Anführers leichter. Am nächsten Morgen beschloss er, zuallererst seine Umgebung zu genießen. Auch für Videoaufnahmen fand er wieder Muße – während der vergangenen drei Tage hatte er keine Zeit mehr dazu gehabt. Still saß er mit Doug etwas abseits, und beide besprachen die vergangenen vier enttäuschenden Tage, auf die nun dieser ermutigende Tag gefolgt war. »Wenn wir es nicht erzwingen«, räumte Tom ein, »werden wir, nachdem

›das System‹ jetzt gefunden ist, allmählich und stet vorwärtskommen.«

Als die langen Abendschatten über den Fluss fielen, die Höhen darüber aber noch Sonnenstrahlen reflektierten, öffnete Tom den Antennenverschluss des Satellitentelefons bis zu einem Winkel von 45 Grad, richtete die Antenne mit Hilfe seines Kompasses so aus, dass sie auf den Satelliten wies, der über Indien stand, und eröffnete die Verbindung zu Harry. Der Hilfstrupp war zwischen Gyala und Pei geblieben, falls die Gruppe auf dem Fluss Unterstützung bräuchte. Nun, in seiner nächsten Phase, sollte er mit dem Fahrzeug und zu Fuß Daves und meiner Strecke zum Zusammenfluss von Po Tsangpo und Tsangpo folgen, um von weiter unten aus zu helfen. Tom, Roger, Jamie und Doug waren nun ganz auf sich selbst gestellt, und vereinbarungsgemäß sollten sie Dave und mich flussabwärts beim nächsten Stützpunkt in der Nähe der Regenbogenfälle treffen. Ihren Berechnungen zufolge würden sie diese symbolische Linie am nächsten Tag genau zwischen den Gipfeln des Namtscha Barwa und des Gyala Pelri überschreiten – in über 5000 Metern Tiefe, im größten Cañon der Welt.

ACHTES KAPITEL

Nimmerland

Wendy: »Aber wo wohnst du denn meistens?«
Peter Pan: »Bei den Verlorenen Jungen.«

Das, so hatte Peter zu Wendy gesagt, war der Weg ins Nimmerland. Aber selbst die Vögel, die Landkarten bei sich haben und sie an windigen Ecken studieren, hätten es mit diesen Angaben nicht finden können.[1]

J.M. BARRIE, *PETER PAN*

FÜR DAVE UND MICH WAR AUCH DER 10. OKTOBER ein angenehmer Tag. Die Paddler probten zum letzten Mal und wiederholten das Ganze dann für Paulos Kamera, und Dave und ich marschierten mit dem Nachschubproviant für die Paddler 1200 Meter höher in Richtung der Regenbogenfälle. Die Monpas hatten keine Zelte und waren bei ihrer traditionellen Jagd auf schützende Felsüberhänge angewiesen. Der nächste Unterschlupf, so sagten sie Ang Kami, sei nur einen halben Tag entfernt, der folgende Tag würde aber lang und beschwerlich werden. Unter dem düster verhangenen Himmel nahmen wir den kürzesten Weg nach unten, durch schlüpfrige Pfade, dichte Rhododendron-Büsche und einen »Zauberwald«, wie Dave in sein Tagebuch schrieb.

Herabgefallenes Laub und Felsbrocken bedecken den abschüssigen Waldboden. Die mächtigen Bäume – mit über einem Meter Durchmesser und etwa 30 Meter Höhe – sind von unglaublicher Schönheit, die ihren reichen Bewuchs an Moosen und Epiphyten – wahrscheinlich Orchideen und Flechten – noch unterstreicht. Viele dieser Moospolster wurden im Laufe der Zeit so dick, dass manche Schichten sich bereits zu Humus zersetzen und Farne auf ihnen wachsen, die normalerweise nur auf dem Waldboden zu finden sind. Umgefallene, tote Bäume lehnen an lebenden, und ihre moosüberzogenen Skelette tragen das ihre zu der geradezu künstlerisch gestalteten Szenerie rund um uns bei.

DER PFAD WAR DURCH DEN REGEN SEHR GLITSCHIG und wurde offenbar von Jägern benutzt. Zwei besonders steile Stellen waren mit Hilfe großer, fast senkrechter Stämme mit treppenartig hineingehauenen Kerben passierbar gemacht worden. Die Monpas kamen mit ihren sperrigen Körben und den zerrissenen Tennisschuhen leicht voran. Dave und ich rutschten dagegen auf dem nassen Moos ständig aus und fielen hin – trotz unserer Fiberglas-Wanderstöcke mit Karbidspitze und der leichten, angeblich stabilisierenden Rucksäcke. Schon im Jahr zuvor hatte ich meinen Stolz an dieser Stelle aufgegeben, daher bat ich Ang Kami, das unentbehrliche Satellitentelefon zu tragen. Lächelnd nahm er es zu seinem 36-Kilo-Gepäck und verwahrte es sicher während der gesamten Tour.

Hinter mir hörte ich ein komisches Geräusch. Ich wandte mich um und sah Dave schon über einem fast bewusstlosen Lobsang knien. Auf dem Pfad lag ein aufgerissenes, von einem Baumstamm abgelöstes, Moospolster mit Spuren des Abdruckes von Lobsangs Kopf. Ernst teilte Dave mir mit, dass Lobsang völlig bewusstlos war, als er ihn erreicht hatte. Binnen weniger Minuten rappelte Lobsang sich wieder hoch, beteuerte verlegen, es sei alles in Ordnung, schulterte seinen Rucksack und ging zwischen Dave und mir weiter.

Währenddessen dachten Dave und ich nüchtern darüber nach, wie jemand selbst bei einer nur leichten Verletzung aus diesem Gelände herauszutransportieren wäre.

Unser Weg führte zu einem Gletscherbach hinunter, der in den weiten Schneefeldern des Gyala Pelri hoch über unserer rechten Schulter entsprang und in einem beängstigend steilen Winkel – Hunderte von Metern unter uns – in den Tsangpo hinabstürzte. Die folgenden Worte aus Kingdon-Wards Tagebuch könnten auch von uns stammen:

> *Wir stiegen einen steilen Abhang zum Bach hinab, der aus einem von Gyala Pelris Gletschern floss, überquerten ihn auf einem umgefallenen Baum und stiegen auf der anderen Seite ein felsiges Tal hinauf. Bei einem riesigen Felsblock, der so in den Hang hineingesetzt war, dass er einem ganzen Heereszug Schutz bot, hieß es anhalten …*[2]

WO KINGDON-WARD NOCH VON EINEM UMGEFALLENEN BAUM gesprochen hatte, der den Abgrund zwischen zwei Felskanten überbrückte, fanden wir drei parallel quer gelegte Stämme vor, die von Streifen aus zerteiltem Bambus zusammengehalten wurden, damit sie nicht wegrollen konnten. Alles andere war seit 1924 unverändert geblieben. Vorsichtig setzten wir einen Fuß vor den anderen, versuchten, mit unseren Wanderstöcken das Gleichgewicht zu halten und konzentrierten uns darauf, wie diese Situation wohl auf einem Foto rüberkommen würde, um uns von Gedanken an ein Ausrutschen und die möglichen Folgen abzulenken.

Unter dem »riesigen Felsblock« zogen Dave und ich uns sofort trockene Vliesanzüge an, kochten Kaffee und ruhten unsere Beine für den nächsten Tag aus. Für die Monpas bot der frühe Nachmittag die Gelegenheit, ihrem gewohnten Jagdeifer nachzukommen. Mehrere jüngere Monpas stellten rasch ihr Gepäck ab, luden schnell ihre Gewehre und verschwanden. Ein Mann brachte Stunden damit zu, einen Holztrog herzustellen, um darin das vom Rand des Felsblocks herabtropfende Wasser aufzufangen und sich so den Weg zu einer entfernten Quelle zu ersparen. Peme Gompa zog den Stahlteil einer Axt aus seinem Gepäck und fertigte einen Stiel aus Hartholz – vermutlich von einem besonders geeigneten, nur hier wachsenden Baum. Während unseres gemeinsamen Marsches und im Lager schälten die Persönlichkeiten der Monpas sich täglich deutlicher heraus. Peme Gompa war mit 44 Jahren der älteste und erfahrenste Jäger und Anführer, der den Weg bestimmte. Mit Ausnahme unseres Mittdreißigers, der »Stimme des Dorfes«, waren alle anderen mit ihren zwölf bis 30 Jahren, eher noch Kinder und Jünglinge. Dave taufte sie die »Verlorenen Jungs« und gab ihnen Spitznamen, damit wir uns die dazu gehörigen Gesichter besser merken konnten. In sein Tagebuch schrieb er:

»Village Voice – Die Stimme des Dorfes« … Wortführer, wenn es um die Höhe der Tagesauszahlung ging. Diese lange Sitzung ließ uns an seiner Aufrichtigkeit und allgemeinen Verlässlichkeit zweifeln. … Seine Anwesenheit war uns nicht angenehm. …

»Squad Leader – Mannschaftsführer« … Solange er »auf dem Boden blieb«, bewährte er sich als geschickter Anführer der kleinen Gruppe der jüngsten Träger. Aber sobald er wütend wurde – und das kam oft vor –, lief ihm der Speichel aus dem Mund.

»Pointman – Weichensteller« … Wenn wir früh aufbrechen wollten, war er immer gleich da und zog als erster an uns vorbei … einer der jüngsten Träger, trug außer seinem Korb und seinem Trageriemen ein Gewehr. – Sein olivgrauer Regenmantel von der chinesischen Armee ließ ihn sehr militärisch wirken und erinnerte an die Patrouillengänger vom Stamm der Montagnard entlang der vietnamesischen Grenze zu Laos.

»Hummer – der Summer« … ein schlanker Bursche mit untypischen, dunkleren Gesichtszügen, die angeblich von einer Verbindung mit dem Stamm der Lopa herrührten … summte ständig – und manchmal zu unserem Ärgernis – in tiefem Ton ein religiöses Mantra; wenn wir still um das Feuer saßen, hörten wir es besonders deutlich.

»Baby-san« … der Jüngste, etwa zwölf oder dreizehn Jahre alt, es ist seine erste Tour in den tiefen Wald … eini-

germaßen verlässlich, kann aber nicht widerstehen, Müsli-Riegel aus unseren Vorräten zu mopsen.

»Chaplain – Kaplan« … bestimmt älter, als sein glattes rundes Gesicht vermuten lässt … hält religiöse Riten für die Gruppe ab, in abgetragenem Trainingsanzug, mit einer kleinen Messingglocke und etlichen in Großbuchstaben geschriebenen Texten ausgerüstet.

»Redford« … undefinierbares Alter zwischen 22 und 32 … meist mit Peme Gompa zusammen … sieht gut aus, wie ein asiatischer Robert Redford.

JEDEN TAG RIEF DAVE ZUM »GESUNDHEITSRAPPORT«. Dieses Ritual sollte eine engere Beziehung zu den Monpas aufbauen und war notwendig, damit die Gruppe gesund und beweglich blieb. Ang Kami übersetzte mit sanfter Stimme, und Dave hörte sich alle neuen gesundheitlichen Beschwerden an, fragte nach dem Behandlungsfortschritt bei schon bekannten und gab bei Bedarf Arzneimittel aus. Alle litten an Infektionen durch Blutegelbefall um die Knöchel herum und antibiotisch wirkende Salben standen hoch im Kurs.

Nach diesem Nachmittagsmarsch hinkte Redford stark, also rief Dave ihn, gemeinsam mit Peme Gompa und Ang Kami in seine Sprechstunde. Die Blutegelinfektion an Redfords linkem Knöchel war durch die andauernde Feuchtigkeit und unter den unhygienischen Verhältnissen zu einem eigenartig geformten eitergefüllten Geschwür angewachsen – wahrscheinlich war es eine Infektion. Damit ging auch eine Anschwellung und Empfindlichkeit der Lymphknoten im linken Leistenbereich einher. Ohne Behandlung würde es sich schnell verschlimmern und ihr Vorhaben gefährden, wenn man ihn von hier wegbringen müsste. Im schlimmsten Fall könnte es den jungen Mann sogar sein Bein kosten.

Sorgfältig reinigte Dave den Knöchel und bestrich den entzündeten Bereich mit einer starken antibiotischen Salbe und einer antiseptischen Lösung. Außerdem verabreichte er Redford ein orales Penicillin als systemisches Antibiotikum, um die Ausbreitung der Infektion in die Weichteile zumindest einzudämmen. Redford hatte offenbar noch nie eine Tablette geschluckt. Mit etwas »Nachhilfe« von Ang Kami und einem Schuss salzigem tibetischen Tee, bei dem es Dave oder mich gewürgt hätte, bekam Redford die erste 500-Milligramm-Tablette.

Damit die Entzündung ganz zurückging, war es wichtig, dass Redford die Tablettenpackung bis zu Ende nahm. Seine lange Erfahrung als Feldarzt hatte Dave gelehrt, dass es nutzlos war, Redford einfach 28 Tabletten in die Hand zu drücken. Oft hatte er beobachtet, wie Patienten ihre Medizin nicht mehr nahmen, wenn sich nicht schon nach der ersten Tablette eine Wirkung zeigte – die Magie der Tablette wirkte nicht, also war die Medizin wertlos. Und es war vorgekommen, dass Fläschchen mit Tabletten sofort an jeden Dorfbewohner ausgegeben wurden, damit alle an der Magie teilhaben konnten. Dave hatte sogar schon beobachtet, dass Tabletten zur Verlängerung der Heilkraft auf Amulette aufgezogen wurden. Er beschloss, Redford im Auge zu behalten und ihm jede einzelne Tablette selbst zu geben, täglich vier Stück in einer Woche.

BEI UNSEREM ALLABENDLICHEN TELEFONISCHEN KONTROLLGESPRÄCH mit Harry im Basislager berichtete Tom, dass Jamies Boot wieder intakt war und die Abfahrt zu den Regenbogenfällen am nächsten Tag mit Proviant für 15 Tage stattfinden sollte. Unser Ziel war nun klar, der Verlauf der Fluss- und Wegstrecke, die wir zurücklegen wollten, allerdings noch längst nicht.

Dort, wo Kingdon-Ward 1924 und Tom und ich 1997 zum Fluss hinabgestiegen waren, gingen wir flussaufwärts hinauf. Als wir gerade einen steilen schroffen Hang überquerten, riss die Wolkenbank ein wenig auf und gab einen kurzen Blick auf den Tsangpo frei, der 600 Meter unter uns floss. Aus der Ferne hörten wir das Grollen einer großen Stromschnelle. Da unten hatte Kingdon-Ward seine Position und auch die Höhe des Flusses über dem Meerespiegel bestimmt – 12,9 Kilometer flussabwärts von den Regenbogenfällen und 6,4 Kilometer flussaufwärts vom Zusammenfluss von Tsangpo und Po Tsangpo bei Gompo Ne entfernt. Weil er an diesem Punkt weder flussab noch flussauf weiterkam, ging er denselben Weg zurück und ließ die beiden unbegangenen Strecken auf der Karte frei. Er glaubte auch, schon genug Datenmaterial gesammelt zu haben, um seine eigene Frage – »Wasserfälle oder nicht?« – zumindest mit einer wohl begründeten Vermutung beantworten zu können.

> *... die Tibeter kennen eine Legende, die in den heiligen Büchern des Klosters Pemakochung aufgezeichnet ist. Sie besagt, dass zwischen dem Rainbow Fall und dem Zusammenfluss weitere 75 solcher Wasserfälle liegen und über jedem von ihnen ein Geist wacht – ob wohlwollend oder übel gesinnt, wird nicht berichtet. Sollte dies annähernd wahr sein und sollte jeder Wasserfall oder Katarakt nur sechs Meter hoch sein, lässt die Höhendifferenz sich ausrechnen.*[3]

DIE NEGATIVE EINSCHÄTZUNG der großen Entdecker ließ Mutmaßungen über die »Fälle des Brahmaputra« 80 Jahre lang ruhen. Dann veranlassten zwei verschiedene Theorien uns und andere, die Suche wieder aufzunehmen. Wenn der Text von Pemakochung und Kingdon-Wards Analyse stimmten, wäre eine Abfolge von 75 Stromschnellen und Fällen von je sechs Metern für Wildwassersportler das Paradies auf Erden – außer bei Hochwasser natürlich. In Kathmandu ging der buddhistische Gelehrte und tibetische Linguist Ian Baker anders lautenden heiligen Texten nach, die auf einen großen Wasserfall von hoher symbolischer und religiöser Bedeutung hinwiesen. Und diese Spur führte ihn, Hamid Sardar, und noch einige Begleiter, seit 1993 wiederholt von Harvard auf Entdeckungsmärsche in die Schluchten. Die weißen Flecken in Kingdon-Wards Karte waren 1998 allerdings noch immer unerforscht. Und in zwei Wochen sollten Ian, Hamid und Ken Storm von Minneapolis ihren letzten Versuch starten – ebenfalls mit finanzieller Unterstützung der National Geographic Society. Auch wenn wir von der entgegengesetzten Seite her kamen, würden sich die Wege beider Expeditionen vielleicht bei den Regenbogenfällen kreuzen – örtlich und im übertragenen Sinn betrachtet.

Während der nächsten beiden Tage – es war kalt und regnete ununterbrochen – stiegen wir immer nur bergauf. Wir kamen zu einem Nadelwald, der sich allmählich lichtete und sich dann in einzelne, durch ein dichtes Gewirr von Gräsern und niederem Buschwerk verbundene Gehölzgruppen auflöste. Der fast unablässige Regen und die sommerliche Schneeschmelze durchtränkten die dünne, schwarze torfähnliche Schicht auf dem festen Gestein und bildete auf jedem Terrassenhang ein Moor. Wir waren in das Hauptterritorium des Takins, eines blauäugigen, dem Moschusochsen ähnlichen, Hornträgers eingedrungen. Die Jäger wurden munter und begannen die hohen Wiesen mit den Augen abzusuchen, sobald die tief hängenden Wolken sich einen Spalt öffneten. Dieses Tier war ihre liebste Beute.

Am Abend, beim Lager unter dem nächsten Felsüberhang vollzog sich die bereits bekannte, aber immer noch surreal anmutende Szene. Rauchige Flammen aus harzigen Rhododendron-Zweigen spendeten uns Licht. In Gang gehalten wurde das Feuer mit einem Blasebalg aus einem Pfeifenstiel und den Resten eines Regenmantels von der Volksbefreiungsarmee. Zwischen den beiden Menschenreihen um das Feuer herum herrschte ein reger Wechsel – die vorne am Feuer blieben sitzen, solange sie die starke Hitze und den Rauch ertragen konnten, die hinter ihnen standen, solange sie die Kälte am Rücken und das vom Fels auf ihre Köpfe herabtropfende Wasser aushielten.

Daves Hummer nickte im Halbschlaf im Rhythmus der eintönigen Mantras. Der Regen trommelte auf die Nylonplane, die am Felsüberhang als Dach befestigt war, und ahmte ihn nach. Einer der jungen Männer stimmte ein Volkslied an, zwar unverständlich, aber sehr hübsch. Als die klare hohe Männerstimme nach der dritten Strophe ausklang, schloss sich Pointman in einer reinen, unakzentuierten Sprache direkt an: »Schleeeeecht bis auf die Knochen!«

Ich genoss Daves anfänglichen Schock und erklärte ihm, dass Pointman schon im vergangenen Jahr mit dabei gewesen war und Tom am Abend immer gemeinsam mit den Monpas gesungen hatte – abwechselnd die Lieder der Monpa und amerikanische Lieder. Fröhlich begann Dave damit, sie den Gruß zu lehren, mit dem wir die Paddler bei den Regenbogenfällen empfangen wollten: »Nimm nichts mit als Fotos, hinterlasse nichts als deine Fußstapfen.« Innerlich wünschte er dem nächsten Ethnologen, der hier vorbeikommen würde, viel Glück dabei, das so entstandene Kauderwelsch zu verstehen.

IMMER NOCH WAR ES KALT UND REGNETE. Unser Weg wand sich über einen weiteren niederen Pass und in ein großes Becken hinab, in das Dutzende steil herabstürzender Wasserläufe aus einem fast geschlossenen Rund von Bergkämmen hineinflossen, die etwa 900 Meter und mehr über uns aufragten. Im Norden und unter uns lagen Wolken, die die Sicht auf die Felsen und das Wasser unten am Tsangpo jäh trübten. Das fast ebenerdige Moor in dem Becken stand kniehoch unter Wasser und ragte aus dem Hügel und den Inseln aus hohen Gräsern und erlenähnlichen Sträuchern heraus. Wenn die Wolken die Höhen über uns und die Tiefen unter uns verbargen, hätte dies ebensogut in der Wildnis von Quebec sein können, nur der Biber fehlte.

Hier lag Nadang, ein Ort, der – wie fast alles in Pemako – je nach Ansicht ganz verschiedene Bedeutungen haben kann. Die Monpas beschrieben ihn als »Sommerdorf«, aber wir sahen weder Hütten noch die Steinwälle, die tibetische Hirten für ihre Herden benutzen und mit einem Zeltdach als Sommerweide-Lager versehen. Bemerkenswert war Nadang angeblich auch wegen etlicher heiliger Schreine, die sich nur dem besonders erleuchteten Pilger zeigten. Bis zu den Hüften tropfnass, waren wir schon dankbar, uns die Nacht über einfach unter dem kleinen, aber trockenen Felsüberhang Schutz suchen zu können.

Die noch verbleibenden Stunden bis zum Abend nutzten die Monpas für die Takinjagd und andere Aufgaben. Ang Kami, Lobsang, Dave und ich sortierten die Vorräte, um tief im hinteren Teil der Höhle unter einer Plane Proviant für die Rückkehr mit den Paddlern zu verstecken. So verringerte sich auch das Gewicht für den vor uns liegenden Marsch.

Der Anblick der verborgenen Tempel wurde uns nicht gewährt. Hartnäckig hingen die Wolken tief im Becken von Nadang fest, sie hätten ganze Kathedralen verschwinden lassen können. Dennoch waren wir von der Magie dieses Ortes umfangen, als wir unseren Marsch bergauf am nächsten Morgen fortsetzten. Bei einem der zahlreichen kleinen, vom Schotter fast verschütteten und durch den Nebel nur schemenhaft sichtbaren Bäche, die vom Gletscher ins Tal stürzten, ermunterte Squad Leader uns, das Gesicht zu waschen, etwas von dem Wasser zu trinken und den Bach dann zu überqueren. Am anderen Bachufer wuschen wir uns das Gesicht nochmals ausgiebig und spülten das Haar durch, ehe wir weitergingen. Aus Squad Leaders erwartungsvollem Lächeln war nicht abzulesen, was diesen Bach von den anderen Bächen unterschied, die uns während der vergangenen drei Tage unglücklicherweise völlig durchweicht hatten. Vielleicht sollte das Ritual, dass wir jetzt von Kopf bis Fuß nass waren, schönes Wetter heraufbeschwören.

Beim abendlichen Feuerschein sah Dave sich Redfords entzündeten Knöchel an und stellte einen bemerkenswerten Fortschritt fest: Die Lymphknoten in der Leistengegend waren nicht mehr betroffen, und die Haut um das eitrige Geschwür herum war nun zu 90 Prozent wiederhergestellt. Noch viel beachtlicher war aber die Entdeckung, dass der gesamte Wundbereich und die Umgebung kunstvoll mit Sanskritzeichen versehen waren – eine an Dorje Phagmo gerichtete Beschwörung, die Chaplain mit schwarzem Filzstift geschrieben hatte. Die moderne Medizin mit traditionellen Heilmethoden zu verbinden, liegt ja im Trend, und Dave fantasierte schon davon, die ganze Geschichte bei der größten amerikanischen medizinischen Fachzeitschrift einzureichen.

AM KOMMENDEN MORGEN WURDE DAS WETTER BESSER und alle waren gesund – Zeit, einen Takin für die Vorratskammer herbeizuschaffen. Chaplain legte frisch gepflückte aromatische Kräuter, einige Handvoll geröstetes Gerstenmehl und ranzige Butter auf das Feuer. Dann läutete er mit einer kleinen Messingglocke und sang Mantras, während Squad Leader aus einer Tasse in alle vier Ecken des Lagers Tee schleuderte und Pointman und Baby-san Pfannen mit heißen Kohlen und rauchendem Tsampa den Pfad entlang trugen – etwa 30 Meter in beide Richtungen. Die jüngeren Männer waren schon eine Stunde vor allen übrigen aufgebrochen, um mit dem Beil einen Weg für uns frei zu hauen. Ihr eigentliches Ziel aber war es zu jagen, bevor das Wild gewarnt war.

Für die Ausnahmeregelung, die es diesen Buddhisten erlaubte, so vergnügt Takins zu jagen und zu töten, bekamen wir nie eine genaue Erklärung. Manchmal sah es so aus, als wäre der Takin ein besonderes Tier, eigens für den Tisch geschaffen. Es zu töten, schien nicht dasselbe zu sein wie das verbotene Töten anderer Lebewesen. Und ein andermal wirkte es so, als würde jedes Wesen – sei es Mensch oder Tier –, das im heiligen Land von Pemako starb, sofort vom Lebensrad befreit, um in das Nirwana einzugehen. Tötete man es, erwies man ihm also einen Dienst. Dass die Monpas ohne zu zögern ebenso Gorale*, Fasane und anderes Wild schießen, spricht für letztere Theorie. Dave und ich schlossen daraus, dass die Monpas wohl selbst nicht genau mit diesen theologischen Feinheiten bewandert waren. Wahrscheinlich war es eher das Ergebnis eines unsicheren Abwägens zwischen Brauchtum und Ökonomie – was lange vor dem Buddhismus bzw. Lamaismus oder sogar der tibetischen Urreligion Bon entstanden war.

---

* Der Goral ist ein Verwandter der Gämse, aber etwas kleiner

Wir befanden uns nun ein gutes Stück oberhalb des moorigen Beckengrunds, dort, wo die Hänge steiler zu werden begannen. Kahle Felsen bildeten hunderte Meter über uns ein fast senkrechtes Rund. Die schweren Regenwolken hatten sich, wie in den Landschaftsbildern chinesischer Maler, zu schmalen Linsen aufgelöst, die nun in dem Becken trieben. Zwischen ihnen wurden Dutzende von Bächen sichtbar, die in zahllosen Wasserfällen die steilen Flanken herabfielen. Jedes der schmalen Bachbette verdoppelte sich durch V-förmige Keile, die die ebenerdige Bodenschicht, die Gräser, Büsche, das Dickicht aus Rhododendronsträuchern und einzelne Gruppen verkümmerter Nadelbäume teilten. Mit ihrem glatt polierten Grund und den instabilen Schuttmassen sahen die Bachbette so aus, als hätten Steinlawinen sie geschaffen.

Am Vortag hatten wir tatsächlich eine Steinlawine über uns gehört, nun überquerten wir über diese Hinterlassenschaft hinweg eine Rinne. Bei jedem dieser steilen, glatten Bachbette ging Lobsang genau vor Dave und mir, suchte den besten Weg durch diese »Rutschbahn« und reichte uns bei jeder heiklen Stelle seine überraschend starke Hand. Für eine abschüssige, schlüpfrige Überquerung verwendeten wir erstmals bei dieser Tour ein Fixseil.

Wir hielten am frühen Nachmittag an einer Stelle, wo sich zwei Wasserrinnen vereinigten. Zwei gewaltige, sechs Meter hohe Felsblöcke lagen hier. Ihre weit überhängenden Flanken boten eine einigermaßen luxuriöse Unterkunft. Von der ebenen Oberseite der Blöcke hingen Gras und niedere Sträucher wie eine grüne Ponyfrisur zu den Seiten herab – Zeugen dafür, dass es Jahre, vielleicht sogar Generationen gedauert hatte, bis sie sich hier ansiedeln konnten. Während die Monpas die Lasten in der größeren Höhle absetzten, gingen Ang Kami, Lobsang, Dave und ich in die kleinere Höhle, um wenigstens für kurze Zeit einigermaßen ungestört zu sein.

Eifrig suchten die Monpas die Hänge über uns nach Wild ab, und bald entdeckten sie mehrere Takins, die wir einige Minuten später unter sorgfältiger Anleitung ebenfalls sehen konnten. Etwa 150 bis 300 Meter über uns grasten bräunliche Tiere in Dreier- oder Vierergruppen. Wurden sie aufgeschreckt, sprangen sie Rinnen und Wasserzüge hinab, die wir kaum zu überqueren gewagt hatten. Anstatt die Jungen allein loszuschicken, führte Peme Gompa nun erstmals einen Jagdtrupp an und die »Stimme des Dorfes« einen zweiten, nur Chaplain blieb zurück, um auf das Feuer zu achten.

Zwei Stunden später drang lautes Rufen vom Pfad herüber – Pointman und Squad Leader trafen ein, ein breites Grinsen auf ihren mit Blutstreifen bemalten Gesichtern. Jeder trug mit Hilfe eines Seils eine, in einen gummierten Regenmantel gewickelte, Takinkeule auf dem Rücken. Es dauerte noch eine weitere Stunde, bis alle übrigen – einer nach dem anderen – wieder zurück waren. In Hochstimmung schleppten sie die restlichen Teile des wahrscheinlich um hundert Kilogramm schweren Takins heran. Als Letzter lief Peme Gompa herbei. Aus seiner Rückentrage ragte der schwarze Kopf des Takins, dessen ergeben starrende blaue Augen wie bei einem kleinen Wasserbüffel zwischen den kurzen geschwungenen Hörnern saßen.

Chaplain und Baby-san schürten rasch das Feuer, der weitere Abend schien wie ein Rückgriff auf die Steinzeit. Von Squad Leader angestiftet, reichten die Jüngeren mit blutverschmierten Händen die rohe Leber weiter, jeder biss weit hinein und schnitt dieses Stück dann mit einem kleinen Messer ab. Peme Gompa briet Herz und Hoden und bot uns Stücke davon als besondere Delikatesse an. Schließlich beteiligten sich alle an dem Gelage, warfen Fleischstreifen direkt in das Feuer und wetteiferten darum, wer sie ohne zu schreien mit bloßen Fingern herausziehen konnte.

Dave und ich schnitzten Barbecue-Spieße und brieten uns dünne Streifen eines überraschend zarten Lendenstücks. Lobsang genoss ein Rippenstück, und Ang Kami nahm aus Höflichkeit ein paar Kostproben, um die ganze Szene dann mit einem kleinen ratlosen Lächeln zu betrachten.

Ohne Absprache ergab es sich, dass der folgende Tag zu einem Ruhetag wurde. Nach der Schlemmerei hatten die Monpas keine Lust, den ganzen Tag bergauf zu steigen. Außerdem war es auch wichtig, das übrig gebliebene Fleisch nicht verderben zu lassen. In dünne Scheiben geschnitten, wurde es über dem Rauch der Flammen geräuchert. Direkt über dem Feuer hing die Gallenblase, die offenbar großen medizinischen Wert hatte.

Auf einem Baumstumpf, der an einer Seite wie ein Schneidebrett abgeflacht war, hackte ein junger Mann mit seiner Machete Fleisch klein. Ein anderer verknetete das gehackte Fleisch mit etwas Tsampa – mit Buttertee und Butter gut verknetetes geröstetes Gerstenmehl – und einer Mischung aus Chili, Blut und Wasser, in der seine Arme bis über die Ellbogen steckten. Ein dritter füllte die gewaschenen Därme mit dieser Mischung und verknotete sie säuberlich so, dass aneinanderhängende Würste entstanden, die dann in einem Topf mit kochendem Wasser landeten. Peme Gompa mischte das Tsampa einem Teig bei, den er über kleine Fleischbälle zu »Momos«, tibetischen Teigtaschen, formte und sie dann in einem extra Topf kochen ließ. Ein Teil dieser reichen Gaben wurde für den Weitermarsch verpackt, der Rest im hinteren Höhlenbereich für die Rückkehr versteckt. Denn der Rückweg nach Mendung war lang.

Am Morgen des 16. Oktober führte uns Peme Gompa zu meiner Überraschung von unserem Biwakplatz geradewegs aufwärts, also in Richtung Süden statt nach Osten in die Richtung Regenbogenfälle. Aus der Höhe konnten wir etwa 600 Meter über uns einen felsigen Gebirgssattel erkennen. Er lag zwischen 3600 und 3900 Meter Meereshöhe und bildete den tiefsten Punkt des uns umgebenden Bergrunds. Über diesen Sattel wollte Peme Gompa das Becken, in dem wir uns befanden, offensichtlich verlassen. So erreichten wir die Südflanke des Gyala Pelri, der den Tsangpo zu einer Umkehr zurück zu den Regenbogenfällen zwingt.

Für Himalaja-Bergsteiger, Ang Kami eingeschlossen, war es eine lächerliche Höhe, für Dave und mich war das Gehen in dieser Höhe aber sehr mühsam. Nur langsam kamen wir voran, die Monpas legten schon regelmäßig Zigarettenpausen ein, um uns nicht zu weit voraus zu sein. Die Vegetation wurde spärlicher und um uns herum gab es immer mehr steile, nackte Felsen. Zweimal brachten Peme Gompa und Ang Kami Seilsicherungen an. Nach fünf Stunden gelangten wir schließlich auf den schmalen Sattel und blickten uns staunend um. Es wehte ein eiskalter Wind.

Hinter uns, im Norden, verlor sich das von Wasserfällen zerfurchte Becken in dem von den Wolken fast erdrückten Tsangpo-Tal. Neunzehn Meilen flussaufwärts, aber auch zum Tsangpo hin, fielen im Süden die bewaldeten Berghänge zu unseren Füßen jäh 700 Meter tief ab. Auf der anderen Seite des Flusses waren die etwa 300 Meter darüber gelegenen runden Terrassen zu erkennen. Dort hatte früher das jetzt verlassene Kloster von Pemakochung gestanden. Gegenüber erhob sich, verdeckt durch eine gewaltige Wolkendecke, der Namtsche Barwa.

Die Monpas waren ausgeruht und zum Abstieg bereit, als David und ich den Pass erklommen. Noch ehe sie ihre Lasten aufnehmen und weitergehen konnten, bestand ich auf einer kurzen Besprechung mit Peme Gompa und Ang Kami. Ich machte mir Sorgen darüber, welche Richtung wir nun einschlagen sollten. Auch die »Stimme des Dorfes« und Squad Leader kamen dazu, und schnell zeigte sich, dass die Stimmung umgeschlagen war. Die lockere Kameradschaft beim gestrigen Fest und der Gesang waren düsterem Unbehagen gewichen. »Die Stimme des Dorfes« führte das Wort. Peme Gompa verhielt sich meist still, als hätte er nicht das Recht, für die ganze Gruppe zu sprechen. Weiter als bis hierher seien sie noch nie gekommen, sagten sie zu Ang Kami. Der einzige Weg auf der anderen Seite würde 20 Tage über gefährliche Höhenrouten stromaufwärts nach Gyala und Pe führen. Vielleicht könnten sie einen direkten Abstieg zum Fluss finden, aber dann weiter flussabwärts zu gehen, wäre unmöglich.

Diese Veränderung in unserer Mannschaft war unerfreulich, denn das bedeutete, dass wir etwa 17 Kilometer weiter stromabwärts zum Fluss kamen als dort, wo Tom und unser »Flussteam« auf Nachschub und Unterstützung für den Rückweg warteten. Seit zwei Tagen hatte Tom sich nicht mehr gemeldet. Und falls er und seine Gruppe schon, ohne es zu wissen, an uns vorüber waren, ehe wir den Fluss erreichten, könnten sie ernsthafte Schwierigkeiten bekommen. Der Karte und den Satellitenbildern zufolge schien es sinnvoller, sich weiterhin oben auf dem Grat ostwärts auf die Regenbogenfällen zu zu bewegen, statt es unten am Fluss entlang zu versuchen. Und die mürrische Haltung der Monpas schloss es nahezu aus, sie wieder zum Hinaufgehen und zu einem zweiten Versuch überreden zu können, sollte der Abstieg sich als irrig erweisen.

Ich holte die Satellitenkarten aus der Deckeltasche meines Rucksacks und zog sie aus der wasserdichten Hülle. Dann breitete ich sie auf einem vereisten Felsen in richtiger Orientierung aus, zeigte nachdrücklich auf die Stelle, wo die Regenbogenfälle lagen, und wies energisch darauf hin, dass wir unbedingt dort ankommen mussten. Hier oben, von der Adler- oder vielleicht sogar Satellitenperspektive aus betrachtet, wurde unsere Absicht vielleicht deutlicher als in Mendung. Möglicherweise ließ auch mein Tonfall keinen Zweifel daran: Selbst wenn wir bei jedem Schritt um Luft ringen sollten, ausrutschten oder fielen – nichts würde uns von diesem Ziel abbringen. Die drei Monpas gingen mit Ang Kami zur gespannt zusehenden Gruppe zurück, und es folgte eine lebhafte Diskussion. Dave und ich falteten mit Lobsangs Hilfe unsere Karten wieder zusammen und heuchelten Gleichgültigkeit.

Verstohlen beobachtete Dave die Körpersprache und lauschte dem Klang der Stimmen. Squad Leader schien für ein Weitergehen zu sprechen. Einige andere zögerten, und aus Peme Gompas Verhalten war nicht erkennbar, was er über das Ganze dachte. Nach etwa 15 Minuten kam Ang Kami und teilte uns den gemeinsamen Beschluss mit: »Wenn Wick und Dave weitergehen können, werden auch sie es versuchen.«

Wir beeilten uns, aus dem eisigen Wind zu kommen und unsere steif gewordenen Muskeln zu erwärmen, schulterten unsere Rucksäcke und stiegen die Rinne auf der Südseite des Sattels hinab. Nüchtern analysierten Dave und ich den plötzlichen kollektiven Wandel, der da oben stattgefunden hatte. Keiner von uns beiden empfand es als böswillige oder vorsätzliche Verschwörung, obwohl die Monpas natürlich alle gewusst hatten, dass wir die Grenze ihres Territoriums erreichen würden. Es hatte eher den Anschein, als ob sie aus Unsicherheit missmutig und aggressiv waren, weil sie von nun ab ins Ungewisse gingen.

Es wäre allerdings unklug, die tiefe Kluft, die unsere Sichtweisen voneinander trennte, zu unterschätzen. Die Monpas waren trittsicher und mit jedem Zentimeter ihres rauen Gebiets, den sie sich einmal eingeprägt hatten, innig vertraut. Das Unbekannte, das außerhalb des von ihren Ahnen übertragenen Wissens lag, fürchteten sie aber. Wir hingegen waren es von Kindheit an gewohnt, voller Zuversicht und oft auch überstürzt rund um den Erdball zu reisen und dem abstrakten Wissen aus Karten, Beschreibungen und wissenschaftlicher Schlussfolgerung zu trauen. Zu dieser Ungewissheit kam hinzu, dass die Region zu einer der unwirtlichsten Gegenden der Erde zählte und somit zu einer für die Monpas wohl gleichermaßen entmutigenden Landschaft. Aber vor uns lag eine noch unerfüllte Aufgabe.

Etwa 150 Meter unterhalb des Beckenrands war die Andeutung eines Pfades erkennbar, der unsere Abstiegsroute kreuzte. Dieser winzige Pfad verlief nach Osten und Westen horizontal den Hang entlang. Die zahlreichen Trittsiegel ihrer Hufe ließen deutlich erkennen, dass der Pfad oft von Takins benutzt wurde. Ungewiss blieb, ob es sich dabei um mehr als nur einen Wildwechsel handelte. Jedenfalls sollte dies am nächsten Morgen unser Weg sein.

NEUNTES KAPITEL

Die Tragödie

Wie Wesen, die Schönes träumen,
lagen, standen, erhoben die Berge sich im Sonnenlicht:
ebenholzfarben, silbern und seidig.
Aber ich hasste sie, zitternd vor Übelkeit,
denn du warst nicht mehr bei mir.[1]

WILFRID NOYCE

DAS FOLGENDE GESPRÄCH vom 16. Oktober, ab 19 Uhr, ist den Aufzeichnungen von Harry Wetherbee entnommen.

TOM: *»Harry, hier ist Tom. Harry, heute … ist bei uns was passiert, nämlich – mach dich auf etwas gefasst – Doug wurde flussabwärts in eine riesige Stromschnelle gerissen … ich vermute das Schlimmste. Over.«*

HARRY: *»… Oh Gott! … Kennst du eure genaue Position? Over.«*

TOM: *»Wir sind etwa knapp 200 Meter flussabwärts von unserer Position von gestern abend entfernt, und es passierte heute Mittag, ungefähr um halb zwölf. Over.«*

HARRY: *»Gut, … was können wir …«*

TOM: *»Ich weiß nicht, was wir jetzt tun sollen. Aber ich glaube, zuallererst sollte man Wick anrufen und ihn fragen, ob wir die Behörden usw. verständigen sollen – vielleicht hat er einen guten Rat. Over.«*

HARRY: *»Gut. … Vielleicht können wir aus Mendung oder Zachu eine Suchmannschaft anfordern. Over.«*

TOM: *»Das könnte … eine Suchmannschaft auf dem Fluss? Wir sahen ihn zum letzten Mal, als er von einer riesigen Stromschnelle überrollt wurde. Wir gingen fast fünf Kilometer flussabwärts, fanden aber keine Spur von ihm. Over.«*

HARRY: *»O.K., ich versuche Wick zu erreichen. Halt, unsere vereinbarte Anrufzeit ist heute abend um halb acht. Du rufst ihn also besser selbst an. Vielleicht kann er jemanden nach Mendung oder Zachu losschicken, um von dort Hilfe zu holen. Over.«*

TOM: *»Ja, ich versuch ihn heute abend um halb acht zu erreichen … Ich weiß nicht, wie man sowas handhabt und ob man es schon weitergeben sollte, ohne Genaueres zu wissen und ohne zu wissen, was wir der Öffentlichkeit sagen wollen. Over.«*

HARRY: *»Das soll Wick entscheiden. … Ich glaube nicht, dass wir von hier aus zu euch kommen können. Ich würde sagen, am wichtigsten ist es jetzt, das Gebiet weiter flussabwärts abzusuchen. Und wir versuchen, euch jemanden von der anderen Seite entgegenzuschicken. Over.«*

TOM: *»Der Fluss hat eine irre Geschwindigkeit – schwer zu sagen, wo Doug sein könnte, aber … wir haben eigentlich noch nicht besprochen, was wir als Nächstes tun wollen. Wir sind schon ganz schön weit flussabwärts gegangen. …«*

HARRY: *»Hallo, Hallo. War er außerhalb seines Boots? Over.«*

TOM: *»Nein. Als wir ihn das letzte Mal sahen, war er in seinem Boot, es war gekentert, er trieb in einer riesengroßen Stromschnelle und verschwand einfach – mitsamt dem Boot. Ich habe schon gesagt, wir sind sehr weit gegangen, um ihn zu suchen. Weiter unten war das Wasser ruhiger und trotzdem nirgends eine Spur von ihm zu sehen. Darum befürchte ich das Schlimmste.«*

HARRY: *»O.K.«*

TOM: *»Wann kann ich dich wieder anrufen? Wo seid ihr jetzt? Over.«*

HARRY: *»Wir sind auf der Straße. Schon seit drei oder vier Stunden. In Richtung Tulung. ... Moment ... Ruf mich an, wenn du mit Wick gesprochen hast, oder sag Wick, er soll mich anrufen. Ich warte dann nach deinem Gespräch mit Wick um halb acht auf weitere Anweisungen – recht so? Over.«*

TOM: *»Ja, so mach ich es. Entweder ich rufe dich wieder an, oder ich bitte Wick darum. Sagen wir um acht. Over.«*

HARRY: *»O.K., ich warte um die Zeit. Und wenn wir irgendwas tun können, werden wir das selbstverständlich tun. Over.«*

TOM: *»In Ordnung, Harry, Danke. Tom out.«*

HARRY: *»Harry out.«*

UNSERE KURZEN UND SCHWACHEN TELEFONVERBINDUNGEN über Satellit waren nun lebenswichtig. Jede der drei – räumlich weit voneinander getrennten Gruppen – musste sofort neu instruiert werden, eine koordinierte Suche und Rettung planen und durchführen. Tom und ich mussten uns selbst bei diesem Notfall auf knappe und wesentliche Informationen beschränken und uns an einen strengen Zeitplan halten, denn wir wussten nicht, wie lange die Batterie Strom lieferte. Um die Gespräche möglichst knapp und klar zu halten und Verwirrungen wegen der Zeitverzögerung der Signalübertragung über den Satelliten zu vermeiden, bedienten wir uns der Funkersprache. Deshalb klangen unsere Stimmen auch so kurz angebunden und dienstlich wie beim Militär. Trotzdem vermittelte auch dieser so unpersönlich wirkende Austausch unseren kleinen isolierten Gruppen Ermutigung, Unterstützung und Kameradschaft, als uns der Schock und der Kummer über den erlittenen Verlust und die physische Anspannung schwer zu schaffen machten.

16. Oktober 1998, 19.30 Uhr –

WICK: *»Harry, hier spricht Wick. Ehe ich meinen Situationsbericht abgebe – gibt es bei euch was Neues? Over.«*

HARRY: *»Ja, Tom versucht dich zu erreichen … Heute früh wurde Doug flussabwärts von einer Stromschnelle mitgerissen, etwa um eins eins drei null Uhr. Die anderen sind ungefähr 200 Meter von der gestrigen Position entfernt. Sie gingen etliche Kilometer flussabwärts, an großen Stromschnellen vorbei, fanden ihn aber nicht. Der Fluss ist dort extrem reißend, sagte Tom. Dougs Boot war umgekippt, und er verschwand in den Stromschnellen. Tom wollte dich anrufen und das weitere Vorgehen besprechen. Ende.«*

WICK: *»… Roger. … Aus meiner Sicht können von hier aus nur unsere beiden Gruppen irgendwas Konstruktives tun. … Und gebt nichts nach außen weiter, solange wir nicht genau wissen, was los ist – zumindest so lange, bis Tom und ich miteinander gesprochen haben. Over.«*

HARRY: *»Abgemacht. Er wollte dich um halb sieben anrufen. Over.«*

WICK: *»Er wird bei mir anrufen? Stimmt das? Over.«*

HARRY: *»Stimmt.«*

WICK: *»Gut. Ich warte die nächste halbe Stunde darauf. Over.«*

HARRY: *»In Ordnung. Ich versuche ihn anzurufen und eine Verbindung zwischen euch herzustellen. Over.«*

WICK: *»Gibt es sonst noch was im Moment? Over.«*

HARRY: *»Nenn mir bitte eure Koordinaten. Over.«*

WICK: *»Roger. Zwei neun sechs Komma acht sechs sieben Nord. Null neun fünf null drei Komma sechs sieben vier Ost. Alles notiert? Gib mir jetzt euren Standort und Status. Over.«*

HARRY: *»O.K. Wir sind heute von Pei in Richtung Trulung losgefahren. Ich weiß nicht, wie wir helfen könnten. Ruf mich an, wenn wir irgendwas tun sollen. Wenn wir Helfer holen, dauert es bestimmt zehn Tage, bis jemand* *im Unfallgebiet ist; sind sie schnell, vielleicht etwas weniger. Ich mach jetzt Schluss, um Tom anzurufen. Er soll mit dir sprechen. Bitte ruf mich dann gleich wieder an und gib mir weitere Anweisungen. Over.«*

WICK: *»Roger. Bitte halte dich für ein Gespräch nach meinem Telefonat mit Tom bereit. So um acht? Over.«*

HARRY: *»Ich warte ab acht, bis viertel nach acht. Harry out.«*

WICK: *»Wick out.«*

16. Oktober 1998, 19.40 Uhr –

HARRY: *»Hier Harry. Gibts was Neues? Over.«*

TOM: *»Hier Tom, Harry. Ich konnte Wick nicht erreichen. Over.«*

HARRY: *»Ich hab mit Wick gesprochen, er wartete auf deinen Anruf. … Ich habe versucht eine Verbindung mit dir zu kriegen, da kam die Meldung, du seist nicht erreichbar. Da stimmt also was nicht. … Ich kann Wick noch mal anrufen und ihm sagen, er soll dich anrufen. Over.«*

TOM: *»O.K. Ich warte. Ich lass das Telefon eingeschaltet und hebe sofort den Hörer ab, wenn es läutet. Over.«*

HARRY: *»In Ordnung. Ich lass es auch die ganze Nacht eingeschaltet, falls ihr etwas braucht. Wie gut sind eure Batterien noch? Over.«*

TOM: *»Eine volle hab ich noch … und die jetzt drin ist, dürfte auch noch gut sein. Eine neue hab ich also noch. Over.«*

HARRY: *»Gut. Ich habe Schwierigkeiten gehabt, dich zu erreichen. Umgekehrt scheint es besser zu klappen. Ich versuche jetzt Wick zu erreichen und bitte ihn, es bei dir immer wieder zu probieren. Wie lange hältst du dich bereit? Over.«*

TOM: *»Ich warte bis – sagen wir halb neun?«*

HARRY: *»Gut. Ich versuche jetzt, an Wick weiterzugeben, dass du bis halb neun wartest. Over.«*

TOM: *»O.K. Tom out.«*
Harry: »Harry out.«

Es war zum Verrücktwerden. Irgendwelche launischen Störungen beim Wählen verhinderten einen direkten Kontakt zwischen Tom und mir. Wenigstens konnte jeder von uns mit Harry Verbindung aufnehmen. Dieser lebenswichtige Kontakt ermöglichte es uns, schnell eine koordinierte Suche auf die Beine zu stellen, an der alle drei Gruppen beteiligt waren.

16. Oktober 1998. 20 Uhr –

WICK: *»Hallo. Hier Wick. Over.«*

HARRY: *»Wick, hier Harry. Ich hab eben wieder mit Tom gesprochen. Er kriegt keine Verbindung zu dir. Versuchst du es mal bei ihm? Over.«*

WICK: *»Hab ich gerade, aber ich bekam eine Störungsmeldung. Von hier gehts also nicht. ... Aber ich gebe dir einige Anweisungen für Tom, bitte leite sie an ihn weiter, wenn du ihn erreichen kannst. Bist du bereit mitzuschreiben? Over.«*

HARRY: *»Bin bereit. Over.«*

WICK: *»Gut. Morgen früh gehen wir von unserem jetzigen Standort, von dem aus man Pemakochung sieht, am westlichen Abhang in Richtung des von Tom angegebenen Standorts weiter. Alle ersten fünf ... versuchen wir über das Walkie-Talkie Kontakt zu kriegen.«*

HARRY: *»Break. Break. Ein paar Wörter sind untergegangen. Um welche Zeit versuchst du über das Walkie-Talkie Kontakt zu bekommen? Over.«*

WICK: *»Solange es hell ist, versuchen wir alle ersten fünf Minuten einer Stunde mit dem Walkie-Talkie Kontakt herzustellen. Alles notiert? Over.«*

HARRY: *»Hab alles. Ich tue mein Bestes, es weiterzuleiten. Ich kann dir Toms letzte Positionsmeldung – die letzten Koordinaten durchgeben. Bist du bereit mitzunotieren? Over.«*

WICK: *»Bin bereit. Over.«*

HARRY: *»Also – die Angaben sind schon ein paar Tage alt, aber ich glaube, die Gruppe befindet sich noch hier irgendwo im Umkreis: Zwei neun vier fünf Komma vier zwei – neun vier fünf sieben Komma neun fünf. Over.«*

WICK: *»Roger. Alles notiert. Weitere Anweisungen: Wir werden hier um acht Uhr in der Früh und um sieben Uhr abends auf ein Telefongespräch warten. Notiert? Over.«*

HARRY: *»Alles gut verstanden und notiert. Ich versuche mein Satellitentelefon die ganze Nacht eingeschaltet zu lassen ... Moment ... Ich lass mein Telefon die ganze Nacht eingeschaltet, falls jemand mich braucht. Over.«*

WICK: *»Roger. Mir wär's recht, ihr würdet einen guten Zeltplatz finden und dort bleiben, um als Kommunikationsstation zu fungieren. Habt ihr eine Anschlussmöglichkeit an eine Autobatterie, um das Telefon eingeschaltet zu lassen und überwachen zu können? Over.«*

HARRY: *»Ja, wir sind mit dem Wagen hier, die Batterien sind gut. Wir warten hier und überwachen das Telefon ständig, so gut wir können. Over.«*

WICK: *»O.K. Roger. Tut euer Bestes, am wichtigsten sind die ersten zehn Minuten jeder vollen Stunde. Zu dieser Zeit werden wir versuchen, Kontakt zu halten. Over.«*

HARRY: *»In Ordnung. Ihr ruft also in den ersten fünf Minuten jeder vollen Stunde an, auch wenn ich versuche, eine 24-Stunden-Überwachung aufrechtzuerhalten. Over.«*

WICK: *»Roger. Sonst nichts im Moment. Ich beende das Gespräch und melde mich erst wieder morgen früh um acht: Hast du mir noch was zu sagen? Over.«*

HARRY: *»Nichts mehr. Ich versuche das an Tom weiterzugeben. Harry out.«*

WICK: *»Wick out«.*

17. Oktober 1998, 8.30 Uhr –

HARRY: *»Hier Harry. Was gibts Neues, Tom? Over.«*

TOM: *»Hier Tom, Harry. Hast du Wick erreicht? Over.«*

HARRY: *»O.K. Tom. Ja, ich habe eine Nachricht für dich. Gestern abend sprach ich mit Wick und jetzt wieder. Er ist direkt über Pemakochung, eben steigt die Gruppe am linken Ufer, in der Nähe von Pemakochung zum Fluss ab. Sie wollen sich entlang des linken Ufers stromaufwärts bis zu dir durcharbeiten. Auf welcher Uferseite bist du? Over.«*

TOM: *»Harry wir sind jetzt am linken Flussufer, wollen auf das rechte wechseln und flussabwärts gehen. Auf der Karte ist von Pemakochung flussaufwärts ein See eingezeichnet. Wird wohl kein richtiger See sein, aber dort haben wir vor, wieder zum linken Ufer zu wechseln. Over.«*

HARRY: *»Gut. Wick hat das Walkie-Talkie, damit wird er versuchen, dich während der ersten fünf Minuten jeder vollen Tagesstunde zu erreichen. Over.«*

TOM: *»O.K., ich verstehe, aber es wird noch mindestens einen Tag dauern, bis wir so nahe sind, dass es funktioniert. Sagst du das Wick bitte? Over.«*

HARRY: *»Ich glaub, dazu ist es zu spät. Er hat sicher schon alles gepackt und wird versuchen dich zu erreichen. Horch einfach, ob was kommt. Außerdem wird er um acht Uhr früh, acht Uhr früh, und um sieben Uhr abends, sieben Uhr abends das Telefon einschalten, damit du ihn erreichen kannst.*

Ich weiß, dass ihr Probleme mit der Verbindung habt.

Ich werde versuchen, das heute mit der Hafenzuständigkeitsbehörde in Peking zu klären. Over.«

TOM: *»Gut, heute abend probier ich es wieder. Tom out.«*

HARRY: *»O.K., viel Glück! Harry out.«*

Dieser kurze Austausch über große Entfernungen gab die Reaktion eines jeden Einzelnen von uns auf diesen Ernstfall völlig verzerrt wieder. Wir brachten zwar die nötige Koordination zustande, aber die knappen Botschaften und die Notwendigkeit, alles über Harry weiterzugeben, führte während der ersten Tage der Suche zu drei völlig unterschiedlichen Sichtweisen und emotionalen Reaktionen.

Am Morgen des 17. Oktober erfuhr ich von Harry, dass sich seit der entsetzlichen Nachricht von Dougs Unfall nichts mehr ergeben hatte. Ich saß auf einem oben abgeflachten Felsen, von dem aus ich in eine breite, V-förmige Schlucht hinunterschauen konnte. Unten beschrieb der Tsangpo mit seinem graugrünen Wasser, den weißschäumenden Stromschnellen und den felsigen Ufern eine sanfte Krümmung. Rechts davon war ein langer Felsgrat am Horizont zu sehen. Etwa zwölf Kilometer weiter kämpften sich Tom, Jamie und Roger in der Hoffnung flussabwärts, hinter irgendeinem Felsen Doug auftauchen zu sehen – vielleicht hatten sie ihn auch schon gefunden.

Sofort nach Harrys Anruf brachen wir hastig unser Lager ab und begannen mit dem Abstieg. Ganz nah schien der Fluss unter uns zu liegen, trotzdem mussten wir sieben Stunden schwieriger Kletterei hinter uns bringen, um dorthin zu gelangen – viel Zeit, um immer wieder daran zu denken, was uns unten wohl erwarten würde.

Die Möglichkeit, dass Doug im Tsangpo umgekommen war, war nicht zu leugnen. Dieses Risiko war Bestandteil unseres Sportes, und wir sprachen auch offen darüber. Wie Jamie kürzlich geschrieben hatte: »*... hinter den nackten Unfallzahlen verbergen sich mehr als nur ein paar Freunde.*«[2] Gerade ein Jahr vorher hatte Doug selbst über den Tod eines nahen Freundes und zweimaligen Olympiateilnehmers, Rich Weiss, geschrieben:

»Für viele Spitzenpaddler ... war es immer viel zu leicht, die wachsende Zahl derer zu ignorieren, die im Fluss den

Tod fanden. ›Mir wäre das nie passiert ... ich bin besser als er ... bin cleverer‹, dachte jeder unbewusst, auch ich.

Tut mir Leid, Leute, aber das bringt es nicht mehr. Es gibt keinen besseren oder umsichtigeren Paddler als Rich Weiss. Es ist an der Zeit, es einmal laut auszusprechen: Wildwasser der Kategorie VI – trotz gegenteiliger Meinungen hier im Westen – zu befahren, ist gefährlich. Werde ich meinen Sohn trotzdem noch das Paddeln lehren? Ja, und ich wette, Rich würde genauso handeln. Die Freude, Befriedigung und das innere Wachstum, das ich durch das Paddeln erfahren habe, und die atemberaubenden Gegenden, die ich kennen gelernt habe, sind das Risiko wert. Aber es wäre falsch, dieses Risiko zu leugnen. Es ist da, und es ist sehr real. Wenn wir nicht alles in unserer Macht Stehende dransetzen, damit entsprechend umzugehen und das Risiko so gering wie irgend möglich zu halten, haben wir eine sehr wichtige Lektion verpasst.«[3]

Nach diesen spärlichen Informationen von Harry war ich trotzdem weit davon entfernt, anzunehmen, dass es tödlich enden würde. Mein großes und berechtigtes Vertrauen in Dougs Kompetenz auf dem Wasser und in seine Ausrüstung schloss das in einer ersten natürlichen Reaktion aus. Jeder von uns war zwar schon etliche Male selbst in Schwierigkeiten geraten, aber keiner der Expeditionsteilnehmer hatte je selbst erlebt, dass einer von unserer Gruppe im Fluss gestorben war, weder bei Expeditionen noch bei Wochenendfahrten. Was wir auch schrieben, besprachen oder uns selbst sagten, es betraf immer »die anderen«.

Hoffnungsvoll und mit immer größerer Eile stürmten wir den Hang hinab, um mit den anderen gemeinsam nach unserem vermissten Mann zu suchen oder Dave hierher zu holen, falls – und dies schien wahrscheinlicher – Tom, Jamie und Roger Doug schon entdeckt hatten und er verletzt war.

Anfangs führte der Weg über das von Moosen und Flechten bedeckte Geröll in der Mitte der Schlucht, eine unregelmäßige Treppe, die Takins, Gorale – rötliche, ziegenähnliche Hornträger, von F. M. Bailey[4] für die westliche Naturwissenschaft erstmals beschrieben – und mindestens ein Bär vor uns benutzt hatten. Der Hang wurde so steil, dass wir auf den Grat auf der linken Uferseite ausweichen mussten. Es machte uns rasend, denn es brachte uns nicht weiter in das Gebiet, in dem die anderen suchten, hinein sondern eher weiter flussabwärts. Die Vegetation wurde dichter und veränderte sich, bis wir schließlich bald zwischen riesigen Rhododendronbäumen mit 60 Zentimetern Durchmesser hindurchgingen. Ihre klebrigen, gewundenen Zweige bildeten ein geschlossenes Kronendach über uns, und auf dem fast kahlen, parkähnlichen Boden war das Gehen leicht und angenehm. Dadurch erhöhten wir unser Tempo, und in unserer Sorge und Hast vergaßen wir fast, dass dies einer der spektakulärsten und ursprünglichsten Wälder der Welt war.

Als wir eine Mittagsrast einlegten, sprachen die Monpas leise unter sich, Ang Kami konnte kaum etwas übersetzen. Für uns war das schwer zu interpretieren. Wie viel sie von der Notsituation begriffen oder wie weit sie daran Anteil nahmen, wussten wir nicht. Vielleicht waren sie mit Rücksicht auf unsere trübe Stimmung so ruhig, überlegten Dave und ich. Oder hatten sie das Ergebnis der gestrigen Auseinandersetzung als Sieg der unkooperativen Fraktion gewertet? Wir hatten uns fast sofort zurückgenommen und für die Route entschieden, auf der sie anfangs bestanden hatten.

Nach einer weiteren steilen Rinne mussten wir wieder nach links, noch weiter stromabwärts. Bei einem 60 Meter langen, schwierigen Abschnitt über steilen, schlammigen Fels brachten wir einige Seile zum Festhalten an und ließen die Rucksäcke von einer Seilsicherung um einen Baum aus hinab. Das am Morgen noch entfernte Grollen des Flusses war immer lauter geworden, und flüchtige Blicke durch das Grün der Pflanzen zeigten uns, dass wir uns dem Ufer näherten. Am Nachmittag kamen wir endlich aus dem Wald heraus und über die schmale schlammige Böschung auf den 30 Meter breiten, von nackten runden Felsblöcken übersäten linken Uferstreifen des Tsangpo. Wir wandten uns nach rechts, stromaufwärts. Gespannt suchten wir mit den Augen beide Ufer ab. Fast 27 Stunden nachdem Doug zuletzt gesehen worden war, konnten wir uns jetzt an der Suche beteiligen.

Einige hundert Meter flussaufwärts entdeckten wir die erste Stromschnelle – eine große tosende Rutsche in der Flussmitte – ihre explosionsartig emporbrausenden Wellen schossen in regelmäßigen Abständen eine sechs Meter hohe Sprühfontäne in die Luft. Darunter war eine Art Becken, von dem ein Meter hohe Wellen hereinrollten. Es war von einem gigantischen, tief unterhöhlten Felsblock überdacht. Die herumliegenden Knochen von einem Goral und Tierfährten im weißen Sand neben dem Felsen wiesen darauf hin, dass wir diesen geräumigen Lagerplatz nicht als erste entdeckten. »Panter-Bucht« tauften wir den behaglichen, leicht surrealen Ort – obwohl sein früherer Bewohner wohl kaum ein Panter gewesen war – und nahmen ihn gleich in Besitz.

Unser Erkundungsgang stromabwärts führte uns zu einer kleinen, etwa 800 Meter weit von der Panter-Bucht entfernten Klippe, die direkt in den Fluss abfiel. Ab hier konnten wir nicht mehr am Ufer weitergehen, und es bot sich an, bei dem großen Felsblock ein Basislager zu errichten. Die Monpas ließen sich hier gleich nieder. Zu meiner und Ang Kamis wachsenden Enttäuschung und unserem steigenden Zorn erklärten sie, hier wäre die Strecke zu Ende, denn es seien keine Spuren mehr zu sehen. Nur bei doppeltem Lohn gingen sie weiter. Ehe ich auf diesen unverblümt geldgierigen Versuch, unsere verzweifelte Suche nach Doug schamlos auszunützen, reagieren konnte, mischte Dave sich ein. In Erinnerung an einen schon fast vergessenen Diskurs über Verhandlungen bei Geiselnahmen empfahl er sofort, die Diskussion zu vertagen und nicht in diesem Wust aus drei Sprachen kurzfristig Entscheidungen zu treffen. Vielleicht könnten die Monpas am nächsten Morgen zu uns kommen, um uns ihre

Vorstellungen darüber, was wir alle nun tun sollten, mitzuteilen.

Zwei der Ziele, die wir uns gesetzt hatten, waren wichtiger als meine natürliche Reaktion auf diese Nötigung: Mit äußerster Eile und Sorgfalt musste die Suche nach Doug fortgesetzt werden, und die ganze Gruppe musste sicher aus dieser Schlucht herauskommen, vielleicht sogar mit einem Verletzten. Steigenden Forderungen nachzugeben, wäre nicht unbedingt klug, auf eigene Faust weiterzugehen, ebensowenig. Ohne sich näher dazu zu äußern, riet Ang Kami davon ab, die Bezahlung zu sehr anzuheben, schloss eine geringe Erhöhung allerdings nicht aus. Interessanterweise sprach er sich auch gegen eine Belohnung für Ergebnisse bei der Suche anstelle einer Erhöhung des Entgelts aus.

Der Karte und den Satellitenbildern zufolge lag unser Standort für die Suche ausgezeichnet. Wir begannen hier etwa dreizehn Kilometer stromabwärts von der Unfallstelle und suchten flussaufwärts, Tom, Jamie und Roger kamen uns von dort stromabwärts entgegen. Ich glaubte daran, dass wir Doug noch lebend finden könnten. Zugleich war mir bewusst, dass solch ein glücklicher Umstand sich eigentlich nur auf die ersten ein bis zwei Kilometer nach der Unfallstelle beziehen konnte. Selbst bei bester Ausrüstung vermochte ein Schwimmer oder abtreibender Kajakfahrer realistischerweise nicht mehr als diese Strecke auf dem Tsangpo zu überleben. Sollte Doug die Situation wieder unter Kontrolle gebracht haben, nachdem man ihn zuletzt gesehen hatte, und flussabwärts gepaddelt oder getrieben sein, um eine Ausstiegsstelle zu finden, wäre er nie weiter gekommen als bis zu der flachen Strecke etwa zwei Kilometer flussaufwärts von der Panter-Bucht. Sollten wir hier unten einen Hinweis auf ihn finden, würde dies schlechte Nachricht bedeuten. Mit jedem Schritt flussaufwärts wurden die Chancen hingegen vielversprechender. Wenn die beiden Gruppen aufeinander trafen, war jeder Meter, an dem Doug sich befinden könnte, abgesucht.

Der Morgen brachte wieder mehr Überlegtheit und konstruktive Vorschläge zu Tage. Ein kleiner, schneller Trupp mit leichtem Gepäck – drei Monpas und Ang Kami – sollte einen Weg über die Felsen am Ufer finden, idealerweise Tom treffen und nach zwei Tagen wieder zum Basislager zurückkehren. Für ihre Bereitschaft dazu und die besonderen Schwierigkeiten, die mit dieser Aufgabe verbunden waren, würden die drei Monpas auch höher entlohnt werden. Glücklicherweise verhielten sich gerade die drei robustesten Waldarbeiter – Peme Gompa, Squad Leader und Redford – uns gegenüber offenbar am loyalsten, und ich bereute es nicht, ihnen einen Bonus zu zahlen.

Wir gaben ihnen gefriergetrocknete Lebensmittel mit und Ang Kami erhielt meinen Biwaksack, denn die Aussicht auf gute Lagerplätze war gering. Gleich nach dem Mittagessen trotteten sie hinter der Panter-Bucht in den Wald hinein – die drei Monpas mit dem Gewehr im Anschlag. Auf ihre eigene Initiative hin brachen Lobsang und Chaplain bald flussabwärts auf, um dort nach einem Hinweis auf die Unfallstelle zu suchen, die übrigen Monpas begaben sich auf die Jagd.

Für Dave und mich war das Warten auf eine Nachricht im Basislager zermürbend. Lieber hätten wir mitgesucht. Tatsache war aber, dass die vier Männer, die wir losgeschickt hatten, viel schneller gehen konnten und schärfere, geübtere Augen hatten als wir. Ang Kami und Peme Gompa vertraute ich, sie würden alles nur Menschenmögliche tun. Wir selbst konnten kaum etwas beitragen, außer stündlich über das Walkie-Talkie zu versuchen Tom zu erreichen – oder, besser noch, Doug, der zur Unfallzeit auch ein Walkie-Talkie bei sich trug. Dave schrieb in sein Tagebuch: *Erst um 19 Uhr telefonieren wir wieder miteinander, und unsere Hoffnungen wandeln sich in Gebete.*

Der einzige Luxusartikel in Daves Rucksack war ein zerlesenes Exemplar von Charles Fraziers Bürgerkriegsroman »Cold Moutain«. Dies lieh ich mir von ihm und begann es förmlich zu verschlingen. Zwanghaft wollte ich dem Tosen des

Flusses, meiner ständigen Sorge um Doug und meinem Zorn auf die Monpas entkommen. In einem anderen Jahrhundert, auf einem anderen Kontinent und in einer anderen Person fand ich Zuflucht.

Inmitten eines spärlich mit Gras bewachsenen steinigen Geländes, wo neben der unasphaltierten »Landstraße« nach Pei Yakfladen lagen, hatten Harry, Doris und Paulo ihr Lager aufgeschlagen. Selbst die Katharsis durch körperliche Anstrengung war ihnen versagt. Denn sie stellten das lebenswichtige Bindeglied zwischen Tom und mir dar. Verlören wir die Verbindung und hätten auch sonst keine Möglichkeit, einander zu finden, wären die mühevolle Suche und die Sicherheit aller Beteiligten in Frage gestellt. Sobald es an der Zeit sein würde, den Familien, Regierungsvertretern und der Öffentlichkeit Rede und Antwort zu stehen, würden sie ein viel beschäftigtes Kommunikationszentrum bilden. Im Augenblick umfasste ihre Aufgabe, zweimal täglich Botschaften zu übermitteln, das ansonsten stumme Telefon im Hinblick auf Notfälle zu überwachen und über Toms ominösen ersten Bericht »... Ich befürchte das Schlimmste« nachzudenken.

Zu jeder Tages- und Nachtzeit kamen Kinder durch ihr Lager, viele von einer nahen Schule, andere, die in diesem Gebiet gerade Schafe oder Ziegen hüteten. In jedes offene Zelt – den Wagen eingeschlossen –, steckten sie ungebeten ihre Köpfe hinein und begutachteten, wie alle Tibeter hier, ohne Hemmungen jeden einzelnen Ausrüstungsgegenstand. Was am Beginn der Reise niedlich und Lokalkolorit war, wurde nun zum ständigen Ärgernis. Überall drangen sie ein und lenkten die drei zunehmend besorgten Amerikaner von ihren Aufgaben ab. Doris zog sich in das große schwarz-gelbe Zelt zurück. Trotz der brütenden Mittagshitze schloss sie die Nylontüren mit dem Reißverschluß, um die unablässig hereinstarrenden Gesichter auszusperren. So wie ich mich an der Panter-Bucht in den Roman »Cold Mountain« flüchtete, vergrub sie sich in die melodramatische »Beach Music«, in der Pat

Conroy das Rom der 60er Jahre lebendig schildert. Doris hatte in Rom gelebt und war dort zur Schule gegangen.

Mit wachsender Bestürzung und Trauer und ohne die Hoffnung, an die Dave und ich uns noch klammerten, suchten Tom, Roger und Jamie von der Unfallstelle an flussabwärts.

DER 16. OKTOBER HATTE GUT BEGONNEN, ohne jede Vorwarnung. Am blauem Himmel standen Kumuluswolken in strahlendem Weiß. Anfangs führte Tom. Entlang des linken Ufers wählte er Strecken durch Rinnen und über Stufen, die er von seinem Boot aus erkennen konnte. Bei einem kleinen Felsvorsprung oberhalb der ersten größeren Stromschnelle hielten die vier Paddler an, um vom Ufer aus alles genau überblicken zu können und besprachen, wie sie diesen Felsen und dann die Stromschnelle flussabwärts am besten nehmen sollten. Es war typisch für Doug, dass er sich zunächst entschied, die Situation zuerst zu Fuß zu erkunden, um dann zu seinem Boot zurückzukehren und die Strecke auch auf dem Rückweg zu studieren. Mit Wurfleine und Videokamera arbeitete Tom sich inzwischen zu einem Felsen unterhalb als Aussichtspunkt vor.

Doug glitt weit vom Ufer entfernt in den Strom ein, paddelte dann wieder zur linken Seite zurück, beschleunigte und fuhr die am weitesten vom Ufer entfernte Route. Dort schoss das Wasser fast senkrecht über eine Kante, eine zweieinhalb Meter hohe und viereinhalb Meter breite Rinne hinab. Unten bildete sich ein tiefer Strudel, aus dem der Großteil der Strömung auf der rechten Seite herausfloss. Während ihres Erkundungsgangs besprachen sie, dass die klarste und direkteste Linie wohl die sei, die Rutsche auf der linken Seite hinabzufahren und den Strudel unten an seiner äußersten linken Seite anzuschneiden. Der schwerwiegende Nachteil war der, dass Boot oder Schwimmer, sollten sie es nicht über den Strudel schaffen, nach rechts in die Strömung hinausgeschleudert würden, die geradewegs auf die gewaltige Stromschnelle flussabwärts zusteuerte.

Diesen »schlimmsten Fall« sah Tom durch den Sucher seiner Kamera ablaufen. Doug flog von einer guten Position aus über den Rand der Rutsche, er paddelte kräftig, um den Schwung beizubehalten und lehnte sich zurück, damit das Boot gerade blieb. Für den Bruchteil einer Sekunde sah auch die Landung gut aus – bis der Schwung plötzlich nachließ und das Boot schließlich stand. Zentimeterweise wurde es zu dem Strudel am Ende der Rutsche zurückgezogen. Als das Heck unter die herabstürzenden Wassermassen geriet, wurde das Boot kopfüber gewaltsam umgedreht und taumelte sechzehn Sekunden lang, gefangen zwischen dem herabstürzenden Wasser und dem Rücklauf.

Tom atmete auf, als das Boot aus der rechten Seite des Strudels herausgespült wurde und langsam flussabwärts trieb – Doug saß noch darin. Bestimmt würde er gleich eine Eskimorolle ausführen und schnell zum sicheren Ufer paddeln, wie Tom es in ähnlich schwierigen Situationen schon hunderte Male zuvor bei ihm erlebt hatte. Diesmal aber wandelte Toms Erleichterung sich rasch in Entsetzen. Dougs erster für ihn untypisch lahm ausgeführter Versuch einer Rolle mißlang – und dann auch der zweite, er schaffte die Rolle nur zur Hälfte. Das gekenterte Boot wurde schneller und trieb 200 Meter flussabwärts in den Rachen des ersten großen Lochs, eines grünweißen Grabens von 40 Metern Länge und sechs Metern Tiefe quer zur Mittellinie der Strömung.

Tom schnappte seine gelbe Wurfleine und schlang sie sich um die Hüften. Verzweifelt hastete er zu Fuß über die Felsblöcke am Ufer. Wie bei einer Flucht in einem Albtraum, die sich in Zeitlupe vollzieht, wurde er an jedem seiner Versuche zu laufen durch den Wirrwarr der glitschigen Felsbrocken gehindert. Keuchend erreichte er in wenigen Minuten, die ihm wie Stunden erschienen, die Stromschnelle. Die Erregung wich kalter Verzweiflung. Das erste große Loch, an dem er Doug zuletzt gesehen hatte, war nur das erste von sechs in der Stromschnelle aufeinanderfolgenden Löchern. Und es war nahezu unmöglich, auch nur eines davon zu überleben.

Weiter oben stand Roger, starr vor Entsetzen. Eine ruhige, kalte Stimme in ihm sagte, er müsse Doug so lang wie möglich im Auge behalten und sich jedes kleinste Detail für die spätere Suche einprägen. Es waren lange und schreckerfüllte Augenblicke, als er Doug in seinem Kajak beobachtete und sah, wie er beim dritten Versuch der Eskimorolle in das erste klaffende Loch fiel und verschwand. Kurz darauf tauchte etwas Farbiges auf, um dann in das nächste Loch flussabwärts zu stürzen – bei der großen Entfernung konnte Roger nicht erkennen, ob Doug noch im Kajak saß. Dann verschwand es, um im dritten Loch ein letztes Mal kurz wieder aufzutauchen. Als Roger schließlich überzeugt war, nichts mehr sehen zu können, rannte er Tom nach.

In dem reißenden Strudel gleich nach der Stromschnelle fanden sie keinerlei Hinweise auf Doug oder seine Ausrüstung. Also setzten Tom und Roger ihre Suche flussabwärts fort, riefen und pfiffen mit Hilfe der Pfeifen, die jeder am Reißverschluss der Schwimmweste trug, auf eine Antwort hoffend. »Hinter jedem Felsblock hofften wir, Doug sagen zu hören ›He, Jungs!‹, aber wir wussten, dass dies nicht eintreten würde«, erinnerte Tom sich später. Alles, was sie hörten, war das Unheil verkündende Tosen des Flusses.

Jamie sah dem tragischen Vorgang von weiter stromaufwärts zu, wo die Boote an Land gezogen worden waren. Hastig riss er die wasserdichten Beutel mit Ausrüstung und Verpflegung aus seinem Boot, schulterte es und folgte Tom und Roger, so gut er konnte, indem er sein Paddel als Stock einsetzte. Nun hieß es schnell sein, das war ebenso lebenswichtig wie die Behändigkeit des Bootes.

Über die nächsten Tage, die Bestürzung und die Suche vom Morgengrauen bis zur Dunkelheit, findet sich in keinem Tagebuch der Teilnehmer eine Eintragung. Später erinnerte Jamie sich an die ersten 24 Stunden, die fieberhafte und verzweifelte Suche nach Doug:

Ich war das Ende der Stromschnelle, in der Doug den Tod

fand, hinabgepaddelt, über einen großen, unheilvoll wirbelnden Strudel und dann eine enorm breite Stromschnelle wieder hinunter. Dort schlängelte ich mich zwischen großen Löchern hindurch, indem ich mich von jedem Wellenberg aus kurz orientierte. Mit dem Gefühl, zu viel riskiert zu haben, gelangte ich zum linken Ufer und schwor mir, so etwas nie mehr zu tun.

Ich hielt mich weiterhin am linken Ufer und fuhr durch einen Felsengarten, in den heftige Wellen hereinbrandeten, bis ich flussabwärts am großen Gletscher, der Eis und schmutzigen Schutt zum Ufer schob, auf Tom und Roger traf. Sie eilten voraus und erkundeten meine Möglichkeiten, sagten mir, ich solle links bleiben. Das tat ich und paddelte an ihnen vorbei. Sie arbeiteten sich am linken Ufer weiter flussabwärts vor. Zweimal musste ich an Land gehen und die Strecke erkunden, hielt mich weiterhin links, überstand die Abstürze gut, war trotzdem dauernd bedrückt und voller Angst. In diesem Abschnitt überholten Tom und Roger mich wieder, und wir sprachen kurz miteinander.

Bald wurden die Stromschnellen immer schwieriger, die Seitenkanäle, die ich ausnützte, schleusten mich in die Flussmitte zurück, ich traute mich nicht weiter. Ich bootete aus und legte mich auf einen tischähnlichen flachen Felsen, um auszuruhen und auf Toms und Rogers Rückkehr von weiter flussabwärts zu warten.

Die Zeit verstrich, und ich wunderte mich, warum sie noch nicht zurück waren. Weit konnten sie ja nicht gehen. Denn flussabwärts versperrte ein hohes Felsriff, das in einer senkrecht abfallenden, glatten und nassgesprühten Klippe endete, den Durchgang am linken Ufer. Ich stand auf, lehnte mein Boot senkrecht an den Felsen, damit sie es nicht übersehen konnten, und begab mich auf die Suche nach Roger und Tom. Über und zwischen großen bis riesigen Felsblöcken suchte ich mir den Weg. Mal führte er mich durch dorniges Gestrüpp, dann wieder zu den Felsblöcken.

Als ich näher zur Klippe kam, wurde das Ufer steiler, bis ich nur noch klettern konnte, mich an Bäumen festhielt, abschüssige Rinnen hinabrutschte und mich vorsichtig an Felskanten entlangtastete. Schließlich wollte ich nicht mehr weiter, hatte Tom und Roger aber noch nicht gesehen.

Ich versuchte, denselben Weg zurückzugehen, konnte mich aber nicht mehr erinnern, woher ich gekommen war. Als ich mein Boot schließlich erreichte, fand ich einen aus Treibholz und Steinen gelegten Pfeil, der flussaufwärts wies. Sie waren da gewesen und weitergegangen.

Weil ich meine Lebensmittel und Ausrüstung gleich am Anfang meines Rettungsversuchs ausgeladen hatte, blieb mir nichts anderes übrig, als dem Pfeil zu folgen. Die Sonne ging gerade unter. Es war zwar ein komisches Gefühl, trotzdem fotografierte ich den von der Sonne angestrahlten Gletscher durch die Schlucht hinauf. Es schien, als hätte die Welt meine Gefühle aufgesogen und in einem riesigen Landschaftsgemälde wiedergegeben. Das majestätische, unwirkliche Licht war wie der Klang von Violinen, die Berge glichen Trommeln, der Fluss Hörnern, Becken und Trompeten.

Ich ließ mein Boot stehen und trottete und kletterte den Abschnitt, den ich zuvor gepaddelt war, wieder zurück. In dieser großen Einsamkeit watete ich Schritt für Schritt durch den eiskalten Strom, ging über Schlamm und Schotter. Ich kam durch das Gestrüpp, entdeckte Takin-Fährten und kletterte kleine Klippen hinauf und hinunter, um einen besseren Weg zu erspähen.

Gerade befand ich mich gegenüber dem Becken, wo es von Strudeln wimmelte, als ich Dougs Stimme meinen Namen rufen hörte: »Jamie!«

Mir stand das Herz still. Ich trat aus dem Gebüsch zur Kante einer 450 Meter hohen Böschung vor und sah auf die Felsblöcke unter mir, die den Fluss säumten. Hier floss das Wasser in einer großen, kreisenden Wirbelbewegung so schnell flussaufwärts, wie die meisten Flüsse nicht einmal stromab fließen. In diesem großen Strudel waren weitere Wirbel, ausgelöst durch die Unregelmäßigkeiten entlang des Ufers. Ich atmete schwer, sah nach oben und nach unten. Niemand.

Ich ging ins Gestrüpp zurück und wieder heraus und versuchte mir von einer anderen Stelle aus einen besseren Überblick zu verschaffen. Schließlich fand ich eine Möglichkeit, die Böschung hinunter zu klettern, und schaute bei den Felsblöcken nach. Nichts.

Ich horchte. Der Fluss brachte viele verschiedene Geräusche hervor: Entlang der Felsen zischte er, um den Wirbel herum war es ein Schlürfen, weiter weg davon ein Platschen und Klatschen. Aus Strudeln und sich brechenden Wellen stieg, flussaufwärts und flussabwärts, ein rollendes, stampfendes Tosen auf. Ein Krachen, wenn die sich aufbäumenden Wellen in sich zusammenstürzten. Brandung schlug gegen die Uferfelsen. Inmitten dieser Laute glaubte ich menschliche Stimmen zu hören – unzusammenhängende Rufe, Gemurmel, Geplapper von Urstimmen. Sie müssen mich zum Narren gehalten haben. Ich suchte noch länger, gab aber dann auf, kletterte die Böschung wieder hinauf und ging weiter stromaufwärts.

Nach Einbruch der Dunkelheit erreichte ich schließlich die Stelle, wo Doug abgetrieben worden war. Auf dem steilen Hügel neben mir war ein kleines Licht zu sehen. Ich rief, aber sie hörten mich nicht. Müde kletterte ich zu ihnen auf die unebene Abflachung des Hügels hinauf. Feuer brannte, und das Wasser war heiß. Wir waren traurig, weinten ein bisschen, aßen und tranken.

In dieser Nacht zeigten sich die Sterne – zum ersten Mal seit einer Woche.

Als wir an den folgenden Tagen am Ufer entlanggingen und manchmal paddelten, hörte ich noch mehr Stimmen, aber nie mehr die von Doug. Einen Kinderchor hörte ich singen, vernahm Gesprächsbrocken und Rufe. Sie wur-

den von dem Wirrwarr von Geräuschen geformt, die das Wogen des Wassers hervorrief und verschmolzen darauf wieder mit den allgemeinen Lauten des Flusses. Es war unheimlich, aufregend und seltsam tröstlich zugleich. Es erinnerte uns daran, dass irgendwo das bürgerliche Leben weiterging und auf unsere Rückkehr wartete.

WÄHREND DER NÄCHSTEN DREI TAGE wurden der Kummer, die Bestürzung und die körperliche Erschöpfung bei den drei Paddlern immer größer. Roger ergriff am stärksten die Initiative. Er fand Wege, baute Steinmänner, um sie zu markieren, bestimmte das Tempo und wählte die Lagerplätze aus. Sie hatten alle drei Boote wieder geholt und überquerten den Fluss unterhalb des Unfallbereichs. Ihre Boote ließen sie am anderen Ufer und suchten nun zu Fuß das rechte Ufer flussabwärts ab, so wie sie tags zuvor am linken Ufer gesucht hatten, nahmen aber diesmal Proviant und Biwakausrüstung mit.

AM NACHMITTAG DES 18. OKTOBER, kurz nach 16 Uhr und genau 52 Stunden nach Dougs Verschwinden, hörte Dave, wie das gleichförmige Zischen des Walkie-Talkies, das er überwachte, plötzlich von einem einzigen, unverständlichen Wort unterbrochen wurde. Aber es folgte nichts weiter. Erwartungsvoll hasteten wir über die Felsblöcke am Ufer die 800 Meter zu den Klippen. Es war nun genau 17 Uhr. Toms Stimme klang müde, aber klar, trotz der unaufhörlichen Flussgeräusche. Er, Jamie und Roger standen am anderen Ufer, etwa 400 Meter flussaufwärts. Diese Stelle hatten wir bei unserer kurzen Begegnung am Fluss als Treffpunkt vereinbart. Tom konnte Ang Kami und Peme Gompa über den Fluss hinweg erkennen. Die beiden Gruppen konnten einander sehen und waren jetzt in Rufweite miteinander verbunden.

Toms nüchterner, desillusionierender Bericht von Dougs Unfall und die Tatsache, dass die Suchtrupps nun ergebnislos mehr als 18 Kilometer flussabwärts durchgehend erfasst hatten, legten nahe, dass jetzt der Moment gekommen war, den wir gehofft hatten zu vermeiden und weshalb wir gebetet hatten.

Unser Freund und Kamerad war tot, alle weiteren Bemühungen würden nicht mehr zu einer Rettung führen.

Wir wollten noch weiter nach seinem Leichnam und seiner Ausrüstung suchen. Dazu mussten die drei Paddler ihre Boote von dort holen, wo sie ausgebootet hatten, um dann den Fluss zu überqueren und uns im Basislager zu treffen. Im Moment aber hatten wir an die unmittelbare und schwierige Zukunft zu denken: an die furchtbare Pflicht, Dougs Frau Connie zu verständigen; den Vorfall den entsprechenden chinesischen und amerikanischen Behörden zu melden; an den Umgang mit den Medien. Wir hatten die Öffentlichkeit bisher nicht informiert, um uns, solange auch nur ein Funken Hoffnung bestand, ganz auf die Rettung konzentrieren zu können.

Die erste und schwierigste Aufgabe fiel Jamie zu, der Doug und auch seiner Frau Connie in Salt Lake City von uns allen am nächsten stand. Gleich nach Toms und meiner ersten Besprechung rief Jamie seine Frau Sandra an, damit Connies Schwester, die gerade zu Besuch bei Connie war, Connie persönlich informieren sollte. Am nächsten Tag rief Jamie Connie selbst an, kurz und verlegen. Er hatte sich gut darauf vorbereitet, war im Geiste alle möglichen Gedanken, Gefühle und Worte durchgegangen. Auf eines aber war er nicht gefasst gewesen: Dougs Stimme auf dem Anrufbeantworter zu hören, kurz bevor Connie den Hörer abnahm. Es war ein Schock.

ZEHNTES KAPITEL

Wieder vereint

Mit meinem letzten Gebet sagte ich Dank – für eine Welt, die reich ist an erhabenen Orten, die sich in diesen Höhen befinden; für die reine Schönheit der Berge und für das unfassbare Wunder, dass wir für diese Schönheit so empfänglich sind und sie solche Verzückung in uns auszulösen vermag. Dank auch für das allgegenwärtige Element der Gefahr, ohne das das Erlebnis Berg nicht solche Macht über uns hätte. Dann betteten wir den Körper in seinem eisigen Sarg zur letzten Ruhe. Hier, an der Brust der Segen spendenden Göttin Nanda.[1]

WILLI UNSOELD,
als er seine Tochter auf dem
Berg Nanda Devi bestattete

ALS UNSERE BEIDEN GRUPPEN schließlich neben dem bedrohlich wirkenden, ausgehöhlten Felsblock an der Panter-Bucht zusammentrafen, brauchten wir zunächst zwei volle Tage, um die großen körperlichen und seelischen Strapazen zu verkraften. Wir hatten das Gefühl, Wellen schlügen über uns zusammen und würden uns bei ihrem Rücklauf die Füße wegziehen. Dass unsere beiden kleinen Gruppen nun beisammen waren, erleichterte und tröstete uns. Dougs Verlust erfüllte uns mit Schmerz und Trauer, und wir waren über den Versuch der Monpas, uns auszunützen, verärgert. Wir bedauerten, dass die Expedition nun zu Ende war, vor allem aber bedauerten wir ihren tragischen Ausgang.

Wir waren alle körperlich angeschlagen. Am schlechtesten ging es Jamie. Verzweifelt hatte er Doug drei Tage lang fieberhaft und mit ganzem Einsatz auf dem Fluss gesucht. Der Verlust seines besten Freundes hatte ihn am schwersten von uns allen getroffen. Nun, da keine Hoffnung mehr bestand und er auch seine furchtbare Pflicht, Connie Gordon zu verständigen, erfüllt hatte, brach er nach diesen Tagen voller Aufregung und Anspannung zusammen. Roger half ihm, die Spritzdecke über einem sandigen Platz, etwa neun Meter von der Geschäftigkeit des allgemeinen Lagers entfernt, aufzustellen. Mit Fieber, Übelkeit und Magenkrämpfen zog Jamie sich in seinen Biwaksack zurück. Er kam in regelmäßigen Abständen daraus hervor, um sich zu übergeben. Dave ging von einem zum andern und sah nach dem Gesundheitszustand. Er achtete darauf, dass Jamie viel Flüssigkeit zu sich nahm, und behandelte Entzündungen an Rogers Händen, Furunkel auf Ang Kamis Rücken und Saugstellen von Blutegeln an Peme Gompas Knöchel. Sein ruhiger Zuspruch war dabei hilfreicher als jedes Medikament.

Bedauernd schauten Tom und ich an unserem ersten gemeinsamen Abend den Fluss hinab, wo eine riesige Gletscherzunge des Namtscha Barwa aus dem Nebel auftauchte – fast reichte sie bis ans Ufer. Wir dachten aber nicht ernsthaft daran, den Tsangpo weiter zu erkunden. Denn auch praktische Überlegungen waren zu berücksichtigen. Jamie war krank, die Monpas standen kurz vor einem Aufruhr, und die chinesischen Behörden mussten von dem Vorfall unterrichtet werden. Mit Dougs Willenskraft hätten diese Hindernisse natürlich überwunden werden können. Tatsache war aber auch, dass Doug selbst – scharfsinnig wie immer – bereits im Vorhinein entschieden hatte, was nun geschehen sollte. Dies geschah bei einer schwierigen, aber notwendigen Diskussion innerhalb unserer Gruppe in einem stillen Winkel des weitläufigen Hotelgartens in Kathmandu.

Am 25. September 1998 zeichnete Paulo Castillo folgendes unserer Gespräche mit einer Videokamera auf.

WICK: *»… Ich glaube aber, wir müssen uns auch überlegen und möglichst darin einig werden, unter welchen Umständen wir … die Expedition abbrechen, was ge-*

schehen soll ..., wenn irgendetwas Schreckliches passiert. ... Ich hab noch nie eine Flussbefahrung mitgemacht, bei der jemand umkam. Aber angenommen, das tritt ein? So was ist ja schon vorgekommen.«

JAMIE: *»Willst du wissen, ob wir das Unternehmen dann fortsetzen würden?«*

WICK: *»Das ist eine Grundsatzfrage. Ich möchte einfach wissen, wie jeder dazu steht.«*

TOM: *»Ein Tod auf dem Fluss? Und den Betroffenen einfach dort lassen?«*

WICK: *»Hm. ... Bei all meinen Unternehmungen ... auf Flüssen und auch sonst ... Laura weiß es genau, wenn sie je darüber befragt werden sollte ... ich möchte nicht, dass meine Leiche oder sonst irgendetwas nach Hause gebracht wird. Ritzt meinen Namen in einen Baum und fahrt weiter. Das ist meine ganz persönliche Einstellung – das Thema ist abscheulich, und es ist mir unangenehm, jemanden darüber nachdenken zu lassen –, aber ich wüsste doch gerne von vornherein, vor allem was unsere jetzige Runde betrifft, wie ihr dazu eingestellt seid.«*

DOUG: *»Für mich ist das kein Problem. Sollte ich sterben, so lasst mich dort; und wenn jemand stirbt, sollte man die nächstmögliche Ausstiegsstelle suchen.«*

WICK: *»Meinst du, die Expedition an diesem Punkt abbrechen und aussteigen? Auch wenn sie weitergehen könnte?«*

DOUG: *»Ich glaub nicht, dass ich dann weitermachen könnte.«*

WICK: *»Genau das wollte ich wissen.«*

DOUG: *»Ich könnte einfach nicht – also, ich hätte dann das Gefühl, ich sollte zu Hause sein, mit der Familie des Betroffenen sprechen, etwas Sinnvolleres tun als Wildwasser zu fahren und meinem Vergnügen nachzugehen.«*

WICK: *»Glaubst du immer noch, dass das hier ein Vergnügen sein wird?«*

Die anderen hatten sich nicht so klar geäussert, sie hatten das alles noch nicht so richtig durchdacht. Aber Dougs Einstellung wies uns klar die Richtung: die nächste Ausstiegsstelle erreichen, dann nach Hause zurückfahren und alles in unserer Macht Stehende für seine Familie tun. Und deutlich hatte er gesagt, dass sein toter Körper im Fluss verbleiben sollte. Also machte es keinen Sinn, jetzt ein zusätzliches Risiko einzugehen und weiterzusuchen, vor allem, da die Überlebenschancen nun jenseits der Grenzen des Möglichen lagen.

Und jeder dachte im Stillen auch daran, dass manchmal, von einem einzelnen tragischen Unfall ausgehend, nur ein weiterer kleiner Schritt wie dieser zu einem völligen Entgleiten der Situation führen kann, in der Erschöpfung, Fehleinschätzungen und Enttäuschung einander verstärken und noch mehr Opfer fordern. Im Augenblick waren wir noch Herr der Lage – wir waren vereint, erholten uns an der Panter-Bucht, waren gut mit Proviant versorgt und standen mit Harry in Verbindung, der an der nächsten Straße auf uns wartete. Aber keiner von uns Amerikanern war ganz gesund, die Monpas waren unzuverlässig, und wir mussten noch sieben Tage durch äußerst schwieriges Gelände marschieren. Die Gefahren und Probleme waren noch nicht überstanden.

Nach diesem wichtigen Erholungstag eröffnete Tom am nächsten Abend die Gedenkfeier für unseren Freund mit dem bekannten viktorianischen Kirchenlied »Morning has broken«, das auf einer alten gälischen Weise beruht. Der Text erinnerte Tom an die früheren Morgenstunden im Gebirge, die Doug so geliebt hatte:

Morning has broken, like the first morning,
Blackbird has spoken, like the first bird,
Praise for the new day, praise for the morning,
God's recreation of the first day.[2]

Der dichte Nebel war zu einem leichten Nieselregen kondensiert. Wir versammelten uns in der Abenddämmerung im Halbkreis und mit Blick auf den stark bewegten Fluss: Jamie hatte sich in einen tristen olivfarbenen Umhang eingewickelt, den ich als Unterlage auf dem Boden verwendet hatte. Er war bleich, hielt sich aber auf den Beinen. Tom schielte müde durch seine regenverschmierte Brille. Ang Kami und Lobsang standen nebeneinander, die Hände in den Taschen und sahen nachdenklich zu Boden. Roger trug eine unförmige Vliesjacke und eine Skimütze und befand sich zwischen den beiden hageren Brüdern McEwan. Die Monpas machten einen feierlichen Eindruck. Auf ihrem glänzenden schwarzen Haar glitzerte der Regen, und sie hatten die Hände wie zum Gebet gefaltet – eine dem Christentum und Buddhismus gemeinsame Geste der Achtung und Ehrerbietung. Die jüngeren Monpas hielten sich im Hintergrund und sahen mit großen Augen und vielleicht auch ein wenig ängstlich zu.

Tom schaute das gewaltige Tal hinauf, dorthin, wo der Unfall sich ereignet hatte, und stimmte im Gedenken an Doug, eher aber für dessen Frau Connie und seine Söhne Tyler und Bryce, spontan ein kurzes Gebet an. Dann wandte er sich Chaplain zu, der, von Squad Leader assistiert, die Zeremonie fortführte.

Mit Lobsangs Hilfe stellten sie einen rechteckigen, etwa 35 Zentimeter hohen dunklen Kalkblock vor die schweigende Gruppe, auf den Tom mit schwarzer Tinte Dougs Namen geschrieben hatte. Zwei jüngere Männer eilten zum Feuer und kehrten mit glimmenden Ästen zurück, die sie als Fackeln neben dem Kalkblock aufstellten. Ein dritter Monpa holte einen Sack mit geröstetem Gerstenmehl und streute es in die Glut. Dichter, beißender Rauch stieg hoch. Chaplain und Squad Leader nahmen ihre rosenkranzähnliche, aus 108 kleinen Holzkugeln bestehende Kette, die sie unter dem Hemd um den Hals trugen, und begannen in rhythmischem Sprechgesang ein Mantra zu wiederholen, das den Geräuschen des Flusses zu antworten schien. In die übrigen Monpas kam wieder Bewegung. Manchmal sahen sie uns und ihren singenden Gefährten zu, manchmal verrichteten sie Arbeiten rund um das

Lager. Seit dem Ende unserer formellen und für sie fremden Rituale gaben sie sich deutlich entspannter.

Als die Sprechgesänge allmählich verebbten und Chaplain ihren Abschluss andeutete, winkte Tom die jungen Monpas herbei. In tibetischer Sprache begannen sie das melodische Volkslied »Yarlung Tsangpo« zu singen, das vom Fluss, von Heimat und Heimweh erzählte. Der Halbkreis löste sich auf, und alle, bis auf Einen, kehrten zum Lagerfeuer unter den schiefen Wänden des gewaltigen Felsblocks zurück, um trocken zu werden. Lobsang nahm den Kalkblock mit Dougs Namen und trug ihn zum Ufer. Vorsichtig setzte er ihn so nahe am Wasser ab, wie er sich vorwagen konnte. Hier sollte der Stein auf das nächste sommerliche Hochwasser warten. Einige lange Augenblicke stand er mit gebeugtem Kopf und dem Rücken zum Lagerfeuer still da, seine Silhouette hob sich von dem hellen, jäh aufstiebenden Wasser ab.

Leider war das Gefühl von Wärme und Einheit, das uns bei der Gedenkfeier von den Monpas vermittelt wurde, nur ein kurzes Intermezzo in der immer brüchigeren Beziehung zu ihnen. Seit Toms Ankunft, ihrem Helden vom Vorjahr, waren Neugier und Freundlichkeit der jüngsten Monpas, kaum spürbar, etwas gestiegen. Village Voice hatte Ang Kami an diesem Morgen – stellvertretend für die anderen Monpas – mitgeteilt, dass alle für den Rückweg nun einen 70prozentigen Aufschlag auf ihre Bezahlung verlangten.

Diesen unverhohlenen Erpressungsversuch wies ich entschieden ab. Village Voice hatte den Zeitpunkt und die Reaktion der Amerikaner völlig falsch eingeschätzt. Nun da unsere zuvor getrennte Zweier- und Dreiermannschaft zusammen wieder eine »kritische Masse« bildeten, gepaart mit Toms eisernem Willen, mich zu unterstützen, hatten sie keine Chance. Außerdem waren nun alle Möglichkeiten erschöpft, Doug lebend zu finden. Das wichtigste Argument, das mich den Lohn für den Suchtrupp hatte anheben lassen, war nicht mehr gegeben.

Am nächsten Morgen kam »Die Stimme des Dorfes« wieder auf das Thema zu sprechen, und zwar mit einem Ultimatum: Würden wir einer Erhöhung des Lohns nicht zustimmen, gingen sie jetzt ohne uns nach Mendung. Immer mehr stellte sich heraus, dass er eine gewisse Autorität besaß und die anderen, sogar Peme Gompa, irgendwie befangen waren, seine Entscheidungen in Frage zu stellen, auch wenn sie sie nicht guthießen. Das Wesen seiner Autorität blieb unklar, ebenso, ob die Begründung dieser Autorität von einer Wahl innerhalb seines Dorfes herrührte, ererbt oder ihm von der fernen Provinzobrigkeit verliehen worden war.

In dieser Patt-Situation waren wir aber keineswegs hilflos. Freilich würde der Weg in dem unglaublich komplizierten Gelände und der dichten Vegetation ohne Hilfe schwer zu finden sein. Andererseits hatten Ang Kami, Lobsang, Dave und ich es ja gerade durchschritten, und Dave hatte an den wichtigen Stellen die Koordinaten des Globalen Positionierungssystems (GPS) eingezeichnet. Bestimmt würden wir oft die falsche Richtung einschlagen, aber mit dem weisen Rat des unerschütterlichen Ang Kami und der Kraft des standhaften Lobsang würden wir ihn schon finden. Lobsang hatte sich bis jetzt als das zuverlässigste und loyalste Mitglied unserer Gruppe erwiesen – weit vom »als Arbeitskraft unbrauchbaren Schwiegersohn« oder »Verstädtertsein« entfernt. Sein Englisch blieb allerdings eher ein optimistisches Wollen, als dass es sich zu einer zusammenhängenden Sprache entwickelt hätte. Bis jetzt hatten wir auch noch keine Löhne ausbezahlt. Verließen uns die Monpas, so gaben sie damit ihren gesamten Riesenverdienst auf, und der war verdammt hoch und zudem noch ein unerwarteter Glücksfall für Mendung. So etwas hatte das Dorf seit Jahren nicht erlebt. Und schließlich, wie ich jeden Abend ostentativ betonte, hatten wir das Satellitentelefon, über das ich von weit draußen Unterstützung holen konnte, falls es wirklich nötig wäre.

Andererseits trugen die immer noch erholungsbedürftigen Paddler nur ihre Neoprenschuhe und kleine Rucksäcke, die sich kaum für zusätzliche Lasten eigneten. Die Boote blieben ja in jedem Fall hier. Aber wir hatten auch noch Kajak- und

Kletterausrüstung, Zelte und zusätzlichen Proviant im Wert von 6000 bis 7000 Dollar. Ohne Träger müssten wir dies alles zurücklassen. Und, wie Roger missmutig bemerkte, nur die Monpas hatten Waffen.

In Jamaika war er schon einmal ausgeraubt worden, während jemand ihm die Machete an die Kehle hielt. Und bei einer Reise in Peru wurde er im Hochland an einer Straße in der Wildnis ausgesetzt. Was er so in Aussicht stellte, war ernüchternd. Und weniger als ein Jahr zuvor war Ned Gillette, ein Studienkollege von mir, im Gilgit-Tal ermordet worden. Genau dort waren die Wetherbees und ich auf dem Weg zum Khunjerab-Pass bei unserer Chinareise unterwegs gewesen. In der Nacht hatten Räuber sein Zelt umstellt und so lange durch die Nylonwände geschossen, bis er tot und seine Frau schwer verwundet war. Wie Paddelunfälle stoßen Übergriffe nicht nur »anderen« zu.

Allerdings hatten die Monpas bisher nie physische Gewalt angewendet oder auch nur angedeutet. Dave und ich stimmten darin überein, dass wir den unheimlichen Schauer, den wir beide mit bewaffneten Zusammenstößen in anderen Gebieten und mit anderen Gruppen verbanden, hier durchaus nicht empfanden. F. M. Bailey hatte geschrieben: »Uns beide wunderte … wie sicher wir uns fühlten, trugen wir doch eine beträchtliche Geldsumme bei uns und waren nur leicht bewaffnet.«[3] Im Augenblick schien es so, als fänden solche Überlegungen eher in unseren Gehirnen als in ihren statt.

Zusätzlich zu dem Zorn und der Entschlossenheit – die ich durchaus mit Tom teilte –, uns nicht nötigen zu lassen, hoffte ein unbewusster – und vielleicht unwürdiger – Teil meines Selbst fast darauf, dass die Monpas uns verlassen würden. Da wir nun keine Möglichkeit mehr hatten, den Fluss weiter zu erkunden, könnte unser Rückmarsch zu Fuß ein – nun schon gewohnt schwieriges – Abenteuer für sich werden. Auf dem Zoji-Pass in Ladakh streikten 1715 die Träger der Jesuitenpaters Ippolito Desideri und Emanoel Freyre und verlangten mehr Geld. Es war der erste schriftlich belegte Trägerstreik im Himalaja. 1993, fast 300 Jahre später, verließen sechs der neun angeheuerten Monpa-Führer und Monpa-Träger den Everest-Besteiger David Breashears und den Fotografen Gordon Wiltsie irgendwo auf der der Panter-Bucht gegenüberliegenden Seite des Tsangpo. Nur das Gebiet der Sherpas nahe dem Everest in Nepal bildet hier eine bedeutende Ausnahme. Ansonsten ereigneten sich solche Vorfälle mit einer Regelmäßigkeit, die den Trägerstreik nach den Worten des Historikers Charles Allen[4] zu »einem althergebrachten Charakteristikum selbst der besten Himalaja-Expeditionen« werden ließ.

Neben mir stand mein Gewissen in Gestalt eines weißen Schnurrbarts. Tom riet mir, dass es trotz der Erleichterung des berechtigten Zorns und meines geheimen Drangs, sich in die Riege der »besten Himalaja-Expeditionen« einzureihen, im Interesse aller läge – der Amerikaner ebenso wie der Monpas – wenn wir zusammenblieben.

Am 22. Oktober 1998 notierte Dave Phillips in seinem Tagebuch:

Ang Kami ging sehr behutsam mit dieser potenziell explosiven Situation um. Er wusste, dass Wick und Tom nicht von ihrem Standpunkt abweichen würden. Für »Die Stimme des Dorfes« steht es 50:50. Erreicht er seine Ziele nicht, verliert er sein Gesicht und seine Position. [Wäre ich jetzt bloß für ein paar Minuten allein mit ihm in West Virginia!] Er probierte es mit einem Kompromiss – 14 Tage zu je 80 Yuan pro Tag – so lautete der ursprüngliche Vertrag – und acht zusätzliche Tage zu je 100 Yuan. Ich war dafür, es anzunehmen, denn mit diesen paar zusätzlichen Yuan wären ... wir aus der Klemme und »Die Stimme des Dorfes« würde sein Gesicht nicht verlieren.

Wick blieb hart und hielt an den 80 Yuan für die Hin- und Rückreise – wie vertraglich vereinbart – fest. Klugerweise unterbreitete er der »Stimme des Dorfes« aber ein Lockangebot – einige zusätzliche Tage leichter Arbeit auf dem Weg am Po Tsangpo bei erhöhtem Lohn mit neuem Vertrag. »Die Stimme des Dorfes« lehnte ab und meinte, andere Träger aus Mendung würden auch eine Beschäftigung brauchen und die Tour am Po Tsangpo übernehmen.

Damit war das Ende jedes logischen Kompromisses erreicht, die Träger packten ihre Sachen und marschierten ab, in den Wald hinauf. Wir machten es uns inzwischen bequem, um zu planen, wie wir auf eigene Faust hier herausfinden könnten – auch mit Trägern und Führern kein leichtes Unterfangen.

Aber ich machte mir keine allzu großen Sorgen, denn ich hielt es bloß für ein taktisches Manöver von »Village Voice«, der »Stimme des Dorfes«. Zuvor hatte »Squad Leader« meinen Blick mit einem kurzen Lächeln und Kopfnicken erwidert,als niemand es sehen konnte, ergriff »Redford« meine beiden Hände und lächelte mich offen und zuversichtlich an. Die beiden sind die stärksten Persönlichkeiten der Gruppe – außer Peme Gompa und Village Voice. Und beide haben Grund anzunehmen, dass ich ihnen das Leben rettete – was im Fall von Redford wohl auch stimmen dürfte. Zu keiner Zeit hatte ich das Gefühl einer physischen Bedrohung.

Im Gänsemarsch zogen sie ab. Aber schon nach fünf Minuten kam Squad Leader zurück, ohne Rückentrage und ohne Gewehr. Er hatte den anderen Monpas klar zu verstehen gegeben, dass er bei uns bleiben würde, um uns zu helfen, den Rückweg zu finden. Innerhalb der nächsten fünf Minuten trudelten weitere »Rebellen« ein. Auch der 14jährige »Point Man« stapfte daher und verkündete »Schleeecht bis auf die Knochen!«, während ihm weitere nachfolgten. Nun waren fünf »Widerständler« bei uns, darunter auch »Chaplain«. Jetzt würde es uns gelingen, einigermaßen sicher hier herauszukommen. Allein hätten wir es zwar schaffen können, aber es wäre eine echte Plage gewesen!

Komisch war nur, dass weder Peme Gompa noch Redford auftauchten. Es wunderte mich. Aber als der Rest der Kolonne langsam zum Lager zurückkehrte, war das Rätsel gelöst. Sofort kam Peme Gompa zu uns, und Redford ging auf mich zu, um nochmals nach meiner Hand zu fassen. Village Voice hatte den Kopf gesenkt und sah deprimiert aus. Dort im Wald hatte er ganz offensichtlich eine größere Diskussion verloren, und die Gemäßigten waren wieder einmal alle auf unserer Seite.

Das potenzielle Unglück, im Stich gelassen zu werden, war abgewandt. Aber wir achteten sorgsam darauf, unsere Freude über diese positive Wendung nicht zu sehr zu zeigen. Denn wir wollten »Die Stimme des Dorfes« nicht zu einer weiteren Reaktion drängen. Gut, dass wir bei dem Problem von heute morgen eine neutrale – oder möglichst neutrale – Stellung bezogen hatten. Denn damit hatten wir die Grenzen für das Gespräch zwischen Village Voice und seinen Anhängern und Peme Gompa und seiner Schar abgesteckt. Wir waren in keiner Weise daran beteiligt, als die beiden Parteien berieten.

Der Morgen hatte uns eine hoch dramatische und sehr angespannte Situation beschert, aber es war uns gelungen, das zu überstehen. Jamie geht es stündlich besser, und Tommy spielt wieder seine grandiose »Peter-Pan«-Rolle – er nimmt seine »Verlorenen Jungs« auf Tonband auf und bereitet sich gerade darauf vor, ihre Gesänge auch mit der Videokamera aufzuzeichnen. Den Verlorenen Jungs gefällt das, und es hilft uns auch in unserem Bemühen, das bereits enge Verhältnis zu diesen jungen Leuten ganz zwanglos weiter zu vertiefen.

Was für ein Tag! Und jetzt ist es erst Mittag.

Am Nachmittag stellten wir das Gepäck für den Abmarsch zusammen. Unauffällig entfernten sich die drei Paddler von dem Lager, um ihre Boote heimlich in einer tiefen Klamm, weit über allen Hochwassermarken, zu verstecken. Sie sollten weder in die Hände der jungen Monpas fallen, noch durch eine mögliche Überschwemmung davonschwimmen. Es würde nur Verwirrung stiften, wenn Überreste dieser Boote flussabwärts gefunden würden. Das gesamte Zubehör und die Ausrüstung wurden jedoch getrocknet und für den Abtransport zusammengefaltet oder zerlegt. Auf Vorschlag von Peme Gompa und Ang Kami verteilten wir bereitwillig gefriergetrocknete Speisen als Abendessen, um den schwindenden Proviant der Monpas aufzubessern und das Gewicht der Lasten etwas zu senken. Für den morgendlichen Aufbruch und unsere nächste Reiseetappe stand alles bereit.

Aber auch wenn wir in die starken Strömungen, die an der Panter-Bucht um unseren kleinen Trupp herumwirbelten, noch so vertieft waren, hatten wir doch an unsere Verpflichtungen gegenüber der Außenwelt zu denken. Wir wussten ja, dass Connie richtig informiert worden war, also mussten wir nun schnellstens die chinesischen Behörden, das amerikanische Außenministerium, dann unsere Familien, Freunde, Förderer und Paddel-Kollegen benachrichtigen, ehe Gerüchte entstanden.

Wir hatten ja keinen Leichnam oder sonstigen physischen Beweis geborgen. Deshalb war es äußerst wichtig, dass unsere Berichte von Anfang an absolut genau, einheitlich und glaubhaft waren. Solange ich nicht selbst am Ort des Geschehens war und mit den Augenzeugen sprechen konnte, hatte ich immer noch Hoffnung gehabt. Genauso würden wohl Dougs Angehörige in einer ersten und starken instinktiven Reaktion nach jedem sich bietenden Strohhalm greifen, und durch die große Entfernung vom Unfallort würde ihre Unsicherheit nur noch steigen. Außerdem verlangt das chinesische Recht ebenso wie das amerikanische im Allgemeinen das Einhalten einer Wartezeit, bevor eine vermisste Person für tot erklärt wird. In Bezug auf Versicherungen und den Rechtsstatus musste unser Bericht als so endgültig akzeptiert werden, dass man Dougs Tod sofort bestätigte. Keiner von uns hier am Tsangpo-Ufer hätte den Fluss je verlassen, wären wir uns nicht alle – von einem moralischen Standpunkt aus betrachtet – völlig sicher, dass wir auch die entfernteste Möglichkeit, unseren Freund lebend zu finden, ausgeschöpft hatten. Jetzt mussten wir diese

Gewissheit aber auch anderen Personen vermitteln, die nicht dabei gewesen waren.

Weil selbst die geringsten Diskrepanzen oder bestehenden Zweifel Anlass zu weiteren Schwierigkeiten geben und erneut Schmerz erzeugen konnten, hatte ich eine kurze, aber aussagekräftige Erklärung verfasst, die ich am 20. Oktober um 19 Uhr mit der Anweisung an Harry weitergab, mit der Benachrichtigung unserer Familien und der Öffentlichkeit zu beginnen:

Es ist unsere traurige Pflicht zu berichten, dass Doug Gordon am 16. Oktober 1998 auf dem Fluss Tsangpo in Tibet sein Leben verlor, und zwar nahe 29 Grad 45 Minuten nördlicher Breite und 94 Grad 58 Minuten östlicher Länge. Zeugen beobachteten, wie er in mehrere hintereinander liegende und mit ziemlicher Sicherheit tödliche Stromschnellen gerissen wurde, aus denen man ihn nicht wieder auftauchen sah. Fünf Tage lang suchten Mitglieder seiner Gruppe, unterstützt von elf Monpa-Jägern, flussabwärts auf einer Strecke von fast 16 Kilometern von beiden Ufern aus intensivst nach ihm, fanden aber weder Herrn Gordon noch irgendeinen Teil seiner Ausrüstung.

Aufgrund der natürlichen Gegebenheiten des Flusses und des ihn umgebenden Geländes ist ein Überleben von Herrn Gordon über eine noch größere Strecke als diese mit Sicherheit unmöglich. Es wird vermutet, dass Herr Gordon ertrank.

Mitglieder der Suchtrupps werden am 21. Oktober zusammentreffen und mit dem Rückzug aus der Tsangpo-Schlucht beginnen, über das Dorf Mendung und Pelung an der Straße von Lhasa nach Tschengtu. Dies dauert voraussichtlich sieben bis zehn Tage.

NUR DIESE TATSACHEN UND DETAILS sollten weitergegeben werden, bis wir aus der Schlucht herausgekommen waren und genügend Batteriestrom hatten, um Fragen aus erster Hand genauer beantworten zu können. Aber auch dann würden weitere Erklärungen unsererseits auf das beschränkt bleiben, was die chinesischen Behörden von uns in jedem Fall benötigten sowie auf all die Einzelheiten, die wir Familien und Freunden persönlich nennen konnten. Die gesamte Informierung der Öffentlichkeit würde mit der National Geographic Society abgestimmt werden.

Im Basislager neben der Strasse hatte das lange Warten nun ein Ende. Wegen der Zeitverschiebung verbrachte Harry Tag und Nacht am Satellitentelefon. Er begann damit, die drei entscheidenden Stellen zu verständigen.

Die Tibet am nächsten gelegene diplomatische Vertretung des amerikanischen Außenministeriums war das amerikanische Konsulat in Tschengtu. Über Telefon erstattete Harry Bericht und bat, man möge ihn an die entsprechenden chinesischen Regierungsvertreter weiterleiten. Sollte der Generalkonsul in Tschengtu von den chinesischen Ermittlungsbeamten eine entsprechende Nachricht erhalten, so könne er den »Consular Report of Death of a U.S. Citizen Abroad« – den konsularischen Bericht vom Ableben eines amerikanischen Bürgers im Ausland – anfertigen. Wenn man im Konsulat von Anfang an über unsere Situation Bescheid wusste und darauf achtete, dass der Bericht und die Ermittlungen alle Hierarchien der chinesischen Behörden korrekt durchliefen, würde man eher in der Lage sein, die bei dem Verfahren innerhalb des gigantischen Verwaltungsapparates möglicherweise auftauchenden Probleme und Missverständnisse abzuwenden.

Unmittelbar nach der Verständigung des Konsulats rief Harry Jon Meisler zu Hause in Pittsburgh, Pennsylvania, an. Jon hatte die Genehmigungen für uns eingeholt und den Transport innerhalb Tibets koordiniert. Im Gegenzug rief Jon in Lhasa an und verständigte die Angestellten des dortigen Reisebüros, das uns unterstützte. Es war nämlich äußerst wichtig, dass deren Berichte mit unseren übereinstimmten. Denn die Vertreter dieses Reisebüros, die an unserer Expedition teilnahmen, hatten die Situation ja nur bruchstückhaft mit verfolgt.

Schließlich rief Harry noch Sarah Park, unser »zehntes Expeditionsmitglied«, in Potomac, Maryland, an. Ihre Rolle hatte sich geändert. Sie blieb nun nicht mehr im Hintergrund, sondern stand an vorderster öffentlicher Front.

Vor Monaten hatte ich Sarah, Toms Geschäftspartnerin in der Paddel-Schule – der »Galleva School of Paddling« –, gefragt, ob sie bereit wäre, als unsere offizielle Vertreterin und Kontaktperson in den USA zu fungieren, solange wir in Tibet wären. Tapfer und fast ohne zu Zögern hatte sie zugesagt. Nun alleine den ganzen »Papierkram« zu erledigen, Förderer in regelmäßigen Abständen über den Stand der Dinge zu informieren und vielleicht noch gelegentlich ein Live-Interview mit dem Rundfunk zu koordinieren, war eigentlich das Letzte, was die schlanke, athletische, sportliche Frau und Reitlehrerin wollte. Zwei Jahre lang hatte sie aufmerksam mit verfolgt, wie der lang gehegte Traum von der Expedition in die Wirklichkeit umgesetzt wurde. In Südafrika aufgewachsen, in England erzogen und um die ganze Welt gereist, verspürte sie denselben magischen Sog.

Der tragische Unfall wurde natürlich auch in den USA bekannt. Jetzt musste Sarah Fragen von besorgten Familienangehörigen, beteiligten Sponsoren und einer hungrigen Presse begegnen. Ich selbst war ja dafür verantwortlich, wie wir aus der Schlucht wieder herauskamen und dankbar, diese äußeren Angelegenheiten unter Sarahs selbständiger und loyaler Obhut zu wissen. Sie hatte Tom auf zahlreichen Bootsreisen nach Mexiko, Kanada und in andere Länder begleitet. Sie wusste genau, was eine Wildwasser-Expedition bedeutete und welche Faktoren damit zusammenhingen. Von Anfang an hatte sie den Plan, den Tsangpo zu befahren, mit verfolgt und kannte alles bis ins Detail. Außerdem kam ihr – und natürlich auch uns – ihre ruhige Entschlossenheit, ihr sicheres Auftreten und ihr in Oxford erworbenes gepflegtes Englisch jetzt sehr zugute.

Sarah ging sehr zielgerichtet vor. Sie rief die Familien der Expeditionsteilnehmer an, um sich zu vergewissern, dass alle über den Vorfall informiert waren, und um ihnen zu versichern, dass sonst niemand in Gefahr sei. Dann verständigte sie die Kontaktpersonen beim amerikanischen Kanuverband, dem »Explorers Club« und die National Geographic Society, die meine Erklärung als Grundlage für eine Pressemeldung am 20. Oktober verwendete. Schließlich gab sie diese Erklärung über E-Mail an etwa 50 Freunde und Förderer der Expedition weiter.

Binnen weniger Stunden sollte ihre Rolle immer komplizierter werden. Weitere Organisationen, besonders die *Washington Post,* deren Berichterstattung über den regionalen Wildwassersport eine lange Tradition hat, griffen die Geschichte auf und bedrängten sie, Einzelheiten Preis zu geben. In der Welt des Paddelsports begannen die wildesten Spekulationen und Gerüchte via E-Mail und »Chat-Rooms« zu kursieren. Sarah bewachte die elektronischen Schutzwälle in gewisser Weise viel isolierter und einsamer als wir es an der Panter-Bucht waren. Tapfer verteidigte sie unser öffentliches Schweigen mit den stets gleichbleibenden Floskeln »die einzige Information, über die ich verfüge, ist das, was in der Erklärung steht« und »schenken Sie den Gerüchten keinen Glauben; warten Sie, bis sie zurückkehren«.

ELFTES KAPITEL

Rückzug

Das war ein Kapitel voller Katastrophen und Plagen …
Aber die Wände und Klippen des Cañons,
die Gipfel und Felsen … erzählen von erhabener Schönheit,
ich höre es noch … und werde es immer hören.

Major John Wesley Powell

Der erste Tag unseres Rückwegs war der härteste. Jeder Schritt auf dem steilen und glitschigen Pfad verlangte volle Konzentration, ein Umstand, der weder Gespräche noch innere Monologe erlaubte. Auf diese Weise waren wir aber wenigstens von dem Schmerz in Beinen und Lungen abgelenkt. Als wir dem Fluss den Rücken kehrten, in den Wald eintauchten und mit dem Aufstieg begannen, hatte das etwas Endgültiges und trug zugleich hohen Symbolcharakter. Wir hatten alle Hoffnung auf ein mögliches Überleben von Doug begraben. Wir waren überzeugt, alles Menschenmögliche unternommen zu haben. Aber auch diese Gewissheit konnte das beklemmende Schuldgefühl, dass wir alle verspürten, nicht abstellen. Schließlich wurde das donnernde Grollen des Flusses hinter uns stündlich schwächer.

Durch gelegentliche Lücken im Blätterdach des Rhododendronwaldes konnte man hinter uns, am anderen Flussufer, dichte Laubwäldchen in herbstlicher Färbung sehen. Auf das vorherrschende Rot setzte ein birkenähnlicher Baum gelbe Akzente. Jamie notierte: »Es ist erstaunlich, wie sehr man diesen Cañon tatsächlich als den tiefsten der Welt empfindet. Wenn die Wolken sich teilen, erscheinen an ganz unerwarteten Stellen Schnee und Eis und überzuckerte Felsen am Himmel. Es ist einfach sensationell. Trotzdem wünschte ich, ich hätte es nie gesehen.« Wir waren immer noch von der atemberaubenden Schönheit und den Wundern der Natur umgeben. Aber tief in unserem Innersten war irgendetwas aus den Fugen geraten, wir hatten keinen Sinn mehr für das, was wir sahen.

Es hatte sich eingeregnet und war kalt, als wir die schmalen Felsüberhänge erreichten, die unseren Biwak zuvor beim Abstieg nur mangelhaft geschützt hatten. Hier standen wir etwa 150 Meter unter dem Pass, an dem höchsten Punkt unseres Weges. Nun waren wir im wahrsten Sinne des Wortes in Sichtweite der geheimnisvollen Linie, die das heimatliche Gebiet – und die Sicherheitszone – der Monpas begrenzte. Manche von ihnen drängten hektisch weiter, sogar Tom und Roger spürten den »Sog« Richtung Heimat, auch wenn es bis dorthin noch sehr weit war. Auch Squad Leader und Chaplain, die uns gegenüber noch am loyalsten gewesen waren, gestikulierten und schrien zornig, als ich am späten Nachmittag darauf bestand, anzuhalten. Bis zum nächsten schützenden Felsüberhang waren es noch etwa sechs Stunden und beim Abstieg hatten wir an zwei Stellen bereits Fixseile angebringen müssen.

Unter Kletterern herrscht der Grundsatz, dass die meisten fahrlässigen Unfälle beim Abstieg passieren – verursacht durch nachlassende Konzentration, Müdigkeit und die Ungeduld, nach der Gipfelbesteigung schnell nach Hause kommen zu wollen. Bei Pferden sagt man zum Beispiel, sie »riechen den Stall«, um ähnliche irrationale Reaktionen zu erklären.[1] Für Eile war jetzt nicht die Zeit – ein verdrehter Knöchel, und ein Mitglied der Gruppe war von den Übrigen getrennt. Wir lagerten in zwei vor sich hin brütenden, verstimmten Gruppen: Wir

Amerikaner, Ang Kami und Lobsang drängten uns unter einem kleinen Felsüberhang auf der einen Seite der Schlucht aneinander, während die Monpas sich unter einem anderen Felsüberhang auf der anderen Seite und 30 Meter weiter oberhalb niederließen. Als die Dunkelheit das riesige Tal unter uns verschlang, glimmten die zwei Lagerfeuer zwischen uns wie die Lichter zweier Schiffe auf einem unermesslich weiten, einsamen Ozean.

Als die Morgendämmerung kam, regnete es nicht mehr. Sie brachte auch eine bessere Stimmung und Peme Gompa. Es stellte sich heraus, dass er noch am Abend über den Pass gerannt war, um dort schon eine erste Ladung Gepäck abzusetzen, am Morgen zurückzukehren und eine zweite hinaufzutragen. Mit seinem unerschütterlichen Lächeln und der ihm eigenen Entschlossenheit griff er nach Daves und meinem Rucksack, band sie mit seinem Tragriemen, den er über der Stirn anlegte, zusammen und kämpfte sich wieder den Berg hinauf.

Auf dem Pass bot sich uns ein eindrucksvolles Panorama, ein überwältigendes Ineinanderwogen von Fels und Wald, aufgewühlten Wolken und Gletschereis. Es war, wie Dave festhielt,

> *»... ein lebendiges, ständig bewegtes geologisches Laboratorium, in dem Mutter Natur Hänge abtrug, um aus ihnen neue, gewaltige Berge zu schaffen. An diesem Ort gab es viele Erdbeben und Erdrutsche. Der winzige, nur so kurz auf der Erde verweilende Mensch zeigte sich als zu schwach, um solchen Naturgewalten ausgesetzt zu sein. Schon auf unserem Hinweg hatten wir gesehen wie ... gewaltige Felsmassen zerbarsten – auch hatten wir gehört und gespürt – wie sie durch eine Lawinenrinne hinunterschossen und gegeneinander prallten. Zurück blieb der ganz eigene Geruch von zermalmtem Fels. ... Leider führte unser Weg genau durch dieses gefährliche Gebiet, wir mussten es, gemeinsam mit unseren Freunden, also nochmals durchqueren.«*

Wie auf dem Hinweg war dieser Gebirgssattel der einschneidende Wendepunkt im Verhalten der Monpas. Sobald wir auf der anderen Seite angelangt waren und mit dem Abstieg begannen, lachten und scherzten sie untereinander. Und als Ang Kami das Abseilen mit dem ganzen Körper vorführte, während die anderen nur mit den Händen am Seil herabstiegen, erntete er ausgelassene Beifallsrufe von den Jüngsten. Bei den fünf Amerikanern gingen diese Veränderungen in einem anderen Tempo und vereinzelter vonstatten. Mühsam versuchten wir zwischen der schockierenden Tatsache, dass Doug tot war und unserer Rückkehr in eine lebendige, pulsierende Alltagswelt ein Gleichgewicht herzustellen.

»Ich konnte mich nicht daran gewöhnen, dass das Leben einfach weiterging und auf diese Weise die Bedeutung dessen, was geschehen war, irgendwie schmälerte«, erinnerte Jamie sich. »Wie unbedeutend … schal und matt schienen alltägliche Nebensächlichkeiten wie das Lagerleben, wie der Versuch, beim Gehen mitzuhalten, aber auch nicht zu weit voraus zu sein, … wie das Aufspüren des Weges, das Ausrutschen, Nesseln, Blutegel … die dauernde Erschöpfung, die ich wie ein Extragepäck mit mir herumtrug. Am meisten überraschte mich aber die Alltäglichkeit in meinen Gedanken: die Sorge, den Aufgaben nicht gerecht zu werden oder die Monpas mit meiner Zähigkeit nicht beeindrucken zu können, die Sorge, nicht einfühlsam genug mit den Monpas – oder auch mit Tom – umzugehen, die Sorge, ich könnte zu empfindlich, launisch oder geistesabwesend sein; dass wir die Expedition hätten fortsetzen sollen und dass ich keine guten Fotos zustande brächte.

Wie konnte ich in Anbetracht dieses gewaltigen Einschnitts, in dem Moment, in dem das große Tor, das die Lebenden von den Toten trennt, sich schloss, an solche Banalitäten denken? Manchmal lachte ich sogar, scherzte, lächelte über die Scherze der anderen. Es kam mir jedes Mal komisch vor, respektlos, falsch. Aber nicht zu reagieren, erschien ebenfalls künstlich, also noch falscher. Am schlimmsten aber und zugleich am respektlosesten wäre es, etwas vorzutäuschen, eine unechte Haltung oder ein unechtes Gefühl zu heucheln. Es war etwas geschehen, das wie eine riesige Gewitterwolke über meinen Gedanken hing, während all die nagenden Zweifel und lästigen Alltagsdetails sich darunter, daneben oder darin darstellten …«

Für jeden von uns ging die Rückkehr zur Normalität verschieden schnell vor sich. Ich bemühte mich, meinen echten und berechtigten Zorn auf Village Voice, »Die Stimme des Dorfes«, und seine Versuche, einen Vorteil aus unserer Notsituation herauszuschlagen, von dem belanglosen Ärger über die jungen Monpas zu trennen. Sie scherzten, lachten, jagten und benahmen sich allgemein eben so, wie Teenager überall anderswo sich auch verhalten würden. Sie hatten das Unfallopfer nicht gekannt und kaum einen Bezug zum Sterben.

Es war gut für die Gruppendynamik, dass es Tom und Roger besser als mir gelang, auf zwei Ebenen zu agieren. Ihre herzliche Beziehung zu den jungen Männern litt weniger unter dem eigenen Kummer und einem geschwächten Körper. Bei all seinem manchmal mürrischen und unnahbaren Benehmen hatte Tom eine verständnisvolle und lockere Art, mit Teenagern umzugehen. Und oft schien er in ihrer sonnigen Leidenschaft und ihrem klaren Vorstellungsvermögen einen größeren Wert und mehr Wirklichkeitsbezug zu entdecken als in dem verworrenen Erwachsenenleben. An unserem ersten Abend nach dem Überschreiten des Passes blieben die Monpas lange mit Tom um das lodernde Feuer sitzen. Sie sangen voller Eifer und tauschten Wörter und Sätze in der jeweiligen Sprache aus. Die Monpas hatten ihren Biwak wieder unter den Überhängen der beiden Felsblöcke eingerichtet, in deren Nähe sie auf dem Hinweg ihren ersten Takin geschossen hatten und die damals hier versteckten Würste füllten bereits unsere Mägen.

Jäh erinnerte uns um zwei Minuten nach 22 Uhr ein Dröhnen wie von einem landenden Flugzeug an die gebirgsbildenden Kräfte um uns herum. Und wieder war unser großer Vorgänger Kingdon-Ward vor uns hier gewesen und hatte dieses Ereignis mit einer uns nicht gegebenden Genauigkeit und Wortgewandtheit beschrieben:

... ein äußerst ungewöhnlicher, polternder Lärm ertönte, und die Erde um uns herum begann heftig zu beben. Das drohende Poltern durchbrach die nächtliche Stille dieser abgelegen Einsamkeit in den Bergen und schwoll zu einem ohrenbetäubenden Krachen an. Es klang, als wäre das Fundament des Universums in sich zusammengestürzt und die Himmelskuppel bräche in sich zusammen.

Die Nacht war pechschwarz, weil der Mond nicht schien und trotzdem erinnere ich mich daran, wie die Silhouette einer dunklen Bergkette vor einem mit Planeten übersäten Himmelsstreifen einen Augenblick lang verschwamm. Das gesamte Waldrandgebiet wurde von einem heftigen Beben erschüttert. ... Diese massiven Berge befanden sich in der Gewalt einer Kraft, die sie beutelte wie ein Terrier eine Ratte. ...

Das Erdbeben tobte weiter. Etwas schlug mit der Wucht eines riesigen Holzhammers auf den Boden unter unseren Füßen. Unser einst so fester Grund fühlte sich nur noch wie ein dünner, auf dem Talboden ausgebreiteter Belag an, dessen Ecken an den Bergen befestigt waren. Es schien, als würden die Grundfesten der Erde unter den gewaltigen Hammerschlägen zerbersten, als würde die dünne Kruste, auf der wir lagerten, wie eine Eisscholle auf rauer See zerdrückt und uns in einen bodenlosen Abgrund schleudern.

Außer dem Getöse des Erdbebens war noch ein anderes bekannteres Geräusch zu hören – das Krachen von Steinlawinen, die sich in die Schlucht ergossen, während Klippen auseinanderbrachen und Felsblöcke mit großem Gedöns herabpolterten.

... Für einen Augenblick hörte das Schlagen auf und außer gelegentlichen Lawinengeräuschen wurde es still. Dann folgten scheinbar hoch oben im dunklen Himmel urplötzlich vier oder fünf heftige Explosionen schnell aufeinander. Jetzt folgte ein Waffenstillstand, und es wurde ruhig. Für eine Weile war der Wahnsinn vorüber.[2]

Das Erdbeben von 1950, das Kingdon-Ward bescheibt, ereignete sich etwa 240 Kilometer südöstlich unseres »Takin-Lagers«. Es war ungleich heftiger als das Beben, das die Region am 24. Oktober 1998 erschütterte. Mit einer Stärke von 8,6 nach der Richter-Skala war dies eines der gewaltigsten jemals gemessenen Erdbeben. Am nächsten Morgen stellten wir in Gesprächen allerdings fest, dass ein Erdbeben nicht weniger heftig erscheint, wenn man in finsterer Nacht unter dem seitlichen Überhang eines Felsblocks liegt, der wie eine schwere Bowling-Kugel an einem steil zum innersten Schluchtbereich des Tsangpo abfallenden Hang sitzt.

Am folgenden Tag überschritt unsere Gruppe den nächsten Bergkamm und begann den Abstieg in das dunstüberzogene, magische Tal von Nadang. Es hatte sich eine natürliche Marschordnung ergeben. Peme Gompa und Pointman bildeten die Spitze und suchten den Weg. Die anderen Träger schlossen gleich dicht auf, marschierten etwa eine Stunde lang eilig vorwärts, setzten dann ihre Lasten ab und gönnten sich eine lange Zigarettenpause. Am Vormittag und am Nachmittag sorgten sie hastig für ein Feuer und kochten auch Tee. Nicht weit hinter ihnen gingen Tom und Roger und in deren Nähe der Sherpa Ang Kami. Manchmal folgte er der von den Monpas gewählten Route, dann ging er wieder parallel dazu.

Jamie wanderte allein mit sich und seinen Gedanken, bemüht wieder zu Kräften zu kommen »in der Mitte zwischen den beiden Schnellen, Tom und Roger, und den beiden Langsamen, Wick und Dave. Hier konnte ich allein sein, ohne die Angst, zurückzufallen und ohne den Ehrgeiz, vorn mitzuhalten zu müssen. Ich hatte ja kaum mehr als einen Tag in meinem Biwaksack unter der Spritzdecke gelegen, nur die Übelkeit hatte mich hinausgetrieben. Aber während der Tage danach fühlte ich mich, als wäre ich von einer langen Krankheit oder nach einer größeren Operation genesen.«

Dave und ich bildeten das Schlusslicht. Lobsang begleitete uns und sah immer nach vorn, um den Weg nicht zu verlieren. Über jede steile Stelle half er uns mit seiner starken Hand hinweg. Dave und ich waren die Langsamsten und gegen die körperliche Erschöpfung, die uns alle betraf, keinesfalls immun. Beide hatten wir manchmal Schwindelanfälle, wenn wir zum Horizont hinaufblickten – nach Daves Vermutung ein Zeichen von zu wenig Flüssigkeit im Körper. Eine Rippenprellung, verursacht durch einen Sturz, verstärkte Daves Schmerzen beim Atmen, das ihm schon durch sein leichtes Asthma in der Höhe zu schaffen machte. Er schätzte, dass er jetzt fast fünf Kilo weniger wog als wenige Wochen vorher bei unserer Wanderung den Po Tsangpo hinab.

Demütig nahmen Dave und ich unser langsames und manchmal qualvolles Vorankommen hin. Die Monpas waren hier geboren und 30 und mehr Jahre jünger als wir und hatten Hunderte von Fallschirmsprüngen weniger in den Knien. Tom war da anders. Verstohlen versicherte er sich dessen, dass sein Rucksack mindestens so schwer war wie die voll beladenen Bambus-Rücken-Tragen der Monpas und setzte sich an die Spitze der Gruppe. Er war entschlossen, zu lernen, wie diese dürren Kerle das Gelände so effektiv meistern konnten. Peme Gompa bemerkte Toms forschenden Blick und sein offensichtliches Interesse und nahm ihn unter seine Fittiche; so als wäre er »sein kleiner Bruder«, wie Tom sich später erinnerte. Er lehrte es ihn so, wie er einen Jungen wohl bei der ersten Jagd unterweisen würde.

Peme Gompa zeigte Tom, wie er auf steil ansteigenden, schlammig-schmierigen Stellen seine Zehen nach außen drehen musste, so wie ein Langläufer einen Grätenschritt vollführt, und wie man im Abstieg durch leichtes Drehen der Hüften sein Gewicht nach vorn verlagert. Er bat Ang Kami zu übersetzen und betonte, dass »man in den Bergen für jeden einzelnen Schritt Verantwortung übernehmen muss. Hier darf man sich keine Schlampigkeit erlauben; es geht nicht automatisch.«

Tom fand es ganz natürlich, im Alter von 52 Jahren nochmals gehen zu lernen – nicht aufgrund eines schrecklichen Unfalls, sondern weil er es früher nie gut genug gelernt hatte. Mit derselben Intensität, mit der wir uns als Teenager um Perfektion bei Paddelschlägen im Slalom bemüht hatten, nahm er diese günstige Gelegenheit wahr.

Aber auch die neu entdeckte Leidenschaft für die richtige Gehtechnik konnte Tom nicht lange von den quälenden Fragen ablenken, die uns mehr und mehr zusetzten. Sie riefen jeden von uns dazu auf, seine Rolle in dem tragischen Unfall, der Doug das Leben gekostet hatte und für die er die Verantwortung übernehmen musste, zu verstehen. Immer wieder würden unwillkürlich Bilder in uns aufsteigen und mit ihnen auch die Erinnerungen an andere Ereignisse und Gespräche, an Diskussionen über mögliche Gefahren, unser Vorgehen und die Ausrüstung – nicht nur auf dieser Reise, sondern auch bei früheren Unternehmungen.

Nie wird Tom erfahren, was an diesem fatalen Morgen Dougs Einschätzung getrübt hatte. Hatte sich Doug bei seinem Aufprall im ersten Loch verletzt und dadurch die Eskimorolle nicht geschafft? War er unter den Schenkelstützen herausgerutscht, die ihn fest im Boot halten sollten oder hatte sich der Rückengurt geöffnet? Hatte sich durch das Gewicht der Ausrüstung im Boot das Gleichgewicht verschoben oder war auf andere Weise beeinträchtigt worden? Oder hatte eine unerwähnte Erkrankung oder Verletzung seine Konzentration oder sein Können herabgesetzt, ohne dass er es bemerkt hatte? Ständig würden wir uns über diese und noch andere Möglichkeiten den Kopf zerbrechen. Rückblenden der ersten langen, schrecklichen Sekunden des Unfalls würden in uns wach gerufen werden, die Antwort aber würde ausbleiben.

Ein kleiner Trost war es zumindest, dass Doug bis zuletzt nach seinem persönlichen Urteil und in persönlicher Freiheit – die er so hoch bewertete – gehandelt hatte. Auf der Route seiner eigenen Wahl fuhr er über die Kante, einfach, weil er dort fahren wollte und auch sicher war, es zu können. Er fuhr nicht als Reaktion auf irgendeinen Druck oder ein Problem, das sich ihnen als Gruppe gestellt hatte. Das Boot zu umtragen, ging schneller als den Abschnitt zu erkunden und die Fahrt über die Stufe vorzubereiten. Tom und Roger hatten sich schon entschieden zu gehen. Alle hatten das Gefühl, insgesamt gut voranzukommen, deshalb hatten sie sich genügend Zeit genommen, die Stelle von allen Seiten her auszukundschaften.

Soweit zu den Tatsachen. Daneben türmte sich ein Berg von Fragen auf, die schwer zu beantworten oder zu akzeptieren waren. Tom fragte sich, ob er auf dem Fluss ein besserer Anführer hätte sein können. Hatte er den Gruppenkonsens mittels einer angemessenen Balance von Wagemut und Vorsicht zu lenken verstanden? Hatte er die anderen durch seine Gespräche mit ihnen – Doug eingeschlossen – davon überzeugen können, dass man auch ruhig und stetig vorwärts komme? War die Entscheidung richtig gewesen, die Boote mit in die Schlucht zu nehmen? Trug der kurzfristige Entschluss, sicherheitshalber Proviant für fünf zusätzliche Tage mitzunehmen, durch das erhöhte Gewicht zu diesem Ergebnis bei?

Roger ging in Sichtweite zu Tom und den führenden Monpas. Wie Tom war er in innere Monologe versunken und sagte nur selten etwas. Roger stellte sich gezielte Fragen zum Unfall: Hätte er sich gegen Dougs Vorhaben aussprechen sollen, denn wenige Augenblicke zuvor hatten sie die Strecke ja gemeinsam erkundet? Hätte er sich den anderen gegenüber deutlicher über die Gefahr äußern sollen, der sie alle ausgesetzt waren? Hätte er Doug irgendwie dabei helfen können, sein Boot noch sicherer zu machen?

Der Großteil dieser stillen Dialoge betraf jedoch die niemals zu beantwortende Überlegung »Was wäre gewesen, wenn …?«

Sollten sie die Regenbogenfälle nicht, wie geplant, erreichen, hatten bei dieser Strecke nach einer Ausweichmöglichkeit gesucht. Und auf der Karte dort in Gyala hatte das so einfach ausgesehen. Jetzt schaute Roger sich in dem gewaltigen, komplizierten Gelände um und fragte sich, wie sie zurecht gekommen wären, hätten sie die Monpas ohne Dave und mich an der Panter-Bucht angetroffen. Wäre Doug die Fahrt über die Stufe gelungen, wie er und alle anderen es ja zuversichtlich erwartet hatten, wären sie dann weiter flussabwärts gefahren, bis jemand anderes Schaden genommen hätte?

Jamies Gedanken wanderten weiter, von einem Phantasiegespräch mit Paulo über den Unfall bis zu Plänen einer langen Kanu-Camping-Reise mit seiner Familie südlich des Polarkreises. In sein Tagebuch schrieb er aber, dass die Träumereien nie lang anhielten und die Ereignisse am Tsangpo ihn bald wieder einholten:

Ich merkte, dass ich nicht zugleich gehen und reden konnte. Und wenn ich befürchtete zurückzufallen – oder stolz feststellte, dass ich ganz vorne war –, so führte beides, Demut und Stolz, zum Fall. Hing ich meinen Tagträumen nach oder dachte an zu Hause und die Familie, stolperte ich. Vergaß ich nach vorn zu schauen und starrte nur auf meine Füße, stand ich schon an der Kante eines steilen Abhangs oder vor einer unbezwingbaren Wand.

Natürlich tat es mir um Doug Leid, und ich trauerte um ihn, und auch für Connie, Tyler und Bruce tat es mir Leid. Ein bisschen tat ich mir auch selbst Leid und auch für Sandra, Bruce und alle Freunde von Doug empfand ich Mitgefühl. Was ich aber vor allem empfand, war Orientierungslosigkeit. Stell dir vor, du hast dir ein Leben lang eine feste politische Meinung gebildet. Dann kommt du in ein Land oder liest ein neues Buch und merkst, dass alles falsch war, woran du bisher geglaubt hast.

Ich hatte an Dougs Urteilsvermögen geglaubt, an seine herausragende Vernunft, seine Vorsicht, sein gutes Gespür. … Mehr als einmal hatte ich meine Hand dafür ins Feuer gelegt. Als das alles – buchstäblich und auch im übertragenen Sinn – weggeschwemmt wurde, zweifelte ich plötzlich an allem. Ich zweifelte an den Menschen um mich herum. Am meisten aber zweifelte ich an meiner eigenen Urteilskraft. Aber worauf soll man sich denn sonst da draußen in der Wildnis verlassen ... wenn nicht auf das eigene Urteilsvermögen? Man kann sich nicht jeden Schritt, den man tut bis ins kleinste Detail überlegen; man muss glauben, um sich fortzubewegen.

WÄHREND ICH SO AM ENDE DER GRUPPE vor mich hin ging, fragte ich mich, ob ich ein besserer Leiter hätte sein können und ob es überhaupt richtig war, dass ich die Expedition geplant und geleitet hatte. Ich hatte Jahre darin investiert, ein höchst riskantes Unternehmen auf die Beine zu stellen, das letztlich mit einem tragischen und sinnlosen Tod geendet hatte. Bevor ich abgereist war, hatte ich ganz rational erklärt, dass ich auf diese Weise für meine Freunde die Möglichkeiten schuf – und auch dem Sport etwas zurückgab; indem ich meine Erfahrung, mein Organisationstalent und meine Führungsqualitäten mit einbrachte, nun da ich mich aus dem aktiven Paddelgeschehen zurückgezogen hatte. Klang das jetzt nicht alles blechern, dumm und eitel?

Hätten wir vielleicht schon früher bessere Informationen über das Hochwasser bekommen können, wenn ich bei dem Ansuchen um Bewilligung den chinesischen Behörden gegenüber etwas weniger zurückhaltend gewesen wäre? Wären wir dadurch in ein weniger unflexibles Zeitschema gekommen, als wir es in Wirklichkeit hatten aushandeln können? Hätte ich mich nicht aus dem Entscheidungsprozess heraushalten sollen, als es darum ging, ob man die Strecke hinter Gyala mit den Booten befahren solle?

Angesichts der furchtbaren Endgültigkeit von Dougs Tod und der ungeheuren Macht der beteiligten Naturgewalten schien die Beschäftigung mit der eigenen Rolle egoistisch und unwürdig. Die persönliche Verantwortung aber nicht zu verstehen und gleichzeitig anzunehmen, schien ein noch größerer Verrat an einem so klar und aufrichtig denkenden Menschen zu sein, wie wir kaum einen zweiten kannten. Andauernd kehrten diese Fragen wieder, die Antworten änderten sich dagegen ständig, sie bildeten und formten sich um wie die Wolkenbank, durch die wir in das Becken von Nadang hinabstiegen.

Dave und ich wateten durch den Gletscherbach bei Nadang, an dem man uns auf dem Hinweg das Ritual des Gesichtwaschens gelehrt hatte. Am anderen Ufer tropften unsere Hosen von dem eiskalten Wasser und die kältestarren Füße taten bei jedem Schritt über das unregelmäßige Blockwerk weh. An einem trockenen Schuttriegel, Überbleibsel der Schneeschmelze im Frühjahr und Sommer, lagen über eine Länge von etwa 100 Metern Rucksäcke und Bambustragen verstreut herum – alles Einzelteile unserer Ausrüstung und Verpflegung. Das erinnerte mich sofort an die eher düsteren Illustrationen zu den Berichten des britischen Forschungsreisenden Henry Morton Stanley über seine Kongo-Expeditionen. Sie zeigen, wie Dutzende Träger ihre Lasten abwarfen, in den Busch davonrannten und den Forscher im tiefsten Afrika sich selbst überließen.

Schnell kamen Tom und Roger herbei, um mich von dem Irrtum zu befreien: Sie schilderten, wie sie vor 40 Minuten mit den Monpas den Gletscherbach überschritten hatten. Dann waren die Monpas plötzlich alle mitten im Schritt erstarrt, ohne dass die beiden Amerikaner irgendeinen Auslöser dafür hören oder sehen konnten. Und auf ein kurzes Kommando von Peme Gompa hin hatten alle, wo sie gerade standen, ihre Lasten fallen gelassen, waren flussabwärts gerannt und hatten im Laufen ihre Gewehre geladen. Nach zehnminütiger Stille hörte man aus einiger Entfernung mehrere Schüsse. Kurz darauf kehrten die drei jüngsten Jäger zurück, um große Messer und dergleichen Geräte aus dem Gepäck zu holen. Triumphierend teilten sie Ang Kami mit, sie hätten fünf Takins umringt und getötet.

Am nächsten Morgen schlossen die Monpas sich uns wieder an, von Unruhe war keine Rede mehr. Jetzt dachten sie nur noch an die Logistik: uns, unsere Ausrüstung und diesen neu erworbenen Segen an Fleisch und Fell so schnell wie möglich nach Mendung bringen. Wir teilten ihr Interesse und der andauernde eiskalte Regen lud ohnehin nicht zum Bleiben ein. Fahl ragte ein Gletscher aus dem Nebel auf; während der Nacht erschütterte ein Erdbeben die Hügel; und der vom Regen angeschwollene Gletscherbach, den auch Kingdon-Ward an dieser Stelle überquert hatte, rauschte drohend unter der Brücke aus drei Baumstämmen bis hier herauf. Innerhalb von zwei Tagen eilten wir den Pfad hinab, der uns beim Hinweg vier Tage gekostet hatte und am späten Nachmittag des 27. Oktober kletterten wir dankbar die Holzleiter zu Peme Gompas Haus hinauf und genossen den Luxus, nun im Trockenen zu sein.

Noch ehe ich meinen Rucksack absetzen konnte, händigte ein Bote mir einen der leuchtend bunten, wasserdichten Nylonsäcke aus, in denen wir alle unsere wichtigen Ausrüstungsgegenstände geschützt aufbewahrten. Paulo hatte ihn geschickt. Der Sack enthielt zwei kostbare voll aufgeladene Batterien für das Satellitentelefon. Außerdem fand sich noch eine Notiz in dem Sack, die besagte, dass die zuvor gesperrte Straße in der Lawinenzone jetzt für den Verkehr begrenzt freigegeben war, Paulo aber den Pfad den Po Tsangpo hinab nicht hatte gehen können, um uns zu treffen; jüngste seismische Beben hätten im Zusammenhang mit den Regenfällen riesige Erdrutsche verursacht, so dass der Weg zwischen der Straße und uns abgeschnitten war.

Die Dorfbewohner bestätigten das und fügten hinzu, dass es dort gewiss noch weitere Erdrutsche geben würde, sollte der Regen anhalten. Sicherer sei es, oberhalb dieser instabilen Zone zu klettern, was aber zwei zusätzliche Tage bedeuten würde. Sie rieten uns, auf eine Regenpause zu warten. Außerdem sei in Mendung am nächsten Tag eine Einweihungsfeier in einem neu errichteten Haus und niemand sei darauf versessen, so etwas zu versäumen, um Lasten bergauf zu schleppen; ob sich diese Arbeit verschieben ließe. Also beschlossen wir, diese letzte Verzögerung mit größtmöglichem Taktgefühl hinzunehmen, auch wenn wir immer öfter an zu Hause dachten. Unser Reiseveteran Dave notierte in seinem Tagebuch: »Meine Tagträume pendelten zwischen Susan und Speck mit Ei hin und her – das hatte im Laufe der vergangenen Monate ungeheure Bedeutung für mich angenommen.«

Vor dem Eingang zu Peme Gompas Haus hatten sich schon etliche unserer Verlorenen Jungs eingefunden. Mit mehr als nur beiläufigem Interesse warteten sie auf mich. Ehe wir uns um irgendetwas anderes kümmern konnten, mussten unsere Helfer entlohnt werden. Bis jetzt hatten sie noch nichts bekommen und warteten verständlicherweise begierig auf ihren großen Zahltag. Um den neugierigen Blicken auszuweichen, schlossen Dave und ich uns in Peme Gompas kleinem Altarraum ein. Dreimal prüften wir, ob wir Tage und Löhne richtig berechnet hatten und verteilten dann das Geld. Ich war entschlossen, Village Voices Versuche, uns auszunützen, nicht kommentarlos hinzunehmen, bot meine ganze berechtigte Empörung auf und legte mir eine kurze, aber vernichtende Kritik an seinem Verhalten zurecht.

Ich hätte mir meine Redekunst und Ang Kamis Atem sparen sollen. Alle Augen waren auf den siebeneinhalb Zentimeter dicken Stapel von 100-Yuan-Scheinen gerichtet und meine Worte bewirkten so viel wie die meisten Moralpredigten. Sogar meine amerikanischen Kameraden zeigten sich unbeeindruckt.

Am 27. Oktober 1998 schrieb Jamie McEwan in sein Tagebuch: *»... die Szene der Lohnauszahlung an die Monpas war ein Flop. Wicks Rede war kurz, Reaktion gleich null. Ich verschoss einen ganzen Film dabei – man sieht sie fast nur Geld zählen.«* Dave Phillips notierte in sein Tagebuch: *»Ein großartiger Versuch, bewirkte wahrscheinlich genauso viel wie eine Predigt bei einem eigensinnigen Teenager.«*

In meinem eigenen Tagebuch steht: *»Leider nicht die durchgreifende Reaktion, die ich erwartete – dafür hatte ich aber auch keine Machete zwischen den Zähnen, nicht ganz so schlecht also.«*

TATSACHE WAR, DASS UNSER AUGENMERK sich nun ganz auf die Zukunft richten musste. Die schmerzhaften Erinnerungen lagen nun schon fast zwei Wochen zurück.

Am nächsten Tag unternahm Tom den nächsten Schritt, unser Schweigen der Öffentlichkeit gegenüber zu brechen. Von Mendung aus rief er die staatliche Rundfunkanstalt an, zwei Tage darauf wurde das bisher zweite Interview ausgestrahlt. Wie das erste· von unserer Einstiegsstelle bei Pei, war es sehr kurz und stark vereinfachend. Es untermauerte lediglich die Erklärung, die wir bereits abgegeben hatten, fügte ihr aber auch nichts hinzu. Und es hatte den ungünstigen Nebeneffekt, dass die Nachricht vom Tod auf dem Fluss weit über die Wildwasser-Gemeinde hinausgetragen wurde.

Sarah Park war in Potomac inzwischen immer mehr unter den Druck geraten, mehr Information herauszugeben. Zeitungs- und Zeitschriftenreporter versuchten ihr Bemerkungen, die sie zitieren konnten, oder die Nummern unserer Satellitentelefone zu entlocken. Sie versuchten, Interviews mit Familienmitgliedern zu bekommen und wollten sogar Einzelheiten zu unserem Rückflug wissen. Weniger leicht war es, die Gerüchte und Anschuldigungen, die im Internet kursierten, nicht zu beachten. Manche, die unser Urteilsvermögen in Frage stellten, waren einfach nur lästig, aber andere mussten schnell zum Schweigen gebracht werden. Eine dieser Falschmeldungen besagte, wir wären alle in der Schlucht gefangen und uns drohe Gefahr, und dass Gerüchte die Familien, Freunde und auch die chinesische Regierung möglicherweise in unnötige Sorge versetzt hätten.

Sehr wohl zu beachten war allerdings die Nachricht zweier Expeditionen, die großzügig ihre Hilfe anboten und um Anweisungen baten. Ihnen musste man sagen, was sie tun konnten und – was noch wichtiger war – welche zusätzlichen Risiken sie nicht einzugehen brauchten. Bei der ersten handelte es sich um die Expedition von Ian Baker, Ken Storm und Hamid Sardar. Laut Plan wollten sie innerhalb von wenigen Tagen die Schlucht betreten, um das rechte Ufer – unweit des Bereichs, in dem wir erfolglos nach Doug und seiner Ausrüstung gesucht hatten – zu Fuß zu erkunden. Bei der anderen handelte es sich um eine spanische Bergsteigergruppe, die sich gerade in Gyala Pelri aufhielt. Diese Gruppe wollte nach ihren bergsteigerischen Unternehmungen das rechte Ufer des Tsangpo unterhalb von Gyala Pelri als Vorbereitung für eine mögliche zukünftige Kajak-Expedition erkunden. Beiden Gruppen musste man mitteilen, in welchem Gebiet wir gesucht hatten. Außerdem wollten wir ihnen zu verstehen geben, dass wir es für ungerechtfertigt hielten, zusätzliche Risiken einzugehen – jeden Nachweis von Dougs Tod sollten sie aber selbstverständlich aufzeichnen und darüber berichten.

Tom entwarf einen etwas genaueren Bericht, der über E-Mail an unsere Freunde verschickt werden sollte. Aber wir wagten es nicht, ihn vor der offiziellen Untersuchung des Unfalls durch die chinesischen Behörden zu versenden. Die Untersuchung war am 5. November abgeschlossen und bestätigte tätsächlich auch Dougs Tod – und nicht nur den Status »vermisst«. In der Zwischenzeit gelang es uns noch einige weitere Tage, uns hinter den beiden »Barrikaden« Sarah und Harry vor der Außenwelt zu verstecken.

Am Vormittag war das ganze Dorf auf den Beinen, um das Richtfest vorzubereiten. Im und um das Haus herum wimmelte es von Arbeitstrupps – die letzten Holzschindeln mussten noch am Dach befestigt und der Bauschutt aus dem Hof entfernt werden. Auch der Boden des einzigen, großen Raums für die Familie war noch zu reinigen. Mehrere 100 Meter davon entfernt kochten und brieten vier Frauen in Riesentöpfen im Freien nicht identifizierbare Köstlichkeiten. Die Töpfe wurden auf einen Handwagen mit Rädern gehoben, damit sich das ganze Dorf bedienen konnte. Die Kinder standen tuschelnd in Grüppchen und betrachteten alles mit großen Augen. Kaum mehr als einen Steinwurf entfernt, wurde das Austeilen der Speisen von Hunden, Arbeitern und Kindern gleichermaßen bewacht.

Als wir etwa um 17.30 Uhr bei dem neuen Haus ankamen, war die Party schon in vollem Gange. Dreißig und mehr Leute jeden Alters standen dicht gedrängt in dem verrauchten, großen Raum. Die Frauen trugen helle Blusen und dunkle Röcke, einige krönten das Ensemble mit einer grünen chinesischen Arbeitskappe. Die jüngeren Männer gefielen sich in militärischer Tarnkleidung, ein im Gürtel steckendes Messer mit silberner Scheide betonte dies noch. Rauch schlängelte sich in dichten Schwaden von dem neuen Herd in einer Ecke des Raumes empor, und der massive Mittelpfeiler, der das Dach trug, war von Dutzenden weißer Glücksschleifen umhüllt, einem tibetischen Zeichen für Gastfreundschaft.

Die Männer, die uns während der Expedition begleitet hatten, stellten uns eine verwirrend große Anzahl von Frauen und Kindern vor; sogar Village Voice gab feierlich mit seinem kleinen Sohn an. Der Reiswein aus eigener Herstellung wurde großzügig aus einem rechteckigen Benzinkanister ausgeschenkt, und etliche Frauen und Männer sangen abwechselnd einzelne Strophen von Volksliedern. Einige erkannten wir von Tom und Rogers gemeinsamem Singen mit den Verlorenen Jungs unter den Felsüberhängen wieder. Es wurden keine Instrumente gespielt, aber die klaren Stimmen trugen die rhythmische Melodie mühelos.

In einer Ecke des Zimmers sammelten sich die jungen Frauen, in einer anderen die jungen Männer. Schließlich begann eine der Frauen – vielleicht war sie forscher oder vom Alkohol schon etwas beschwingter als die übrigen – einen ausgelassenen Tanz. Dann bewegten sich drei oder vier Frauen, die Arme untergehakt, tanzend nach vorne und um den mit

Glücksschleifen geschmückten Mittelpfeiler herum und sangen dabei eine Liedstrophe. Dann zogen sie sich wieder zurück, und die Männer kamen nach vorne. Der Benzinkanister mit dem selbst hergestellten Wein ging von Hand zu Hand und mit der Hitze und dem Rauch stieg in dem überfüllten Raum auch das Tempo der Lieder und Tänze.

Als Männer mittleren Alters konnten wir uns früh von der Feier davonstehlen und uns in Peme Gompas Gesellschaft zurückziehen, ohne die Gefühle der Gastgeber zu verletzen. Diesmal war der Herd von Peme Gompa nicht der Sammelpunkt der Nachbarschaft und wir verbrachten mit ihm und seinen nächsten Angehörigen einen ruhigen Abend. Wir schenkten Peme Gompa mehrere nützliche Gegenstände aus unserer Expeditionsausrüstung und gaben ihm Bargeld dafür, dass er uns so großzügig in sein Haus aufgenommen hatte. Das Geld war dazu gedacht, den Bonus für seine Hilfe während der Expedition zu ersetzen, denn ein solcher hätte noch mehr Unmut unter den anderen auslöst. Seiner Frau überließen wir den gesamten Expeditionsvorrat an Marmelade und Honig. Von Kathmandu mitgebracht, sollte er im Zeltlager verbraucht werden, war aber versehentlich beim Proviant für den Weg entlang des Po Tsangpo gelandet.

Bei demselben Proviant fanden wir auch einen letzten Rest Whiskey, den ich zollfrei in London gekauft hatte. Ich schenkte Peme Gompa einen kräftigen Schluck davon ein. Er roch nachdenklich daran und probierte, lächelte dann verschmitzt und schenkte seiner Frau eilfertig genau die Hälfte davon ein. Er revanchierte sich, indem er uns aus seinem Benzinkanister Reiswein aus eigener Produktion anbot, und Dave, stets ganz Gentleman, hielt mit ihm mit. Von der Zimmerecke aus, in der ich stand und fotografierte, sah ich, wie Dave heimlich jede Tasse dieser öligen klaren Flüssigkeit durch eine Ritze im Boden goss. Und ich fragte mich, ob das etwa 140 Kilo schwere Hausschwein der Familie gerade mit offenem Rüssel im Stall darunter stand und den Umtrunk auch genoss.

Am nächsten Tag sahen wir, dass die Dorfbewohner nicht übertrieben hatten. Der Erdrutsch, der den Weg entlang des Po Tsangpo abschnitt, war ernst zu nehmen. Und bei Regenwetter wäre der Versuch, dort entlang zu gehen, eindeutig zu gewagt gewesen. Dort wo etwa 200 Meter oberhalb der Stromschnellen des Po Tsangpo der feste Steig entlang der rechten Seite geführt hatte, lag nun eine etwa 70 Meter breite Mure aus Felstrümmern und Schlamm. Wir konnten nicht erkennen, wo sie oben begann, aber nach unten hin ergoss sie sich direkt in den Fluss. Inseln ineinander verhedderter, entwurzelter Bäume ragten aus dem Wirrwarr hervor. Um die Inseln herum sank alles fließend und ohne Unterbrechung den Hang hinab. Manchmal löste sich ein kleiner Stein und klapperte ein paar Meter weit, ehe er wieder liegen blieb. Aber an diesem Tag schien die Sonne, und im Augenblick wirkte der trocknende Hang beruhigt.

Der Weg über die Mure bestand lediglich aus einer Reihe herausgekratzter Tritte, die meisten von ihnen kleiner als unsere Schuhsohlen. Er wirkte abschreckend, aber nicht wirklich schwierig. Wir hielten unsere Stöcke vor uns in Brusthöhe und drangen mit den Spitzen in den Hang zu unserer Linken ein. Vorsichtig gingen wir hinüber. Immer wieder mussten wir uns zwingen, den Körper vom Hang weg zu halten, damit unser Gewicht senkrecht nach unten drückte. Denn der natürliche Drang, sich zum Hang hin zu neigen, hätte uns die Füße von den kleinen Trittflächen weggerissen. Nirgends zeigte sich besser, wie wahr doch Peme Gompas Rat, man müsse jederzeit für jeden einzelnen Schritt Verantwortung übernehmen war. Sorgfältig und ohne einen weiteren Zwischenfall brachten wir die Mure hinter uns.

Bald danach schlugen wir unser Lager auf. Am nächsten Morgen führte uns ein dreistündiger Marsch zur letzten dieser zitternden, schaukelnden, aus losen Brettern bestehenden Hängebrücken hoch über dem Fluss, zu beiden Seiten flatterten reihenweise kleine weisse Gebetsfahnen. Am anderen Ende der Brücke standen zwei weiße Geländewagen, deren

Fahrer nur darauf warteten, uns nach Lhasa zurückzubringen. Wie Lichtblitze reflektierte Paulos Videokamera die Sonnenstrahlen, als wir aus der Zeitmaschine wieder ausstiegen.

Nachwort

An einem kühlen Novembersamstag, die Sonne stand fahl am Himmel, versammelten sich über 200 Verwandte und Freunde von Doug Gordon in der Halle eines einfachen Landsitzes außerhalb von Cornwall in Connecticut. Wie bei einer Quäker-Zusammenkunft standen die Teilnehmer auf, wenn es sie innerlich dazu drängte, um ihre Trauer mit den anderen zu teilen und seiner zu gedenken. Das sollte die Zwanglosigkeit, Individualität und Spontaneität wiedergeben, die Doug so geschätzt hatte. Zwei Stunden lang hielten über 30 der Anwesenden, die ihm am nächsten standen, nacheinander eine Rede. Einige lasen sie von Notizzetteln ab, andere sprachen frei, manche unter Tränen und manche verpackten das Gesagte humorvoll. Das Repertoire an Anekdoten umfasste sowohl Begebenheiten, die sich auf dem Fluss, bei Wildwasserfahrten und bei Kajakrennen ereignet hatten, als auch Geschichten aus dem Familienleben und aus der Forschung, Geschichten von Streichen und Partys – von seiner Geburt bis zu der Tragödie im Tsangpo.

Der rote Faden, der sich durch all diese ergreifenden, in Cornwall erzählten, Geschichten und die in den darauf folgenden Monaten verfassten Lobschriften zog, waren nicht etwa seine zahlreichen beachtlichen Leistungen auf den verschiedenen Gebieten, sondern seine besondere Art zu leben und der Einfluss, den er auf viele ausübte, indem er ihnen dazu verhalf, das Leben in vielen Dimensionen zu erfahren:

»... nach dem Unfall nahmen wir alles völlig anders wahr. Wir waren hierher gekommen, um diesen gewaltigen Cañon und die riesigen Berge zu sehen. Vor dem Unfall staunten wir täglich über die schneebedeckten, 7600 Meter hohen Berge, die plötzlich zwischen den Wolken auftauchten, über die schönen Ausblicke und die Gletscher, die bis zum Fluss hinabreichten. Hinter jeder Biegung die gleiche Pracht. ... Und danach – die Landschaft blieb zwar dieselbe, sie war so großartig wie zuvor und doch war sie leer. ... Nach dem Unfall sahen wir die schöne Reise, die Doug so gefallen, und die er sehr genossen hätte, mit anderen Augen – Doug konnte diese Erlebnisse nicht mehr mit uns teilen. ... Bestimmt haben viele hier der hier Anwesenden etwas Ähnliches erfahren und vermissen seine Kameradschaft ebenso sehr wie sein Dabeisein.«

Tom McEwan

»[Albert Einstein] glaubte, Gott sei in allem, was dem Menschen heilig und was ihm eingegeben ist – in der einfachsten alltäglichen Aufgabe ebenso wie im wahrhaft Heiligen. ... Vielleicht lag und liegt in der Schönheit dieser einen schnellen und klaren Fahrt, für den Fahrer eine Verbindung zu Gott, auch wenn dies unvorstellbar erscheint. Vielleicht zog Dougs Gott ihn zu einer Stelle im Fluss, wo er diese Erfahrung als etwas Heiliges empfand.«

Ken Stone, Trainer der amerikanischen Nationalmannschaft im Kanuslalom

»Ich ... habe nie einen solideren Kanusportler als Doug kennen gelernt; er war immer da, wo er sein wollte. ... Ich kann mich nicht erinnern, dass es bisher jemanden gegeben hat, der auf eine so lange Rennsportkarriere zurückblicken kann wie Doug – und das stets auf extrem hohem Niveau. Als er mit dem Rennsport aufhörte, behielt er das Kajakfahren bei. Das war vor zehn Jahren. Zehn Jahre lang trieb ihn sein Entdeckerdrang an. Sein Ziel waren die

Regionen in der wildesten Natur. Nicht, um berühmt zu werden oder andere zu sich aufschauen zu lassen – vielen Paddlern ist sein Name unbekannt –, sondern einfach, so glaube ich, um die wahrhafteste Form des Entdeckens zu finden, die möglich ist.«

LANDIS ARNOLD, PADDELFREUND

»Er war der Meinung, man solle nie zögern und so der Angst Raum geben, wenn man vor sich eine Linie sah und wusste, das man es schaffen kann. Andererseits war er sich sehr wohl dessen bewusst, dass er, wenn er einen schlechten Tag hatte, vorsichtiger sein musste als sonst. Sein Urteil schätzte ich besonders hoch ein.«

BRUCE LESSELS, PADDELFREUND

»Dougs Fähigkeit, über die unerwarteten Momente im Leben zu staunen und jede der sich ihm bietenden Herausforderungen anzunehmen, war ansteckend und erfrischend. Er hörte nie auf, über etwas nachzudenken und forderte sich selbst und seine Umwelt ständig heraus. Und immer ermutigte er uns alle, noch ein bisschen mehr zu erreichen und das Leben noch etwas mehr zu genießen als zuvor. Von Doug habe ich eine Menge gelernt – über technische Details, sportliches Benehmen und Fairness, die Verbindung von Vergnügen und Arbeit und vor allem über die Verbundenheit zwischen Freunden …«

DAVID HALPERN, KLASSENKAMERAD

»Er ist gegangen, und ich brauche eine Erklärung dafür. Doug selbst hätte schnell eine zur Hand. Ich bin langsamer. Aber nach reiflicher Überlegung wird mir klar, dass Doug – wie ihr alle, die ihr hier sitzt – jenen abenteuerlichen Geist verkörpert, der notwendig ist, um etwas in der Welt zu erreichen.«

BILL ENDICOTT, TRAINER DER AMERIKANISCHEN
WILDWASSER-NATIONALMANNSCHAFT

»Er ›dachte‹ sich nicht nur den Fluss hinunter, sondern erfuhr das Kajakfahren auch viel intensiver, als die meisten es je erfahren. Deshalb fällt es mir – und ich glaube, allen der hier Anwesenden –, so schwer, zur Kenntnis zu nehmen, dass er nicht mehr da ist. Er ist gegangen. Denn er schien lebendiger, wacher …, er verarbeitete das, was um ihn herum war, gedanklich intensiver und empfand es zugleich auch stärker. … Immer wenn ich an ihn denke, werde ich … ihn nicht als bloße Erinnerung vor mir sehen, sondern als eine Art Ideal.«

Jamie McEwan

»Wir … waren auf fast alles vorbereitet«, schrieb Frank Kingdon-Ward 1926 über seine Erkundung der Tsangpo-Schluchten mit Lord Cawdor, *»nur nicht auf die Möglichkeit zu scheitern …«*[1]

Noch unter dem unmittelbaren Eindruck von Dougs Tod und dem Abbruch der Expedition stehend, schrieb Jamie von Lhasa aus und sprach damit in unser aller Namen. In Anbetracht dieses Ausgangs wünschte er jetzt, wir wären nie nach Tibet gekommen und hätten nie versucht, den Tsangpo zu erkunden. Unsere ehrgeizigen Ziele seien nicht im Entferntesten so viel wert wie das Leben desjenigen, der nun für uns verloren war.

Der Tod eines unserer Gefährten war bei weitem der größte Fehlschlag, aber nicht der einzige. Unseren Traum und unser erklärtes Ziel, die erste Wildwasserfahrt durch die Schluchten des Tsangpo zu unternehmen, haben wir bei weitem nicht erreicht. Die Paddler befuhren nur 56 Kilometer des Flusses, von denen die 29 Kilometer von Pei nach Gyala als »Aufwärmen« galten. Vor der Reise hatten wir uns ausgerechnet, dass die ersten 115 Kilometer das Minimum wären, das wir als größere Herausforderung zu betrachten hätten. Noch ehe die Gruppe Gyala verließ, mussten diese Pläne radikal eingeschränkt werden. Auch ohne den Unfall hätten wir 1998 höchstens noch 16 Kilometer weiter flussabwärts fahren können, dann hätten wir ohne Boote und zu Fuß entlang der linken Seite der bisher unerforschten inneren Schlucht weitergehen müssen.

Und genauso subjektiv und schwer zu fassen wie der Erfolg der Erstbefahrung eines Flusses – so fanden wir –, war auch unser Misserfolg zu definieren. Aber nie verloren Tom und ich unsere grundsätzliche Überzeugung, dass dies Dougs und auch unser Leben war: in der Wildnis zu sein, Gebiete wie den Tsangpo zu sehen und zu erkunden. Vor unserer Abreise im September schrieb Doug mitten im Tumult der Vorbereitungen – Satellitenbilder auswerten, Lebensmittel verpacken, Flugtickets bestätigen, Kletterausrüstung aussuchen, Geld wechseln und tausend anderen Kleinigkeiten – mit eleganter Einfachheit drei Ziele nieder: »überleben, erfahren, genießen«.

In seiner gewandten Art hatte Doug uns darauf hingewiesen, dass »überleben« ein gemeinsames, ein Gruppenziel sei, nicht nur ein persönliches. Der Verlust eines Teamgefährten kam nicht in Frage. Nicht nur um dessentwillen, was ihm zustieß, sondern vor allem wegen derjenigen, die er zurückließ: an erster Stelle die Familie, dann aber auch die Freunde, Berufskollegen und, nicht zu vergessen, die Expeditionsgefährten.

Das »Erfahren« hatte bei ihm eine tiefere, reichere Bedeutung als nur die Schlucht zu durchqueren, Wildwasser zu befahren, der Erste zu sein. Er meinte damit, die Trennlinie zur Koexistenz mit der Umwelt zu überschreiten: indem wir mit den Monpas gingen und mit ihnen unter Felsüberhängen wohnten; indem wir uns an dem steilen Fels hielten und auf ihm balancierten; indem wir die feuchte, scharfe Waldluft einatmeten. Und für die Paddler bedeutete es vor allem, mit dem mächtigen Fluss zu »fließen«. Doch alles hatte Grenzen, die manchmal schwer zu erkennen waren, über die wir uns nicht hinauswagen sollten.

Auch das »Genießen« fasste er weiter, als der oft sehr schwammig formulierte Begriff wiedergibt. Es bedeutete, alle Sinne offen zu halten, das ganze Wunder dieser Erfahrung in sich aufzunehmen, alle menschlichen Gefühle auszukosten:

die Freuden der Kameradschaft und des Zusammenwirkens, die Ehrfurcht vor dieser atemberaubenden Landschaft, den Triumph bei Erfolgen, aber auch die Furcht vor den Schwierigkeiten. Gefahr und Risiko waren hier ebenfalls Fäden in der Textur eines reich strukturierten Gewebes.

Erst jetzt, Monate später, begannen wir, seine Expeditionsgefährten, unsere Zeit in den Schluchten des Tsangpo unter dem Aspekt aller drei von Doug genannten Kriterien – nicht nur des ersten genannten Kriteriums – zu begreifen. Gemeinsam mit ihm wurde uns das tiefe Erleben einer der großartigsten und ursprünglichsten Regionen unseres Planeten zuteil und unsere Zusammenarbeit, unsere Fähigkeiten und die physischen Anforderungen, die an uns gestellt wurden, genossen wir sehr. Dies alles bleibt uns: dies auszukosten und zu schätzen. Dougs Tod hebt diese Erinnerungen nicht auf.

Ob es nun unser Schicksal ist zurückzukehren und uns vor der Göttin der Schluchten noch einmal zu verneigen, oder ob dieses Privileg anderen zuteil werden wird – vielleicht werden wir dann so klug sein, es Eric Shipton gleichzutun. Zehn Jahre vor Edmund Hillarys und Tenzing Norgays Gipfelsieg auf dem Everest sann er über seine eigenen, immer wieder gescheiterten Versuche nach:

> *Nein, bemerkenswert ist es nicht, dass der Everest sich den ersten paar Ersteigungsversuchen nicht gleich fügte. Es wäre eher sehr verwunderlich und auch bedauerlich gewesen. Denn das ist nicht die Art großer Berge. Vielleicht sind wir durch unsere schöne neue Technik, durch unser Zeitalter der leichten mechanischen Eroberung ein wenig überheblich geworden. Wir hatten vergessen, dass der Berg immer noch den Trumpf in der Hand hielt und nur Erfolg gewährte, wenn es ihm genehm war. Warum sonst übt das Bergsteigen immer wieder eine so große Faszination auf uns aus?*
>
> *Es ist möglich, ja sogar wahrscheinlich, dass jüngere Bergsteiger bald erstaunt auf unsere schwachen Bemühungen zurückblicken und keine Erklärung für unser wieder-*

holtes Scheitern finden, wo sie sich doch selbst mit wesentlich schwierigeren Problemen herumschlagen. Wenn wir dann noch leben, werden wir bestimmt grimmig in unseren grauen Bart murmeln und verzweifelt versuchen, unsere Schwächen zu rechtfertigen. Aber wenn wir klug sind, denken wir in tiefer Dankbarkeit daran, dass wir damals unser bergsteigerisches Erbe angetreten haben, und sehen mit Vergnügen zu, wie die Jüngeren das Ihre genießen.[2]

Anmerkungen und Quellen

Anmerkung des Autors: Diese Erzählung ist eine Synthese aus meinen persönlichen Erlebnissen und denen meiner Gefährten in Tibet und anderswo sowie einer Vielzahl literarischer Quellen zur Entdeckungsgeschichte Asiens und der Satellitenkommunikation und -fernerkundung. Im Interesse eines übersichtlichen und lesbaren Textes habe ich die Fußnoten im Wesentlichen auf direkte Zitate und Auszüge beschränkt. Für Leser, die sich für ein bestimmtes Thema im Detail interessieren, besonders aber jene, die ein ähnliches Unternehmen planen, habe ich unten auch die Quellen aufgelistet, die ich am nützlichsten fand.

Widmung

- [1] Walker, Wick. »South by Simple«. *Coleman Outdoor Adventures,* 1987.

Näheres zu den Tamul-Fällen, siehe:

- Walker, Wick. »Treasure of the Sierra Madre«. *Canoe,* Mai, 1987.
- McEwan, Jamie. »Santa Maria!« *First Descents, In Search of Wild Rivers.* Birmingham: Menasha Ridge Press, 1989.

Vorwort

- [1] Ward, Captain F. Kingdon. *The Riddle of the Tsangpo Gorges.* London: Edward Arnold, 1926: S. 224-225.
- Bailey, F. M. »Note on the Falls of the Tsangpo«. *The Scottish Geographical Magazine,* Bd. XXX., Februar, 1914.
- McRae, Michael. »Racing for Shangri-La, Tibet's Tsangpo

Gorge«. *Earth's Mystical Grand Canyons*. Tucson: Sunracer Publications, 1995.

Erstes Kapitel

- [1] Davis, Mark. *Lost in the Grand Canyon*. The American Experience, Public Broadcasting Service, 1999.

Zweites Kapitel

Einen Bericht über die Erstbefahrungen des Jangtsekiang finden Sie bei:

- [1] Bangs, Richard und Kallen, Christian. *Riding the Dragon's Back, The Race to Raft the Upper Yangtze*. New York: Laurel, 1982.

Einzelheiten zur Bhutan-Expedition 1981, siehe:

- Evans, Eric. »Paddling the Land of the Thunder Dragon«. *Canoe*, Mai/Juni, 1982.
- Haupt, Donna E. »Rapture of the Rapids«. *Life*, November, 1982.
- Walker, Wick. »Final Report of the American Himalayan Kayak Descent«. (Unveröffentlicht, 1982). Zu beziehen über: American Canoe Association, Canoe Cruisers Association, Washington D.C., Alpiner Kanu-Club, München, Bhutan Travel Agency, N.Y., Himal Venture, Darjeeling.

Drittes Kapitel

- [1] Powell, J.W., S. 247
- [2] Shipton, Eric. »Nanda Devi«. *Eric Shipton The Six Mountain Travel Books*. Seattle: The Mountaineers, 1985.

Viertes Kapitel

- [1] Aus Kinthups Brief an seine britischen Vorgesetzten bei der großen trigonometrischen Landvermessung in Darjeeling. Waller gibt als Quelle die Protokolle der indischen Landvermessung, Bd. 8, Teil 2, an: »Kinthup's Narrative of a Journey from Darjeeling to Gyala Sindong (Gyala and Sengdam), Tsari and the Lower Tsang

Po, 1880-1884. Zusammengestellt von Col. H. C. B. Tanner«.

◆ [2] Waddell, L.A. *Among the Himalayas.* London, 1900. S. 66.

◆ [3] Waller, Derek. *The Pundits, British Exploration of Tibet & Central Asia.* Lexington: The University Press of Kentucky, 1990. S. 228

◆ [4] Talkessel, Felder und glänzende Berge gibt es natürlich immer noch. Das Dzong (die Befestigung) ist in der Folgezeit abgetragen worden und heute sind seine Steinmauern zu einem wohlhabenden, eingeschossigen Gehöftkomplex neu errichtet worden.

◆ [5] Kinthups Bericht und folglich die veröffentlichten Beschreibungen seiner Route sind vage. Orientiert man sich aber an den tatsächlichen geographischen Gegebenheiten, scheint es klar, dass er den Zufluss Rong Chu hinunter zum Po Tsangpo floh und von dort an den Tsangpo in die Nähe ihres Zusammenflusses bei Gompo Ne. Bailey (siehe unten), der einzige Berichterstatter, der, abgesehen von dem indischen Übersetzer seines Berichtes, tatsächlich mit Kinthup gesprochen hat, erklärt in verschiedenen Beschreibungen, dass Kinthup »bei dem Dorf Dorjiyu Dzong« und an einer Stelle »knapp unterhalb von Pemakochung« wieder auf den Tsangpo stieß. Bailey war bedauerlicherweise nie in der Lage, dem Po Tsangpo zu folgen und ihn zu erkunden, weil die sommerlichen Überschwemmungen in dem Jahr, als er dort war, alle Brücken zerstört hatten. Die Schilderungen beider Reisen, die der Autor in der Region unternahm und die modernen Satellitenbilder geben hinreichend Anlass zu der Annahme, dass sich die erste Stelle, an der ein Dorf überhaupt denkbar liegen könnte, hinter Pemakochung in der Nähe der geheiligten Stätte Gompo Ne befindet, die etwas flussabwärts vom Zusammenfluss von Po Tsangpo und Tsangpo liegt. Hier bedecken die modernen Dörfer Zhachu und Mendung die Hänge 300 Meter über den Flüssen, und ein seltsames Vegetationsmuster aus dichten, fast undurchdringbaren

Pflanzen und Bäumen der zweiten Generation grenzt an die bemalten Klippen und religiösen Symbole der unbewohnten heiligen Stätte am Fluss an. Obwohl Satelliten inzwischen enthüllt haben, dass gewaltige tektonische Zickzackspalten den Fluss zwingen, zwischen Gompo Ne und Pemakochung eine Strecke von 37 Kilometern zu überwinden, die noch kein westlicher Besucher je ganz gesehen hat, beträgt die Luftlinie nur 14,5 Kilometer und entspricht damit genau Baileys Beschreibung.

[6] Unweit des Klosters Marpung, bei dem heutigen Dorf Medong, überquert der Doshung La (ein Pass) die schmalste Stelle der Tsangpo-Flussschleife, ein verhältnismäßig unkomplizierter Dreitagesmarsch, der 224 Kilometer der undurchdringlichsten Schluchten umgeht und einen weiten Bogen um Tongkyuk Dzong macht.

[7] Kinthup begleitete eine weitere Pundit-Mission, aber ohne bemerkenswerte Ergebnisse.

[8] Bailey, F. M. *No Passport to Tibet.* London: Rupert Hart-Davis, 1957. S. 143.

[9] Obwohl regelmäßig mißachtet, verboten chinesische Bestimmungen 1998 die Einfuhr und den Gebrauch von nicht genehmigten Satellitentelefonen. Da unsere hart erkämpften und dürftigen Genehmigungen auf dem Spiel standen, aber auch nicht weniger kostbare Zeit und Tausende von investierten Dollars, fürchteten wir, uns jeglicher Übertretungen schuldig zu machen, die den Behörden einen Grund geben könnten, unsere Pläne zu durchkreuzen. Dies erwies sich als eine glückliche Wahl, denn in der Folgezeit nach der Tragödie war es offensichtlich, dass wir die Telefone benutzten, um offizielle Berichte abzugeben und Verwandte zu benachrichtigen. Die Herkunft der Telefone war eine der Fragen, die uns später von den Behörden gestellt wurden.

[10] Unter dem Druck von kommerziellen europäischen Unternehmen in der Satellitenfernerkundung haben die Vereinigten Staaten Mitte der 90er Jahre begonnen, die Ge-

heimhaltungsstufen und die Beschränkungen für den zivilen Einsatz von Satellitentechnik zu lockern. Die Konsequenzen für Wissenschaft, Technik, Landwirtschaft und andere Bereiche sind Schwindel erregend und nehmen erst langsam Konturen an. Nirgends aber wird die Wirkung größer sein als im Zusammenspiel mit der Erforschung der Wildnis. Das erste Unternehmen, das gegründet wurde, um speziell zivile Bedürfnisse zu befriedigen, ist die Space Imaging, Inc. in Thornton, Colorado, die unsere Expedition förderte, indem sie uns mit auf unsere Bedürfnisse zugeschnittenen Bildkarten und Profilen des Tsangpo-Gefälles versorgte.

Einen größeren Überblick über »Das große Spiel« bieten:

- Hopkirk, Peter. *The Great Game. The Struggle for Empire in Central Asia.* New York: Kodansha America, Inc., 1992.
- Meyer, Karl E. und Brysac, Shareen Blair. *Tournament of Shadows, The Great Game and the Race for Empire in Central Asia.* Washington D.C.: Counterpoint, 1999.

Zur Geschichte der westlichen Erforschung Tibets, siehe:

- Allen, Charles, *A Mountain in Tibet, The Search for Mount Kailas and the Sources of the Great Rivers of India.* London: Futura Publications, 1983.
- Hopkirk, Peter. *Trespassers on the Roof of the World, The Race for Lhasa.* Oxford: Oxford University Press, 1983.

Einen Bericht über den Mord an Hayward in Yasin finden Sie in:

- Keay, John. *The Gilgit Game. The Explorers of the Western Himalayas 1865-95.* Hamden, Connecticut: Archon Books, 1979.

Zur Geschichte der »Pundits«, einschließlich detaillierter Berichte von Kinthup und Bailey, siehe:

- Waller, Derek. *The Pundits, British Exploration of Tibet & Central Asia.* Lexington: The University Press of Kentucky, 1990.

Zu Baileys Expedition im Besonderen, siehe:

- Bailey, F. M. *No Passport to Tibet.* London: Rupert Hart-Davis, 1957.

- »Note on the Falls of the Tsang-Po«. *The Scottish Geographical Magazine,* Bd. XXX, Februar, 1914.

FÜNFTES KAPITEL

- [1] Young, Geoffrey Winthrop. »Introduction to Upon That Mountain«. *Eric Shipton The Six Mountain Travel Books.* Seattle: The Mountaineers, 1985. S. 313.
- [2] Es war zum Beispiel 1961 der Atomphysiker und Weltmeister im Kanu-Slalom Natan Bernot von der Pennsylvania State University, der die europäische Idee für spezialisierte, rundum versiegelte Wildwasserkanus in die Vereinigten Staaten brachte.
- [3] Clarke, Mark. Memorial Service, Cornwall, CT, 21. November 1998.
- [4] Powell, J.W. S. 218.
- [5] French, Patrick. *Younghusband, The Last Great Imperial Adventurer.* London: Harper Collins, 1994.
- [6] Gordon, Douglas. »The Dean River, Kayaking in the Land of the Grizzly«. *Kanawa,* August/September/Oktober, 1997.

SECHSTES KAPITEL

- [1] Die Khampa sind als freiheitsliebend und kriegerisch bekannt und stammen ursprünglich aus dem Osten Tibets. In den 50er Jahren bildeten sie das Rückgrat des Guerillawiderstandes gegen die chinesischen Besatzungstruppen. Einzelheiten hierzu finden Sie bei:
- Knaus, John Kenneth. *Orphans of the Cold War.* New York: Public Affairs, 1999.
- Logan, Pamela. *Among Warriors.* New York: Vintage Departures, 1998.
- [2] Bailey, F. M. *No Passport to Tibet.* London: Rupert Hart-Davis, 1957, S. 269-271.
- [3] Ward, Captain F. Kingdon. *The Riddle of the Tsangpo Gorges.* London: Edward Arnold, 1926. S. 234-235.
- [4] Ebd. S. XIII-XIV.
- [5] Ebd. S. 238-241.

SIEBTES KAPITEL

◆ [1] Powell, J.W. S. 212.

ACHTES KAPITEL

◆ [1] Barrie, James Matthew, Sir, Bart. *Peter Pan.* New York: Scribner's Sons, 1980. S. 40.
Deutsche Übersetzung: *Peter Pan.* Würzburg: Arena Verlag, 1994. S. 48, S. 60.

◆ [2] Ward, Captain F. Kingdon. *The Riddle of the Tsangpo Gorges.* London: Edward Arnold, 1926. S. 242-243.

◆ [3] Ebd. S. 244.

NEUNTES KAPITEL

◆ [1] Noyce, Wilfrid. *The Quotable Climber.* New York: The Lyons Press, 1998. S. 77.

◆ [2] McEwan, Jamie. »Whitewater to Die for«. *AMC Outdoors,* März 1998.

◆ [3] Gordon, Douglas. »They Don't Come Any Better«. *American Whitewater,* September/Oktober 1997.

◆ [4] Bailey, F. M. *No Passport to Tibet.* London: Rupert Hart-Davis, 1957, S. 9.

ZEHNTES KAPITEL

◆ [1] Unsoeld, Willi. *The Quotable Climber.* New York: The Lyons Press, 1998. S. 77.

◆ [2] Words: Eleanor Farjeon; Melodie: Traditionelle gälische Weise. »Morning Has Broken«. <http://hot.virtualpc.com/guitar/songframe.htm>

◆ [3] Bailey, F. M. *No Passport to Tibet.* London: Rupert Hart-Davis, 1957, S. 123.

◆ [4] Allen, Charles. *A Mountain in Tibet, The Search for Mount Kailas and the Sources of the Great Rivers of India.* London: Futura Publications, 1983. S. 43.

ELFTES KAPITEL

◆ [1] Davis, Mark. *Lost in the Grand Canyon.* The American Experience, Public Broadcasting Service. 1999.

- [2] Ward, Captain F. Kingdon [Sic] *Caught in the Assam-Tibet Earthquake*. NATIONAL GEOGRAPHIC, März 1952.
- [3] Kierkegaard, Søren. Dänischer Philosoph, 1813–1855. *The Quotable Climber.* New York: The Lyons Press, 1998. S. 68.

NACHWORT

- [1] Ward, Captain F. Kingdon. *The Riddle of the Tsangpo Gorges.* London: Edward Arnold, 1926. S. 206.
- [2] Shipton, Eric. »Upon That Mountain«. *Eric Shipton The Six Mountain Travel Books.* Seattle: The Mountaineers, 1985. S. 435.

Danksagung

Meinen Reisegefährten Tom McEwan, Jamie McEwan, Roger Zbel, Doug Gordon, Harry Wetherbee, Doris Wetherbee, Dave Phillips, Paulo Castillo, Ang Kami Sherpa, Pemba Sherpa, Lobsang Yunden, Peme Gompa und seinen Verlorenen Jungs schulde ich zutiefst empfundenen Dank für ihre Kameradschaft unterwegs und für ihre geduldige Unterstützung bei der Vorbereitung dieses Berichts.

Denjenigen, die uns vorausgingen – vor allem Kintup, dem Ausdauerndsten und Selbstlosesten von uns allen – gilt unsere grenzenlose Bewunderung.

Wir danken aufrichtig der American Canoe Association, dem Explorers Club, der National Geographic Society, dem Polartec Challenge Grant Program, der Henry Foundation for Botanical Research, der Excellence Foundation, Space Imaging, Mr. Adam James, dem ehrenwerten James Treadway und Mrs. Susan Treadway und den vielen Firmen, die unser Unternehmen ermöglicht und unser Vorwärtskommen beschleunigt haben.

Und auch Anita Hinders, die diesen Text großzügig mit schönen Zeichnungen geschmückt hat, gilt mein Dank und meine Bewunderung für diese schöne Arbeit.